Secrets d'Histoire 5

Stéphane Bern

Secrets d'Histoire 5

Albin Michel ■

SOMMAIRE

PRÉFACE

Vous êtes-vous déjà demandé quelle était l'origine du mot « histoire » ? Tiré du latin *historia*, lui-même emprunté au grec, il signifie : « recherche, enquête ». Un historien, ou plus modestement un passeur d'Histoire comme je le suis, incarne une sorte de détective, dont le champ d'investigation couvre approximativement une trentaine de siècles. De quoi donner le vertige, parfois. Mais comment ne pas être fasciné par ces événements passés qui éclairent indéniablement notre avenir, pour peu qu'on s'efforce d'en comprendre les tenants et les aboutissants ? Comment oublier que ces destins fabuleux expliquent ce que nous sommes et que nos « identités nationales » ne sont que le résultat d'un complexe enchevêtrement de brassages et de rencontres, de motifs et de raisons, de hasards et de coïncidences ? Comment ignorer que ces personnages illustres nous lient par le souvenir, adapté ou authentique, que nous en conservons ?

J'ai à cœur de rendre justice à ces êtres parfois méconnus ou injustement décriés. Ce besoin me pousse à explorer inlassablement l'enchaînement des faits, à rechercher les preuves et les informations tangibles, à interroger les motivations des protagonistes, en m'attachant aux seuls éléments fiables et vérifiables. Un fait historique, une personnalité remarquable sont comme un puzzle dont on n'a jamais fini d'assembler toutes les pièces. Nul doute cependant que, de cette poursuite de la vérité, on retire bien plus que la réparation d'un préjudice ou une simple satisfaction personnelle : une meilleure compréhension des hommes et de leurs actions. Comme le disait avec raison Cicéron : « L'Histoire est le témoin des temps, la lumière de la vérité, la vie de la mémoire, l'institutrice de la vie, la messagère de l'Antiquité. »

Si vous lisez ces lignes, c'est que nous partageons ce même tempérament, cet intérêt insatiable pour les épisodes du passé, qui nous engage à plonger au cœur des événements pour découvrir ces personnages, glorifiés ou au contraire conspués, qui ont écrit l'Histoire : avait-on raison de juger Mme de Pompadour si impopulaire ? Mme de Maintenon n'était-elle vraiment qu'une dévote intrigante ? Élisabeth Ire d'Angleterre méritait-elle le surnom de « reine vierge » qu'elle s'était elle-même attribué ? Ou encore, qui était le chevalier de Charette, étiqueté par ses détracteurs « roi de la Vendée », un dandy volage ou bien un authentique chef de guerre ? On ne peut comprendre le parcours d'une personne sans restituer ses motivations dans leur contexte temporel, familial, social, émotionnel. Voilà ce que *Secrets d'Histoire* tente humblement de réaliser au moyen des portraits hauts en couleur que vous lirez ici.

L'année 2014 aura été riche en rappels historiques, comme autant d'occasions de convoquer et de méditer le souvenir de catastrophes à bannir – toute querelle écartée pour au moins quelques heures de recueillement. Ce temps de la mémoire nécessaire conforte chaque fois nos efforts télévisuels et éditoriaux. Et nous reprenons ainsi le fil de nos interrogations : n'est-il pas ironique que l'assassinat d'un archiduc d'Autriche, à Sarajevo il y a cent ans, ait provoqué une guerre mondiale ? N'est-il pas désorientant qu'une révolutionnaire convaincue, Olympe de Gouges, soit morte sur l'échafaud ? Passionnant qu'un docker quasiment illettré comme Rockefeller ait pu bâtir l'une des plus grandes fortunes d'Amérique ? Étonnant d'imaginer que la Callas ait voulu se suicider ? Et nulle réponse à ces questions n'est jamais simple... Aucun être humain ne saurait être réduit à une caricature manichéenne. Alors, comment ne pas être porté par le désir de comprendre, de chercher, de décrypter ces paradoxes du temps et des êtres ?

Plus que la grande Histoire elle-même, c'est souvent la petite, parfois injustement dépréciée, qui nous livre les meilleures clefs de compréhension. Telle était d'ailleurs la conception d'Hérodote, le « père de l'Histoire », au Ve siècle avant Jésus-Christ, qui ne se montrait pas avare en anecdotes révélatrices. Ses récits et ses personnages nous sont si proches et si vivants, aujourd'hui encore. Les auteurs de nos vieux livres d'école le savaient bien, eux qui émaillaient nos leçons de mille et un détails propres à marquer les esprits : la plainte désespérée du cor de Roland à Roncevaux, les ruses ingénieuses de Du Guesclin pendant la guerre de Cent Ans ou le fier panache blanc d'Henri IV à la bataille d'Ivry... Pour tous ceux qui en tremblent encore d'émotion, ce nouveau recueil tente d'animer des épisodes marquant de notre passé, proche ou plus lointain.

Oui, l'Histoire fourmille de mystères, d'énigmes et de secrets pour lesquels nous nous passionnons, tels des détectives fascinés par leur enquête. Les Britanniques aiment à dire que « le diable est dans les détails », je pense que la vérité s'y trouve aussi. À ce propos, savez-vous qui a créé la première agence de détectives privés, alors appelée le « Bureau des renseignements universels » et installée rue Neuve-Saint-Eustache à Paris ? Un certain François Vidocq... Et comme l'Histoire n'est pas avare de malice, l'un de ses premiers clients n'était autre que le poète Alfred de Vigny, qui le mandata pour prendre en filature sa maîtresse Marie Dorval, soupçonnée d'adultère. Par ces rapprochements inattendus, ces correspondances inédites, on éclaire peu à peu une société toute entière.

Je souhaite que cette édition « spéciale cinquième anniversaire » comble votre appétit d'en découvrir toujours plus sur nos racines communes. Vous serez heureux de constater, pour répondre à vos demandes lors de nos rencontres, qu'elle reprend une grande majorité des sujets de l'émission qui vous est chère. Maintenant, suivez-moi sur les pas de ces individus uniques que les hasards du temps et de l'espace, de la naissance et du caractère, des circonstances et des conjonctures, vouèrent à la postérité !

Stéphane Bern

SAINT LOUIS,
SUR LA TERRE COMME AU CIEL

On connaît davantage Louis IX sous le nom de Saint Louis, seul souverain français à avoir accédé à la sainteté, la canonisation de Charlemagne n'ayant jamais été reconnue par l'Église – et pour cause, elle fut prononcée en plein conflit entre l'Empire et la papauté. L'image du bon roi rendant la justice assis sous un chêne, du pieux martyr de la foi mourant de la peste à Tunis, est si bien ancrée dans la mémoire collective que personne ne songerait à lui contester son entrée au catalogue des saints en 1297.

Fort populaire de son vivant, Saint Louis a connu une notoriété accrue au siècle suivant, en réaction à la politique brutale de son petit-fils, Philippe le Bel. Les terribles calamités qui frappent alors la France (peste noire, guerre de Cent Ans, grand schisme d'Occident) font apparaître ses 43 ans de règne comme une époque bénie, regrettée de tous, où le royaume capétien était à l'apogée de son prestige. Toutes les qualités d'administrateur de Louis IX apparaissent alors : habile réformateur et grand bâtisseur, son règne marque la fin de la civilisation féodale avec la naissance d'une société fondée sur le bien commun. C'est un monarque profondément humain, soucieux de son peuple et plaçant au plus haut point le sens sacré de sa mission.

Fort populaire de son vivant, Saint Louis est parvenu à imposer l'image d'un roi juste et pieux dans une période historiquement tourmentée.

Quelles qualités peut-on attribuer au roi Louis IX qui lui ont valu de devenir saint ? Comment, dans une période historiquement si tourmentée, est-il parvenu à imposer l'image d'un roi juste et pieux ? Et comment cette image est-elle demeurée intacte jusqu'à nos jours ?

L'éducation pieuse dispensée par sa mère Blanche de Castille tempère le caractère colérique et orgueilleux du jeune roi.

Fils de Louis VIII et de Blanche de Castille, Louis IX n'a que 12 ans lorsque son père meurt en 1226, après seulement trois années de règne. Cet enfant blond au regard angélique laisse paraître un tempérament colérique et orgueilleux, heureusement apaisé par l'éducation pieuse dispensée par sa mère. C'est à la hâte qu'il est sacré roi de France à Reims, tandis que la régence est confiée à sa mère Blanche de Castille. En effet, le jeune roi de France n'a pas encore assis son autorité : les grands barons, notamment les comtes de Bretagne et de Toulouse, sont prompts à profiter de cette période de vulnérabilité monarchique pour initier de violents troubles dans tout le pays, appuyés par le roi d'Angleterre. L'ambitieux Henri III possède alors à l'ouest de l'hexagone un vaste domaine, héritage d'Aliénor d'Aquitaine, qui fait de lui un dangereux rival pour le roi. Louis échappe même de peu à une tentative d'enlèvement, déjouée par les milices parisiennes dans la ville de Montlhéry. Blanche de Castille mettra plusieurs années avant de venir à bout de la fronde des barons.

En 1234, Louis IX épouse Marguerite, fille aînée du comte de Provence, en la cathédrale de Sens. Une union habile qui permet à la monarchie capétienne d'étendre son pouvoir dans le sud du pays. Elle fournit en outre au roi un accès à la Méditerranée, qui lui sera fort utile au moment des croisades. Dès la première rencontre, le jeune roi tombe éperdument amoureux de sa promise ; il lui vouera une fidélité sans borne. De cette union naîtront onze enfants. Une complicité indéfectible lie aussitôt le couple royal, assez mal vécue par la mère de Louis, la pieuse Blanche de Castille. Certes, elle trouve la jeune reine Marguerite séduisante mais trop légère à son goût, et elle craint qu'elle ne détourne son fils du droit chemin. Elle mène donc bonne garde auprès des deux époux, si bien que, pour échanger quelques baisers furtifs au pied de l'escalier, ils doivent faire appel à la complicité des huissiers chargés de les prévenir si la vieille reine venait à arriver. Dès sa majorité, Louis IX est conscient des qualités de sa mère continuant à l'associer étroitement au pouvoir ; jusqu'à la mort de Blanche en 1252, on peut parler d'une double monarchie, exercée en bonne intelligence entre mère et fils.

Depuis son plus jeune âge, le roi entretient une véritable ferveur religieuse qui le garde de tout mauvais sentiment. Il reconnaît dans l'ordre des moines franciscains – ordre mendiant fondé quelques décennies plus tôt par François d'Assise – une philosophie religieuse qui lui est chère. Dans sa vie privée, le roi fait acte d'une surprenante austérité, préférant les jeûnes aux bons repas et ne buvant jamais de vin pur. Par pénitence, il porte le cilice, un vêtement de crin rude, piquant et mortifiant la peau ; il ira jusqu'à se faire flageller le vendredi, en souvenir de la mort du Christ. Il n'hésite pas à convier des mendiants à sa table, à soigner des lépreux ou à laver lui-même les pieds des pauvres pour conduire sa bienveillance. Il n'est donc pas étonnant que l'une de ses premières grandes décisions soit de se consacrer à la fondation d'une abbaye à Royaumont. Une construction pour laquelle il engage des sommes considérables, correspondant à un an de revenus de la monarchie. Jusqu'à son achèvement en 1235, Louis IX surveillera activement le chantier, prenant part aux travaux comme simple ouvrier. Ce roi bâtisseur ne s'arrêtera pas là et entreprendra de faire ériger nombre d'autres édifices religieux.

Rien ne saurait l'arrêter dans sa foi. En 1239, sa quête se cristallise. Louis IX achète à prix d'or à l'empereur byzantin Baudouin II la couronne d'épines du Christ. Peu après, l'empereur, dont les coffres sont vides, lui propose un morceau de la croix du Christ, puis l'éponge qui humidifia ses lèvres, le fer de lance qui le transperça, les clous qui le crucifièrent sur la croix. Certains historiens estiment la « sainte » collection de Louis IX à plus de vingt objets d'une valeur inestimable. Pour abriter ces trésors, le roi fait édifier au Palais de la Cité la Sainte-Chapelle, chef-d'œuvre de l'art gothique, faisant de Paris la capitale de la chrétienté. En 1244, gravement atteint de dysenterie, il est à l'article de la mort. Serrant sur son cœur les précieuses reliques qu'on lui a amenées, il fait vœu, si Dieu lui accorde la guérison, de partir en croisade en Terre sainte. Et le miracle se produit ! Ce projet de croisade apparaît comme une folie à sa mère et à ses proches conseillers. D'autant que Louis IX est contraint d'y participer seul après l'excommunication de l'empereur germanique Frédéric II. À cela, il faut ajouter que les possessions chrétiennes en Terre sainte se trouvent depuis près d'un siècle considérablement réduites. Mais tenant à respecter sa promesse, et contre l'avis général, le roi organise les préparatifs de son départ durant quatre années, construisant pour l'occasion le port d'Aigues-Mortes.

Dès lors, le gouvernement du royaume est confié à Blanche de Castille et Louis IX et son armée embarquent en août 1248. Après un long séjour à Chypre, la flotte des croisés parvient à Damiette, en Égypte, le 4 juin 1249. En deux jours, aux cris de « Montjoie Saint-Denis », devise du royaume de France, la ville est prise dans la liesse. Mais les Français commettent l'erreur de s'aventurer à l'intérieur du pays, au lieu de rejoindre directement le Proche-Orient. Bloquées par la crue du Nil, les troupes royales s'enlisent et se voient décimées par une épidémie de dysenterie et de typhus. Le frère du roi, Robert d'Artois, est tué devant Mansourah, tandis qu'il est lui-même capturé, le 6 avril 1250. Il est le premier souverain français de l'Histoire à subir une telle humiliation. Il faudra un mois à la reine Marguerite, qui l'a accompagné jusqu'à Damiette – au grand mécontentement de Blanche –, pour rassembler l'argent nécessaire au paiement de l'énorme rançon de 400 000 livres exigée par les Égyptiens – elle sera négociée à la baisse et payée en partie avec l'aide des Templiers. Durant sa captivité, le roi de France impressionne ses geôliers musulmans par

À Saint-Jean-d'Acre, le roi de France impressionne ses geôliers musulmans par sa grande piété.

sa grande piété. À sa libération, il refuse de regagner la France, par fidélité à ses chevaliers qui sont restés emprisonnés. Rejoignant Saint-Jean-d'Acre, en Terre sainte, il s'y installe avec Marguerite – en dépit des supplications de sa mère Blanche qui implore son retour – et se consacre à consolider et à réorganiser les dernières places fortes tenues par les croisés. Il entretient d'assez bons rapports avec les musulmans, dont il respecte la culture, sans cesser de penser qu'ils se fourvoient dans une mauvaise orientation religieuse.

En avril 1254, la nouvelle de la mort de sa mère contraint le roi à réembarquer pour la France, après six ans d'absence. Louis IX a changé : il a gagné en assurance et est plus que jamais épris de justice et de paix. Aussitôt arrivé, il s'attelle à renforcer l'autorité royale et à mettre fin aux désordres de politique intérieure accumulés au cours des dernières années. Aussi mandate-t-il des enquêteurs dans tout le royaume pour éliminer la corruption qui gangrène l'administration et enregistrer les plaintes émises à l'encontre des agents royaux coupables d'abus et d'irrégularités. Par l'ordonnance de réformation de 1254, il impose de nombreuses règles de gestion d'ordre éthique aux prévôts, baillis et sénéchaux, leur interdisant de recevoir des cadeaux, de favoriser les membres de leur famille ou de jouer à des jeux de hasard. Pour lutter contre les détournements de fonds, il crée une commission financière chargée d'investiguer, jetant ainsi les bases de notre future Cour des comptes.

Le roi condamne aussi l'ivrognerie, la prostitution, le blasphème... Mais son principal cheval de bataille consiste à épurer les procédures judiciaires, qu'il souhaite les plus équitables possibles. Ainsi, Louis IX met fin aux ordalies, ces épreuves divines auxquelles on pouvait soumettre les

Le roi aime rendre la justice sous un chêne de son domaine de Vincennes, selon l'image popularisée par le chroniqueur Joinville.

accusés afin de révéler leur culpabilité. Par exemple, il était d'usage de contraindre un suspect à saisir une barre de fer rougi, puis d'examiner la cicatrisation de la brûlure pour déterminer la sentence. Cette pratique est d'ailleurs à l'origine de l'expression « en mettre sa main au feu » ! Louis IX interdit également le duel judiciaire, qui permettait à un accusé de combattre physiquement son adversaire, un témoin, voire un juge, pour justifier de sa bonne foi. Le roi généralise les procédures d'enquête et encourage l'usage des preuves pour étayer les témoignages. C'est sous son règne que les conseillers et les juristes de la cour commencent à se réunir en « parlement » pour y juger des affaires les plus diverses. Tous les sujets du royaume contestant une décision seigneuriale peuvent désormais en appeler à la justice royale, comme dans une cour d'appel. Enfin, le roi ne dédaigne pas d'intervenir lui-même en rendant justice sous un chêne de son domaine de Vincennes – selon l'image popularisée par le chroniqueur Joinville. Bien plus populaire que les juridictions seigneuriales ou ecclésiastiques, cette justice royale fait de Louis IX un roi extrêmement populaire, perçu par ses sujets comme un recours juste face aux abus du pouvoir féodal traditionnel. Ce qui constitue un bouleversement politique et administratif magistral, auquel le souverain va ajouter une nouvelle réglementation budgétaire. Il centralise la frappe de la monnaie et impose à tous ses sujets une devise « de bon aloi », c'est-à-dire constituée d'une juste quantité de métaux précieux, retirant cette prérogative aux seigneurs. Cette monnaie impressionnera tant la population que, durant des siècles, les pièces frappées sous son règne serviront de talismans protecteurs, souvent utilisés contre les fièvres. Hostile au prêt à intérêt, le roi fait expulser du royaume les usuriers, ainsi que les banquiers lombards. Toutefois, Louis IX s'illustrera aussi comme l'un des rois les plus dispendieux de l'Histoire de France : ses croisades, notamment, ont ruiné le Trésor royal et ses successeurs auront fort à faire pour tenir à l'équilibre les finances !

Mais une autre grande mission attend le roi de France : la pacification de l'Europe. Durant son règne, Louis IX va s'employer à mettre un terme aux querelles féodales. Son intervention en Flandre, notamment, permet de résoudre une épineuse question de succession. Il s'impose comme un souverain sage et pondéré, capable de concessions territoriales pour obtenir une paix durable. En 1258, il signe le traité de Corbeil, qui met un terme aux visées aragonaises sur le Languedoc et aux prétentions françaises sur la Catalogne, projet qui remonte à Charlemagne. L'année suivante, il soumet au roi d'Angleterre Henri III un accord équitable : il lui rétrocède l'Agenais, le Quercy, la Guyenne, le Limousin et le Périgord ; en échange, celui-ci lui prête allégeance et renonce définitivement à vouloir conquérir la Normandie et le pays de Loire. Ce traité de Paris est historique, réglant un lourd contentieux franco-britannique vieux de cent ans, né du mariage d'Aliénor d'Aquitaine avec le roi d'Angleterre, Henri II Plantagenêt. Par son sens indiscutable de l'équité, Louis IX est devenu le roi le plus respecté de la chrétienté, au point que des puissances étrangères sollicitent sa médiation pour dénouer des conflits internes. C'est ainsi qu'en 1264, le roi d'Angleterre en lutte avec ses barons demandera à Louis IX d'intervenir dans les négociations. Baptisé la « Mise d'Amiens », cet arbitrage se soldera néanmoins par un échec.

L'œuvre laissée par Louis IX à la France est considérable. Le roi a entre autres fondé en 1260 le premier hôpital de Paris, les « Quinze-Vingts », destiné à accueillir trois cents aveugles et qui est aujourd'hui encore un centre hospitalier d'ophtalmologie. C'est lui aussi qui autorisa la création du collège de la Sorbonne – baptisé du nom de son fondateur Robert de Sorbon, confesseur du roi –, un établissement

En 1264, le roi d'Angleterre en lutte avec ses barons demande à Louis IX d'intervenir dans les négociations.

réservé aux étudiants en théologie les plus défavorisés. Toutefois, son implacable défense de la foi poussera ce saint roi à persécuter certains de ses sujets, ce qui contribuera à écorner quelque peu son image. En premier lieu les Cathares, accusés d'hérésie et premières victimes de l'Inquisition. Le 16 mars 1244, à Montségur, près de deux cents d'entre eux – hommes, femmes et enfants confondus – refusent de renier leur foi et se voient condamnés au bûcher. Louis IX organisera également d'immenses autodafés de Talmuds. Un juif converti au catholicisme lui ayant soutenu que l'ouvrage contenait des injures à l'égard du Christ et de la Vierge. C'est ainsi qu'en 1254, le roi de France ordonne le bannissement des juifs du royaume (mesure qui ne sera effective que sous Philippe le Bel) puis, conformément au concile de Latran, imposera en 1269 le port d'une petite étoffe ronde de feutre rouge cousue sur le vêtement, la rouelle. Pour conduire sa quête, Louis IX promettra des pensions à ceux qui accepteront de se convertir au christianisme, offre que saisiront certains pour échapper aux persécutions.

Sur le théâtre international, la prise de Césarée et d'Antioche par les musulmans et l'échec des négociations avec les Mongols dont il espérait obtenir une alliance décident le roi à repartir en croisade, en mars 1267. Réservés, ses barons tentent de l'en dissuader, de même que son fidèle ami Joinville. Mais Louis IX persiste dans son entreprise, comme s'il voulait à tout prix aller chercher le martyre en Terre sainte. Après trois ans de préparation, il embarque à nouveau à Aigues-Mortes en juillet 1270, confiant le pouvoir à ses proches conseillers, Simon de Nesle et l'abbé de Saint-Denis, Mathieu de Vendôme. Pour cette seconde croisade, le roi ne se rend ni en Égypte ni au Proche-Orient, mais en Tunisie. Il espère obtenir une alliance de l'émir de Tunis, dont on dit qu'il envisagerait de

se convertir au christia-
nisme. Il n'en sera rien. Et
dès le débarquement des
croisés, le sultan man-
date ses troupes com-
battre l'armée française.
Celle-ci s'empare pour-
tant de Carthage, avant
d'être décimée par une
épidémie de dysenterie
devant les murs de Tunis.
Bien que demeuré sous sa
tente, le roi est atteint par
cette foudroyante mala-
die qui vient d'empor-
ter son fils Jean Tristan.
Durement éprouvé par
la mort de cet enfant né
vingt ans plus tôt lors de
sa première croisade, le
roi décède à son tour le

Bien que demeuré sous sa tente, le roi est
à son tour atteint par la dysenterie
qui vient d'emporter son fils Jean Tristan.

25 août 1270. Son corps est étendu sur un lit de cendres,
puis excarné, c'est-à-dire éviscéré, démembré et bouilli
pendant plusieurs heures dans du vin aromatisé d'épices,
afin de détacher les chairs des os – une technique funéraire médiévale employée pour les seigneurs morts loin
de leur patrie, appelée *mos Teutonicus*, qui permet d'éviter la putréfaction. Le cœur, préservé, enrobé d'aromates,
est enfermé dans un écrin d'étain qui sera déposé à la
Sainte-Chapelle. Les ossements sont ramenés par son fils
Philippe III à la cathédrale de Saint-Denis dont Louis avait
fait restaurer les tombes royales. Quant aux viscères et aux
chairs bouillis, ils sont conservés couverts de sel dans une
urne de marbre que Charles d'Anjou, le plus jeune frère de
Louis, roi de Sicile, emporte à Palerme.

Les ossements du défunt roi sont ramenés par son fils Philippe III à la cathédrale de Saint-Denis, dont Louis avait fait restaurer les tombes royales.

Bien que controversé depuis pour sa dureté et son intransigeance à vouloir imposer sa religion à tous, le comportement moral du roi, à la fois miséricordieux et charitable, lui vaut de son vivant d'être considéré comme un saint par beaucoup de ses contemporains. Déjà on fait état après son décès de miracles qui se seraient produits sur sa tombe. On en relève une soixantaine, pour la plupart des guérisons : paralytiques, épileptiques, aveugles, sourds... Aussi le procès en canonisation débute-t-il immédiatement. Il aboutira en 1297 grâce au pape Boniface VIII, qui a connu personnellement Louis IX et qui souhaite également améliorer ses relations avec son petit-fils, Philippe le Bel. Symbole de rayonnement pour la dynastie capétienne, cette canonisation s'accompagne en 1309, à la demande de Jeanne de Navarre, épouse de Philippe le Bel, de la rédaction d'une biographie de Saint Louis, rédigée par son ancien et fidèle compagnon, Joinville. Intitulée *Vie de Saint Louis*, elle sera la première à être écrite par un laïque et en langue française. Son retentissement sera considérable, entretenant pour les siècles à suivre un attachement et un respect qui ont résisté à l'examen de l'Histoire et ne se sont pas démentis jusqu'à aujourd'hui.

RELIQUE DE SAINT LOUIS À AIGUES-MORTES

Ayant lui-même de son vivant collectionné les reliques sacrées du Christ, Saint Louis ne s'étonnerait pas d'apprendre que les siennes ont fait l'objet de nombreuses convoitises après sa canonisation en 1297. Souverains ou ecclésiastiques du monde entier se sont depuis partagés des fragments du saint homme à travers les siècles : le roi de Norvège Haakon Magnuson, la reine Blanche de Suède, l'empereur Charles IV, le pape Boniface IX, les ducs Jean de Berry et Philippe le Hardi, Louis VII de Bavière ou encore Anne d'Autriche... Et la liste n'est pas exhaustive ! Mais il reste fort heureusement des lieux sacrés où ces précieux ossements sont conservés : les abbayes de Royaumont et de Poissy, l'église Saint-Louis de Montréal, la chapelle absidiale de la Vierge à Saint-Denis ou la salle du Trésor de Notre-Dame de Paris. Et plus récemment, à Aigues-Mortes, l'église Notre-Dame-des-Sablons (où Saint Louis s'était recueilli juste avant son départ pour sa dernière croisade) qui a reçu à son tour ses reliques en 1992, offertes par son descendant, le prince Louis de Bourbon – dont l'épouse se prénomme elle aussi Marguerite !

Comme lui, la ville est restée fidèle à ce roi bâtisseur qu'elle célèbre chaque 25 août et à qui elle doit sa construction au XIIIe siècle, depuis le port jusqu'à ses célèbres remparts, le roi ayant souhaité ouvrir son royaume sur la mer, dans ce qui n'était alors qu'« eaux mortes » et marécages. « À Saint Louis, la ville d'Aigues-Mortes voulant perpétuer le plus glorieux souvenir de ses annales a élevé cette statue dans le lieu témoin de l'embarquement de ce héros chrétien pour la VIIe et la VIIIe croisade. » Tels sont les mots gravés sur la statue qui lui rend hommage. À ce titre, le Centre des monuments nationaux célèbre lui aussi le 800e anniversaire de sa naissance par une exposition « Saint Louis, l'Occident et l'Orient », des concerts et la mise en lumière de son précieux reliquaire.

PIERRE IER LE JUSTICIER ET INÈS DE CASTRO :

L'AMOUR PAR-DELÀ LA MORT

L'histoire de Pierre Ier et d'Inès de Castro n'est pas une simple histoire d'amour entre un roi de Portugal mal marié et la favorite espagnole de son épouse légitime. Cette incroyable passion, qui dura près de vingt ans et dont on ne compte plus les artistes qu'elle a inspirés, est en réalité un événement éminemment politique de l'histoire portugaise, qui prend tout son sens lorsqu'on le replace dans le contexte diplomatique de son époque. Amplifiée par la légende et réécrite par les plus grands auteurs, la romance tragique de Pierre et d'Inès, véritable « Roméo et Juliette médiéval », est non seulement l'un des grands mythes fondateurs de l'identité portugaise, mais elle s'est imposée au fil des siècles comme l'une des composantes de notre patrimoine culturel européen, voire mondial.

À l'abbaye du monastère de Santa Maria de Alcobaça, dans les transepts sud et nord, repose un trésor du XIVe siècle. Ce sont les tombeaux de Pierre Ier et d'Inès de Castro. Endommagés en 1811 par des pillards napoléoniens, ces chefs-d'œuvre de l'art gothique montrent encore des scènes bibliques et certains éléments rappelant le destin tragique des amants. Sur les deux monuments, on lit la même phrase : *Até ao fim do mundo*, « Jusqu'à la fin du monde ».

La seule présence d'Inès de Castro laisse l'héritier au trône portugais muet, tandis que son absence le plonge dans une incommensurable tristesse.

PETRVS PORTVGALLIÆ REX VIII.
VIXIT ANN. XLVII. OBIIT Aᵒ. MCCCLXVII.

+ 1367.   V. t. p. 26

rre 1ᵉʳ, dir le Justicier, Roi de Portugal en 1357.

Quelle est la part de vérité ou de fiction dans cette histoire d'amour tragique et vengeresse ? Quelles raisons ont entraîné l'assassinat d'Inès ? Pourquoi Pierre a-t-il dû attendre cinq ans pour enquêter sur le meurtre de sa bien-aimée ? Et comment le roi de Portugal s'y est-il pris pour faire monter sur le trône sa chère disparue ?

Nous sommes en 1340. Après plusieurs siècles de reconquête, le royaume de Portugal a fini par se libérer de la présence musulmane et, ayant repris l'Algarve en 1249, il a atteint ses frontières définitives. Le royaume de Castille reste cependant un sujet de tourment. Liés entre eux par plusieurs unions matrimoniales, les deux États tentent réciproquement d'intervenir dans les affaires intérieures de leur voisin, alternant conflits ouverts et trêves provisoires. Le Portugal est gouverné depuis quinze ans par Alphonse IV. En 1328, poursuivant la politique de ses prédécesseurs, ce dernier a conclu le mariage de sa fille, Marie-Constance, avec le roi de Castille, Alphonse XI. Hélas, les deux époux ne s'entendent pas et Marie-Constance ne cesse de se plaindre à son père de son infortune conjugale. Ne pouvant se permettre de réagir plus ouvertement, le monarque portugais choisit de soutenir tous les adversaires politiques d'Alphonse XI. Dans ce but, il décide de marier son fils aîné, Pierre, alors âgé de 20 ans, avec la fille d'un des chefs de l'opposition castillane, un certain Juan Manuel. Prénommée Constance, la jeune femme vient donc vivre, en compagnie de sa suite, au royaume de son époux, héritier au trône.

Parmi les dames d'honneur de la nouvelle épouse se trouve Inès, la fille d'un grand seigneur de Galice, Don Pedro Fernandez de Castro. Les premières années de la vie de cette demoiselle nous sont inconnues, si bien qu'aujourd'hui encore on ne connaît pas avec certitude la date

*Bataille de Tarifa, octobre 1340 : après plusieurs siècles de reconquête,
le royaume de Portugal a fini par se libérer de la présence musulmane.*

de sa naissance. À son arrivée au Portugal, elle est vraisemblablement âgée de 15 à 20 ans. Si aucun portrait d'elle n'a été conservé, Inès est décrite par ses contemporains comme une ravissante jeune fille pâle, aux cheveux blonds et aux yeux verts, dotée d'un cou si long qu'on la surnomme « le Cygne ». Pour Pierre, c'est le coup de foudre immédiat ! Et ce sentiment est partagé. La préférence de l'infant de Portugal pour la dame d'honneur de sa femme est paraît-il si forte que la seule présence d'Inès de Castro le laisse muet, tandis que son absence le plonge dans une incommensurable tristesse. Dans un premier temps, il tente de dissimuler à ses proches cette irrésistible attraction, mais sa passion est trop ardente et leur liaison est bien vite connue de tous. Constance, l'épouse légitime, tente par tous les moyens de faire cesser cette relation

inacceptable. Elle aurait ainsi désigné Inès comme la marraine de sa fille Marie, afin qu'il lui soit impossible d'épouser à terme son amant, le droit canonique considérant à
l'époque ce type de relation comme incestueuse. Finalement, en 1344, Constance obtient du roi que sa rivale
soit exilée au château d'Albuquerque, à la frontière entre
l'Espagne et le Portugal. Cette tactique d'éloignement se
révèle cependant infructueuse, car les deux amoureux
échangent alors une correspondance des plus enflammées.
Et un an plus tard, le sort joue en leur faveur : le troisième
accouchement de Constance lui est fatal. La princesse
décède quelques semaines après avoir donné naissance à
son premier garçon, Ferdinand, le futur Ferdinand Ier.

Désormais veuf, Pierre, contre la volonté de son père,
installe sa maîtresse à Coimbra. Dans cette ancienne capitale du royaume, à mi-chemin entre Porto et Lisbonne, se
niche un petit palais royal qui possède un charme particulier. À deux pas, dans le couvent de Santa Clara, repose

la grand-mère de Pierre, la reine Élisabeth – véritable modèle d'humilité et de sainteté, qui serait parvenue, selon la légende, à faire pousser des roses en plein mois de janvier, miracle qui lui vaudra d'être canonisée en 1625. À Coimbra, Pierre rencontre le plus souvent possible sa maîtresse, devant une fontaine du monastère. Témoin bienveillant des amours clandestines de l'infant de Portugal et de sa bien-aimée, ce monument est aujourd'hui baptisé la « Fontaine des amours ». Entre deux rencontres furtives, les amants utilisent pour communiquer un petit canal approvisionnant en eau potable le couvent : Pierre y fait naviguer des bateaux de bois chargés de mots doux pour sa dulcinée.

Quatre enfants naissent de cette liaison aussi interdite que passionnée, dont trois survivent : Béatrice, Jean et Denis. Pierre aurait aimé se remarier avec Inès, mais celle-ci étant apparentée comme lui à un roi de Castille, l'Église met son veto, au motif de consanguinité. Et, surtout, le roi Alphonse IV s'y oppose farouchement, car il prévoit pour son fils une union politique plus profitable aux intérêts du royaume. Par ailleurs, à la cour, la relation de l'infant et de sa maîtresse espagnole suscite une vive inquiétude en raison de l'influence de plus en plus importante des frères d'Inès, Alvaro et Fernando, sur l'héritier au trône de Portugal. Depuis la mort en 1350 du roi de Castille Alphonse XI, c'est son fils Pierre Ier qui est à la tête du royaume. Et son impopularité est telle que les frères Castro tentent de convaincre Pierre de Portugal, lui aussi descendant du trône castillan (il est le petit-fils du roi Sancho IV et donc l'oncle de Pierre Ier), d'entrer dans les querelles espagnoles et même de détrôner son neveu. Les conseillers d'Alphonse IV redoutent ainsi par-dessus tout qu'à

Malgré les supplications d'Inès, Alphonse IV s'oppose à cette relation, prévoyant pour son fils une union plus profitable aux intérêts du royaume.

Les trois individus mandatés par le roi se rendent dans la résidence d'Inès à Santa Clara, où ils la décapitent froidement.

cause de la famille Castro, Pierre n'entraîne le Portugal dans des intrigues qui mettraient en péril l'indépendance du pays. D'autant que des bruits courent aussi sur un complot de la famille Castro pour éliminer Ferdinand, le fils de Pierre et de Constance, seul et fragile héritier légitime du vieil Alphonse IV, afin que les enfants naturels de Pierre et d'Inès puissent monter sur le trône portugais.

Afin de soustraire l'infant à l'influence néfaste du clan castillan, les conseillers pressent le roi de prendre une décision terrible : supprimer Inès. Souverain orgueilleux et implacable, Alphonse ne peut lui-même tolérer que son fils continue à lui désobéir, et il se résout à cette solution extrême. Le 7 janvier 1355, profitant de l'absence de Pierre parti à la chasse, il réunit trois hommes de main dans le château de Montemor-o-Velho, à quelques kilomètres de Coimbra, et leur ordonne d'assassiner Inès de Castro. Les trois individus, Pedro Coelho, Alvaro Gonçalves et Diego Lopes Pacheco, se rendent dans la résidence d'Inès à Santa Clara, où ils la décapitent froidement. Son corps est enterré à la hâte dans le monastère de la ville. Lorsqu'il apprend la nouvelle de l'assassinat de sa bien-aimée, Pierre entre dans une rage folle. Il réunit aussitôt une armée contre son père et, avec l'aide des frères Castro, tente d'occuper la ville de Porto. C'est un échec, mais les conseillers du roi se querellent et le tumulte commence à gagner l'ensemble du pays. Une nouvelle confrontation est évitée de justesse grâce à l'intervention de la reine mère, Béatrice de Castille. Convaincu par sa mère de signer la paix avec son père, Pierre promet aussi, quelques mois plus tard, d'oublier le fatal épisode et de ne rien intenter contre les assassins d'Inès. Les choses en restent là.

Alphonse IV décède le 28 mai 1357. Deux ans après la mort tragique d'Inès, Pierre monte ainsi sur le trône portugais sous le nom de Pierre Ier. Pour le nouveau roi, l'expression « La vengeance est un plat qui se mange froid » prend alors tout son sens. En 1360, après trois années de règne, Pierre Ier rompt avec la promesse de pardon faite à son père et ordonne l'arrestation des trois assassins, prudemment réfugiés en Castille. Deux d'entre eux, Coelho et Gonçalves, sont arrêtés, le troisième parvient à s'échapper en France. Pierre n'a qu'une obsession : connaître la vérité au sujet de l'assassinat de sa dulcinée. Pour obtenir des révélations sur les conditions de sa mort et le rôle joué par son père dans ce complot, il soumet les coupables à la torture. Selon certains chroniqueurs, il aurait participé en personne à ces séances afin de leur extorquer les moindres détails. Aucune de leurs réponses

Alphonse IV décède le 28 mai 1357. Deux ans après la mort tragique d'Inès, Pierre monte alors sur le trône portugais sous le nom de Pierre Ier.

ne l'ayant satisfait, il aurait ensuite donné l'ordre de les exécuter en les suppliciant de manière particulièrement barbare. Il aurait ainsi demandé que le cœur de Coelho lui soit arraché par la poitrine et celui de Gonçalves par le dos. Cette scène d'un rare sadisme se serait déroulée devant ses appartements, pour lui permettre d'y assister en déjeunant tranquillement. Certains vont jusqu'à affirmer qu'il fit son repas des deux cœurs arrachés.

Quelque temps plus tard, Pierre fait une déclaration fracassante : il proclame solennellement qu'en 1354, soit un an avant la disparition d'Inès, il l'a épousée dans le plus grand secret, en présence d'un unique témoin, l'évêque de

Guarda. Vérité ou manipulation ? Aucun document officiel portant mention de cette union ne sera jamais retrouvé et le roi lui-même dira ne plus se souvenir de la date précise. Il sollicite pourtant la validation de son mariage auprès du pape, qui la lui refuse, toujours en raison de leur consanguinité. Pour affirmer devant tous ses sujets sa légitimité, le roi décide d'organiser en avril 1361 de nouvelles funérailles pour Inès, à la hauteur de celles dues à son rang de reine défunte. Il fait ainsi exhumer la dépouille de sa bien-aimée qui est acheminée de Coimbra jusqu'au monastère cistercien d'Alcobaça où reposent déjà deux rois de Portugal, Alphonse II et Alphonse III, en compagnie de leurs épouses respectives. Le corps d'Inès reposera désormais dans un tombeau de marbre blanc, construit pour l'occasion près du sanctuaire royal. Lors de son transfert, la défunte – à qui l'on a tant bien que mal restitué sa tête – a été revêtue d'un manteau de pourpre et couronnée d'un diadème royal, avant d'être installée sur le trône. Le roi entend ainsi montrer à tous ses sujets qu'Inès a bien été leur reine. On raconte même que les courtisans venus lui rendre hommage furent obligés de baiser sa main droite ! Dans le monastère, Pierre a fait construire un second tombeau, proche de celui de sa dulcinée, destiné à abriter sa propre sépulture. Il y sera enterré à sa mort, en janvier 1367.

Les tombeaux de Pierre et d'Inès sont sans nul doute les plus beaux que l'on puisse admirer aujourd'hui au Portugal. Ils sont symboliquement disposés face à face, afin que les deux amants, à jamais réunis, puissent se regarder dans les yeux pour l'éternité. Au sommet, des gisants soutenus par six anges les représentent tous deux ornés de leurs attributs royaux. Les stèles sont soutenues par des griffons de pierre, dont les effrayants visages auraient été inspirés, dit-on, par les traits des assassins suppliciés.

Les tombeaux de Pierre et d'Inès sont sans nul doute les plus beaux que l'on puisse admirer aujourd'hui au Portugal.

Trois des côtés de la sépulture royale sont décorés de scènes religieuses : du côté de Pierre, des épisodes de la vie de Barthélemy, son saint protecteur, et de celui d'Inès, la vie du Christ, ainsi qu'une scène du Jugement dernier. Le quatrième côté, situé sous la tête des gisants, est quant à lui orné d'une rosace gravée, figurant une roue de la fortune composée de deux cercles concentriques. De nombreuses scénettes symbolisant la passion amoureuse entre deux personnages y sont reproduites. En les parcourant dans le sens des aiguilles d'une montre, on constate que les premières images respirent le bonheur, mais qu'elles s'assombrissent au fil de la lecture, jusqu'à la tragédie finale où l'on assiste à la décapitation d'une femme. Il s'agit évidemment d'une allégorie de l'histoire d'amour de Pierre et d'Inès, et de la fragilité de leur félicité anéantie par la fatalité et la raison d'État.

Ils sont symboliquement disposés face à face, afin que les deux amants, à jamais réunis, puissent se regarder dans les yeux pour l'éternité.

Le couronnement macabre d'Inès, événement ô combien singulier, fut-il uniquement dicté par l'amour ? Rien n'est moins sûr, tant la personnalité du roi Pierre Ier divise les historiens. Certains voient dans ce geste désespéré l'acte d'un demi-fou, sur le modèle du roi de France Charles VI, à la fois capricieux et sadique, irrationnel et dépravé. D'autres soulignent au contraire son habileté politique, son grand souci de justice et son rapport de proximité avec le peuple : autant de qualités qui lui valaient une large popularité de son vivant. Car, tout en prenant part aux luttes intestines castillanes, Pierre Ier est néanmoins parvenu à maintenir la paix dans son royaume durant les dix années de son règne. Magnanime, il aurait ainsi décidé sur son lit de mort de gracier le troisième assassin d'Inès, Pacheco, en l'autorisant à rentrer au Portugal et à récupérer ses terres. En réalité, le couronnement posthume d'Inès de

Le couronnement posthume d'Inès de Castro aurait surtout eu pour but de légitimer les trois enfants que le roi avait eus avec sa maîtresse.

Castro et la décision de Pierre de reposer à ses côtés à Alcobaça plutôt qu'auprès de son épouse légitime auraient surtout eu pour but de légitimer les trois enfants que le roi avait eus avec sa maîtresse. Il s'agissait également pour lui d'affirmer son pouvoir face à la papauté, qui avait constamment opposé son refus au mariage. Enfin, le roi voulait obliger ses courtisans à se prosterner devant le corps de celle qu'ils avaient tant dénigrée par le passé, et qu'il jugeait complices de son assassinat. Il n'en reste pas moins que la sépulture d'Inès de Castro demeure une magnifique preuve d'amour et de reconnaissance du roi pour celle qu'il avait choisie et tendrement aimée. C'est indubitablement cet engagement par-delà la mort qui lui vaut aujourd'hui, malgré ses nombreux défauts, de demeurer l'un des souverains les plus populaires du Portugal.

À partir du XVIe siècle, soit deux siècles après les événements, des écrivains se sont emparés de l'histoire tragique de Pierre et d'Inès pour en faire un drame romanesque, désormais entré dans la légende. C'est le grand poète de la Renaissance, Luís de Camões, le « Shakespeare portugais », qui le premier popularisa l'expression de « reine morte » dans ses célèbres *Lusiades*. À sa suite, une foule d'écrivains et artistes, portugais ou étrangers, se sont ins-pirés des amours contrariées de Pierre Ier et Inès de Castro, les transformant en personnages mythiques et universels, à l'instar de Roméo et Juliette. C'est le cas par exemple du dramaturge espagnol Luís Vélez de Guevara, auteur de la pièce *Régner après sa mort*, dans laquelle il dépeint un amour contrarié, victime de la malveillance des hommes. En France, l'histoire a été popularisée par Henry de Montherlant dans sa pièce *La Reine morte*, écrite en 1942, non sans certaines libertés par rapport à la réalité histo-rique. Mais la magie opère, tant la vérité de cette passion fatale et atemporelle résonne en chacun de nous...

LE DOMAINE DES LARMES

Un lieu incarne encore mieux que les autres tout l'amour que les deux amants se portaient : la Quinta das Lágrimas, ou le Domaine des Larmes, situé près de Coimbra. Aujourd'hui transformé en hôtel de luxe, cet ancien palais fut le théâtre de leurs relations clandestines. Dans ce lieu féerique, où Pierre et Inès aimaient à se retrouver, le plus beau symbole de leur union impossible est sans conteste la Fontaine des amours, qui inspira au grand poète portugais du xve siècle, Luís de Camões, ces quelques vers :

« Tout est en deuil : des Nymphes des forêts
Les pleurs bientôt se changent en fontaine
Ce monument dure jusqu'à ce jour ;
Dans tous les temps mille fleurs l'environnent ;
Et ce beau lieu, que des myrtes couronnent,
S'appelle encore la Fontaine d'amour. ».

La légende veut que ce soit devant cette fontaine qu'Inès pleura ses dernières larmes avant d'être décapitée. On raconte même que la couleur rouge des pierres alentour serait due au sang versé par la pauvre Inès « qui après sa mort fut reine ».

LE MARIAGE SECRET
D'ANNE DE BRETAGNE,
CELLE QUI FUT DEUX FOIS REINE

Figure singulière de l'Histoire de France, la reine Anne, duchesse de Bretagne, a épousé deux rois de France : Charles VIII et Louis XII. Si ces deux mariages ont eu pour conséquence le rattachement du duché au royaume de France, on oublie qu'ils ont été précédés par un autre, demeuré longtemps caché et qui aurait pu changer l'histoire de la Bretagne : l'union secrète d'Anne et de Maximilien de Habsbourg, futur empereur du Saint-Empire et grand-père de Charles Quint.

Promise dès son plus jeune âge à des unions monarchiques opportunistes, Anne donne l'impression d'avoir été toute sa vie instrumentalisée. Toutefois, certaines initiatives personnelles, dont la préservation obstinée de son autorité sur le duché de Bretagne, prouvent que cette reine ne se contenta pas d'un rôle passif. Celle que l'on décrit comme « petite, maigre de sa personne, boiteuse d'un pied et d'une façon sensible, brunette et jolie de visage, et pour son âge fort rusée » est devenue à elle seule le symbole de la résistance bretonne.

Celle qui épousa deux rois de France,
donna toute sa vie l'impression d'être instrumentalisée.

Même si certains historiens ont pu manipuler quelque peu son image à des fins régionalistes, Anne de Bretagne demeure un personnage attachant et courageux, ayant fièrement bravé les conséquences de mariages arrangés et de maternités malheureuses. Aussi l'historien Didier Le Fur réhabilite-t-il la duchesse : « Aujourd'hui, c'est le destin de la femme, duchesse à 11 ans, reine à 14 ans et décédée à 37 ans après avoir vu mourir sept de ses neuf enfants, qui retient le plus l'attention. Au gré de ses métamorphoses, et des débats auxquels elle a donné naissance, Anne de Bretagne est entrée progressivement dans la mémoire. »

Pourquoi Anne de Bretagne était-elle l'objet de tant de convoitises ? Comment traversa-t-elle ces différentes unions diplomatiques ? Quelle était l'importance de son attachement à son duché breton ?

Indépendant du royaume de France depuis le IXe siècle, le duché de Bretagne est dès la fin du règne de Louis XI au centre des préoccupations royales, aiguisant l'appétit du souverain capétien qui rêve de l'annexer. Mais le roi de France meurt en 1483. Son fils Charles VIII n'ayant que 13 ans, c'est à sa fille aînée Anne de Beaujeu que la régence est confiée. Profitant de cette situation inhabituelle, une coalition de grands aristocrates menée par Louis d'Orléans (futur Louis XII) tente de renverser la régente. Baptisée la Guerre folle, cette fronde compte parmi ses chefs le duc de Bretagne, François II, qui parvient à mobiliser son duché. En juillet 1488, les insurgés bretons sont finalement vaincus lors de la bataille de Saint-Aubin-du-Cormier. Et le 19 août, François II est contraint de signer avec Charles VIII un accord de paix, baptisé le traité du Verger. Celui-ci stipule que la fille de François II, Anne, ne pourra se marier sans le consentement du roi de France. Cette disposition n'est en rien anodine car, bien qu'Anne ne soit encore qu'une enfant de 11 ans et qu'elle souffre de claudication, elle est depuis sa naissance extrêmement convoitée.

Première enfant de François II et de Marguerite de Foix, Anne a vu le jour en 1477 à Nantes, capitale des ducs de Bretagne. Pour sauve-garder l'indépendance de son duché, François II a cherché très tôt à obtenir des soutiens militaires et financiers, promettant la main de sa fille à plusieurs princes étrangers. Dès 1481, il a signé un traité d'alliance avec Édouard IV d'Angle-terre, par lequel les deux hommes se promettaient le mariage de leurs enfants. C'est ainsi qu'à l'âge de 4 ans, Anne était déjà fiancée au prince de Galles, futur Édouard V. Les fiançailles furent cependant rompues deux ans plus tard, à la mort d'Édouard IV. La situation

À la mort du roi de France en 1483, c'est à sa fille aînée Anne de Beaujeu que la régence est confiée.

de François II restait incertaine car il n'avait toujours pas de fils : or, depuis le traité de Guérande de 1365, qui mit fin à la guerre de succession de Bretagne, il était prévu qu'en l'absence d'héritier masculin, le duché de Bretagne reviendrait à la famille Penthièvre. Et en 1480, Nicole de Penthièvre avait vendu à Louis XI, contre une somme de 50 000 livres, l'intégralité de ses droits sur le duché de Bretagne.

Puisque François II n'a pas de fils pour lui succéder, les rois de France seront donc en droit de revendiquer légalement le duché de Bretagne. Bien décidé à s'y opposer, il déroge alors à la coutume monarchique. En février 1486, il fait reconnaître par les États de Bretagne ses filles Anne et Isabeau comme seules héritières du duché. Pour justifier cette modification qui va à l'encontre du traité de Guérande, François II a fait appel à son aumônier, l'historien Pierre Le Baud, qui a rédigé un texte démontrant qu'en Bretagne, les femmes ne sont pas écartées de la succession. L'ecclésiastique s'est appuyé sur une prétendue origine troyenne des Bretons qui, chassés d'Angleterre par les Saxons, se seraient réfugiés en Armorique et auraient apporté avec eux leurs coutumes selon lesquelles, en l'absence d'héritier mâle, les femmes sont autorisées à monter sur le trône ducal. La décision prise par François ne devient donc ainsi qu'un juste retour à la loi ancestrale. Il était temps ! Le 9 septembre 1488, François II meurt d'une chute de cheval. S'appuyant sur le traité du Verger, Charles VIII exige la tutelle d'Anne, comme l'on pouvait s'y attendre. Le maréchal de Bretagne Jean de Rieux, déjà désigné tuteur par testament, lui adresse une fin de non-recevoir et, fidèles à la politique de François II, les barons bretons s'empressent de reconnaître Anne. Le 10 février 1489, la jeune fille reçoit le cercle ducal en la cathédrale Saint-Pierre-de-Rennes, devenant, à l'âge de 12 ans, duchesse de Bretagne.

C'est sans compter sur la frustration du roi de France qui menace d'envahir le duché… Pour faire face à l'armée de Charles VIII, les Bretons recherchent des alliés capables de les soutenir militairement. Le mariage d'Anne, dont dépend l'avenir de la Bretagne, devient alors l'enjeu de toutes les négociations. Des pourparlers sont engagés avec Louis d'Orléans (pourtant déjà marié), avec le comte de Castres

Alain d'Albret (arrière-grand-père d'Henri IV) et avec le prince d'Orange, Jean Châlon, cousin germain de la jeune duchesse. Le choix se porte finalement sur l'un des hommes les plus riches et les plus puissants d'Europe, Maximilien d'Autriche, fils de l'empereur Frédéric III. Certes, il a dix-sept ans de plus qu'Anne, mais ce Habsbourg est veuf et capable d'assurer à la Bretagne son indépendance. Après des mois de tractations, le mariage est célébré en la cathédrale de Rennes, le 19 décembre 1490. N'ayant pu faire le déplacement, Maximilien est représenté par son ami Wolfgang de Polham. Le soir se déroule une cérémonie qui fera beaucoup rire à

Parmi ses prétendants, le choix se porte sur Maximilien d'Autriche, fils de l'empereur Frédéric III.

l'époque. En l'absence du marié, c'est Polham qui prend publiquement et symboliquement possession de la jeune épouse. Pour ce faire, tenant la procuration de Maximilien dans sa main, il dénude l'une de ses jambes, qu'il glisse sous la couverture contre celle de la mariée, avant de se retirer. En dehors de cet épisode cocasse, nous ne savons rien de ce mariage, Charles VIII ayant fait détruire tous les documents relatifs à l'événement. Il faudra même attendre le XIXe siècle pour en découvrir la date exacte !

Toujours est-il que la nouvelle de cette union est reçue comme une provocation par Charles VIII, non seulement parce qu'elle déroge au traité du Verger, mais surtout parce qu'elle scelle l'alliance de la Bretagne avec le Saint-Empire contre les intérêts du royaume. Jusque-là hésitant, le roi de France déclenche alors les hostilités. L'alliance conclue se révèle rapidement contreproductive pour le duché de Bretagne, car les milliers de mercenaires allemands, anglais et espagnols qui sont chargés de le défendre se soucient davantage de rançonner le pays que de livrer bataille contre les Français, menés par le redoutable chef de guerre poitevin Louis II de La Trémoille. À l'automne 1491, la Bretagne est totalement ravagée par le brigandage et les révoltes paysannes. Lorsque Charles VIII vient mettre le siège devant Rennes, dernier bastion breton, Anne, à bout de ressources et incapable de résister plus longtemps, se résigne, sur les conseils de ses proches, à se rallier à lui et à accepter, le 15 novembre 1491, de l'épouser et de renoncer à l'indépendance de la Bretagne.

Pour cela, il faut d'abord faire annuler par le pape le mariage d'Anne avec Maximilien : celui-ci ayant été établi par procuration et sans être consommé, la tâche devrait être aisée. De son côté, le roi doit rompre ses fiançailles avec Marguerite d'Autriche, qui vit depuis 1482 à la cour et qui n'est autre... que la fille de Maximilien – Charles VIII a failli avoir Anne de Bretagne pour belle-mère ! Pour devancer la réaction de l'Autrichien, le mariage a lieu dans la précipitation, sans même attendre l'autorisation papale, le 6 décembre 1491 à Langeais, en Touraine, non loin de la frontière bretonne. La duchesse devient officiellement reine de France. Le contrat passé entre les deux époux reconnaît à Anne ses droits sur la Bretagne, mais stipule que si elle décède avant Charles sans avoir

Le mariage a lieu dans la précipitation le 6 décembre 1491 à Langeais, en Touraine, non loin de la frontière bretonne.

pu donner naissance à un enfant légitime, elle devra céder au roi sa souveraineté sur le duché. À l'inverse, si en l'absence d'héritier Charles meurt avant Anne, celle-ci devra épouser le nouveau roi. Deux mois après cette union, qui rattache de facto la Bretagne au royaume de France, Anne est sacrée reine à Saint-Denis, le 8 février 1492, devenant la première épouse royale à bénéficier d'un tel égard.

L'union d'Anne et de Charles VIII mécontente bien sûr Maximilien qui, occupé sur d'autres fronts, se limite à mener une véritable campagne diplomatique auprès du pape afin qu'il annule ce mariage, en faisant courir le bruit qu'Anne a été victime d'un rapt organisé par le roi de France et qu'elle n'a jamais donné son consentement. En vain. Pendant ce temps, à la cour d'Amboise, Anne s'installe dans une vie assez discrète, son rôle se bornant surtout à assurer une descendance à Charles VIII. En octobre 1492 naît un dauphin, Charles-Orland, mais il meurt trois ans plus tard de la variole. Après lui, Anne donne naissance à au moins trois enfants, qui décèdent à leur tour en bas âge. Et lorsque, le 7 avril 1498, Charles VIII meurt accidentellement après s'être cogné la tête contre l'huisserie d'une porte tandis qu'il se rendait à une partie de jeu de paume, le royaume n'a pas d'héritier direct. Le trône de France revient alors à son plus proche parent, son cousin et ancien ennemi, Louis d'Orléans, qui prend le nom de Louis XII.

Comme son contrat de mariage avec Charles le prévoyait, Anne accepte d'épouser le nouveau roi de France, qui prend le nom de Louis XII.

Comme son contrat de mariage avec Charles le prévoyait, Anne accepte d'épouser le nouveau roi de France, à condition cependant de redevenir l'administratrice de son duché. Mais il y a un obstacle de taille : Louis XII est déjà marié depuis 1476 à Jeanne de France, fille de Louis XI et sœur de Charles VIII. Pour épouser Anne et maintenir l'union du duché de Bretagne avec son royaume, il doit demander au pape l'annulation de ce premier mariage. Le motif invoqué n'est pas très crédible : celui-ci – depuis vingt-deux ans – n'aurait pas été consommé ! Le 17 décembre 1498, l'annulation est pourtant octroyée par le pape Alexandre VI Borgia, pour défaut de consentement. Aussitôt, le roi épouse Anne à Nantes, dans la chapelle du château des ducs de Bretagne. Cette union symbolise l'état de paix qui règne entre la France et la Bretagne.

D'un charme indéniable sans être belle – Anne a le visage ovale, les cheveux blonds et le teint nacré, le front haut et bombé, les sourcils bien dessinés, les joues pleines, la bouche fine et le menton rond –, elle est alors dépeinte comme une femme idéale, et un modèle de vertu conjugale. Conformément à l'accord qu'elle a conclu, la reine reprend l'autorité sur son duché où elle rétablit aussitôt la chancellerie de Bretagne supprimée par son défunt mari et fait battre monnaie à son nom. Jusqu'à la fin de sa vie, Anne continuera ainsi d'assumer ses fonctions de duchesse et sans doute est-ce l'une des raisons pour lesquelles on la dit charnellement attachée à la Bretagne, s'estimant plus duchesse que reine et plus bretonne que française. Il est vrai qu'elle a continué de séjourner régulièrement sur sa terre natale. Et, dans son second contrat de mariage, elle a veillé à bien dissocier la succession du duché et celle du royaume. Elle fera son possible pour que sa fille aînée Claude n'épouse pas le duc de Valois, futur François Ier, qui montera sur le trône en l'absence d'héritier mâle, et

D'un charme indéniable sans être belle, Anne est dépeinte comme une femme idéale et un modèle de vertu conjugale.

tentera même de la fiancer au duc de Luxembourg, futur Charles Quint. Ces efforts sont en grande partie à l'origine du prestige dont Anne bénéficie auprès des Bretons. Lors du dernier séjour qu'elle fait sur ses terres, à l'été 1505, pour baptiser à Brest le navire dont elle a ordonné la construction dix ans plus tôt, *La Cordelière* – ce vaisseau est resté cher au cœur des Bretons : seul face à une escadre anglaise, il se fit héroïquement sauter pour détruire un bâtiment ennemi en 1512, lors de la bataille de Saint-Mathieu –, elle est accueillie par une véritable liesse populaire. Preuve ultime de son attachement à son duché : dans ses dernières volontés, elle demande que son cœur soit déposé à Nantes, dans le tombeau de ses parents qu'elle avait fait édifier dans la chapelle des Carmes.

Il convient néanmoins de nuancer l'image d'une duchesse bretonnante. Cette idée est surtout apparue chez les historiens bretons du XIXe siècle, soucieux d'exalter l'identité et l'histoire de leur région, dont l'autonomie passée a été progressivement annihilée par l'absolutisme royal et la Révolution. À cette époque, la Bretagne a perdu son parlement et n'a plus guère d'existence légale ; en opposition à l'histoire officielle qui cherche à accréditer l'unicité et l'indivisibilité de la nation française, ces chroniqueurs tentent de faire d'Anne de Bretagne une icône de la culture locale, symbole de la lutte émancipatrice de toute une région. Quitte à s'autoriser quelques petits arrangements avec la réalité historique. Par exemple, en répandant la thèse du rapt d'Anne par le roi de France à partir des doléances de Maximilien, pourtant fort contestables... Et en forgeant l'image tenace d'une Anne de Bretagne en tenue traditionnelle. Pour que les paysans de l'ancien duché puissent s'identifier à elle, il fallait qu'elle apparaisse comme une « reine paysanne ». Aussi mettent-ils en avant sa simplicité vestimentaire, prétendant qu'elle ne portait ses habits royaux que pour les réceptions officielles, préférant le reste du temps sa « cape bretonne ». Quant à son chaperon noir, il est présenté comme l'ancêtre des coiffes armoricaines. De là naît la légende de la duchesse en sabots, popularisée à la même époque par la célèbre chanson « C'était Anne de Bretagne » – qu'on surnomma « la Marseillaise des Bretons ».

En 1504, Louis XII tombe gravement malade et on craint pour sa vie. De son union avec Anne, il n'a que deux filles : Claude et Renée de France. L'héritier légitime du royaume est donc son plus proche parent, François d'Angoulême, qu'il a fait venir à la cour mais qui n'a encore que 10 ans. La reine est pressentie pour assumer la régence en attendant sa majorité. À cette occasion, elle est sacrée reine de France une seconde fois, toujours à Saint-Denis. Malgré la santé fragile de son mari, elle s'éteint la première – un an avant lui, le 9 janvier 1514, à l'âge de 37 ans, au château de Blois. Ses funérailles, qui durent quarante jours, sont d'un faste inédit, et un tombeau monumental est érigé pour elle dans la basilique Saint-Denis. Sa fille Claude lui succède en tant que duchesse de Bretagne, et épouse quatre mois plus tard le futur François Ier, devenant elle aussi reine de France en janvier 1515. Dans un premier temps, l'indépendance de la Bretagne, confiée au gouvernement d'un chancelier, est respectée.

Ses funérailles sont d'un faste inédit pour une reine de France et un tombeau monumental est érigé pour elle dans la basilique Saint-Denis.

Mais, en 1532, François, dauphin du royaume de France, est couronné duc sous le nom de François III, en même temps qu'est signé l'édit d'union de la Bretagne avec la France. Ainsi s'achève l'indépendance de la Bretagne, qu'Anne aura réussi à préserver quelques années encore. Ce qui lui vaut de demeurer une icône dans le cœur des Bretons cinq siècles après sa mort !

LES GRANDES HEURES
D'ANNE DE BRETAGNE

Ce livre permettait aux catholiques laïcs de suivre la liturgie à chaque heure du jour, voire de l'année. On sait qu'Anne de Bretagne passa commande auprès des meilleurs artistes pour illustrer le sien. Le résultat est spectaculaire et demeure une véritable œuvre d'art, à l'instar des *Très Riches Heures du duc de Berry*, autre fleuron de l'enluminure française commencée un siècle plus tôt. L'ensemble – qui fait 30,5 cm par 20 cm et est constitué de près de 500 pages – fut réalisé entre 1503 et 1508 par Jean Bourdichon et Jean Poyet, l'un des plus illustres enlumineurs de l'époque.

Ce livre d'heures vaut non seulement pour la valeur des textes rédigés en latin, mais surtout pour les 49 illustrations en pleine page et 337 dessins apposés en marge qui représentent plusieurs centaines d'espèces de fleurs, arbres, animaux et autres richesses naturelles, à la manière d'un herbier. Après avoir été longtemps conservé dans le cabinet de curiosités du château de Versailles, il compte désormais les heures à la Bibliothèque nationale de France. Pour les curieux, une réédition de qualité commandée par souscription vers 1860 sous Napoléon III circule encore chez les bouquinistes.

ANNE BOLEYN,
LA REINE DÉCAPITÉE

Des six épouses d'Henri VIII, Anne Boleyn est sans conteste celle qui aura connu le destin le plus exceptionnel. D'abord parce que son mariage avec le roi d'Angleterre engendra un événement majeur de l'histoire européenne : la rupture de la monarchie anglaise avec la papauté et la naissance de la religion anglicane, qui compte aujourd'hui des dizaines de millions de fidèles. Ensuite, parce que, après une liaison de près de dix ans avec le souverain et un règne de 1 000 jours à ses côtés, la reine Anne fut condamnée à mort et décapitée, sur ordre de son mari. Par cet épisode, le roi d'Angleterre se montra sous un jour cruellement despotique.

Issue de l'aristocratie, Anne se fait remarquer dès l'adolescence à la fois pour ses charmes naturels et ses aptitudes intellectuelles. Formée à la cour de Marguerite d'Autriche en Flandre, puis à celle de France, la jeune femme est bientôt distinguée par le roi d'Angleterre. Elle devient ainsi la première femme du royaume à se voir attribuer un « marquisat », privilège jusqu'alors exclusivement masculin. Habile et avisée, elle ne cède cependant à ses avances que lorsqu'elle est certaine de ses intentions matrimoniales. Malheureusement, la nature ne lui permettra pas d'offrir à Henri VIII l'héritier mâle qu'il attend désespérément. Leur fille portera néanmoins au plus haut les ambitions d'Anne, sous le nom d'Élisabeth Ire.

Issue de l'aristocratie, Anne Boleyn se fait remarquer dès l'adolescence pour ses charmes naturels et ses aptitudes intellectuelles.

Pourquoi Henri VIII, devenu chef de l'Église anglicane, ne s'est-il pas contenté de répudier son épouse ? Pourquoi exigea-t-il la tête d'Anne Boleyn ? Pourquoi prit-il soin de lui ménager un procès inique, sous couvert de chefs d'accusation éhontés ? Et comment cette femme d'une remarquable modernité fit-elle face à cette fin terrible ?

Anne rejoint sa sœur aînée Marie à la cour de France où elle est demoiselle d'honneur de la nouvelle épouse de Louis XII, Marie Tudor.

Anne Boleyn est la fille de Thomas Boleyn, un riche marchand londonien, et d'une aristocrate, Élisabeth Howard, descendante des comtes d'Ormond, une prestigieuse famille anglo-irlandaise. Par ailleurs, elle est la petite-fille du duc de Norfolk, Thomas Howard, lord-trésorier d'Angleterre. Sa date de naissance est incertaine, probablement 1501. C'est à son père, habile courtisan et diplomate, qu'elle doit son introduction à la cour. Polyglotte, Thomas Boleyn profite d'une mission à Bruxelles pour s'attirer les faveurs de la régente des Pays-Bas, Marguerite d'Autriche, et lui confier sa fille Anne, dont il a rapidement décelé les brillantes facultés intellectuelles. Devenue demoiselle d'honneur de Marguerite d'Autriche à la cour de Malines (actuelle Belgique), Anne bénéficie d'une éducation élitiste et côtoie même le futur Charles Quint. C'est à cette époque, à l'âge de 12 ans, qu'elle aurait été déflorée par un camarade de jeu.

En octobre 1514, la jeune fille quitte Marguerite d'Autriche pour rejoindre la cour de France, où sa sœur aînée, Marie Boleyn, exerce la responsabilité de demoiselle d'honneur auprès de la nouvelle épouse de Louis XII, Marie Tudor (sœur d'Henri VIII). Au décès du roi de France, sa veuve regagne l'Angleterre en compagnie de Marie, tandis qu'Anne est promue à son tour dame d'honneur de la nouvelle reine, Claude de France, épouse de François Ier. Elle passe ainsi plusieurs années auprès d'elle, apprenant le français et acquérant tous les codes d'une parfaite courtisane, cultivée et distinguée, sachant danser et jouer de la flûte. La cour de France est à l'époque très différente de celle d'Angleterre. Les mœurs y sont largement plus libérales et, surtout, les femmes y exercent un réel pouvoir. La jeune Anne apprend à cultiver un esprit piquant et facétieux et devient experte au jeu de l'amour courtois et des conversations galantes. C'est malheureusement ce qui la perdra.

En 1522, Anne rentre en Angleterre où son père lui cherche des prétendants. Plusieurs projets de mariage échouent, notamment avec le fils du duc de Northumberland, Henry Percy, auquel la jeune fille n'est pas insensible. Elle ne pardonnera jamais au cardinal Wolsey, second personnage du pays, d'avoir mis son veto à cette union. À la même époque, sa sœur aînée Marie devient la maîtresse d'Henri VIII. Le roi d'Angleterre est alors dans une mauvaise passe. Marié à Catherine d'Aragon, femme de son défunt frère Arthur, il n'a toujours aucun héritier mâle. Et les sept enfants mis au monde par Catherine sont tous morts à seulement quelques jours, à l'exception d'une fille, Marie, née en 1516 (future Marie Ire d'Angleterre). Son épouse ayant dépassé la quarantaine, Henri sait qu'elle ne lui donnera plus d'enfant. S'il a jusque-là hésité à se séparer d'elle, c'est uniquement parce qu'elle est la tante de son plus précieux allié, l'empereur Charles Quint. Or, depuis la défaite française de Pavie en 1525, ses rapports avec ce dernier se sont dégradés, l'empereur s'étant approprié tous les bénéfices de la victoire. Songeant à un retournement d'alliance, le roi d'Angleterre délaisse peu à peu son épouse et s'entoure de jeunes mignonnes.

En 1526, peu après avoir mis fin à sa liaison avec Marie Boleyn, Henri VIII tombe sous le charme de sa sœur Anne. Celle-ci, toujours célibataire, ne répond pourtant pas aux canons de beauté de l'époque : elle a le teint mat, de grands yeux noirs et une large bouche, un cou long et une petite poitrine. Il n'en demeure pas moins qu'elle possède des charmes délectables et une sensualité débordante qui envoûtent le roi. Par l'exemple de sa sœur, Anne connaît trop bien le sort dévolu aux maîtresses royales une fois que le monarque s'en est lassé : elles sont abandonnées et disgraciées. C'est pourquoi elle refuse de céder aux avances du roi. Peu habitué à ce qu'une femme lui résiste, Henri n'en est que plus subjugué. Obsédé par Anne, le roi qu'on n'avait pas connu jusque-là si romantique lui écrit de nombreuses lettres d'amour enflammées, dans lesquelles il entrelace ses initiales et celles de sa dulcinée autour d'un cœur. Il lui fait même parvenir un morceau de venaison, du cerf, jouant sur l'homonymie de deux mots en anglais : *hart* (cerf) et *heart* (cœur). Rapidement, il comprend qu'Anne ne se donnera à lui que s'il consent à faire d'elle son épouse légitime, c'est-à-dire la nouvelle reine d'Angleterre. Pour y parvenir, il est prêt à balayer tous les obstacles, y compris ses convictions personnelles.

D'un tempérament fort pieux, il a rédigé quelques années plus tôt, une réfutation des thèses de Luther qui lui a valu de la part du pape Léon X le prestigieux titre de « défenseur de la foi ». Avec le temps, il a fini par se persuader que les décès successifs de ses enfants résultaient du

En 1526, après avoir mis fin à sa liaison avec Marie Boleyn, Henri VIII tombe sous le charme de sa sœur Anne.

caractère incestueux de son mariage. En ne lui accordant pas d'héritier, Dieu l'a puni d'avoir épousé la veuve de son frère. Henri VIII cherche alors à mettre un terme à cette union maudite, ce qui lui permettrait, par la même occasion, d'épouser Anne, l'élue de son cœur. En 1527, le roi d'Angleterre demande au pape Clément VII d'annuler son mariage avec Catherine. Le souverain pontife refuse net le divorce. Nullement pour des raisons de morale religieuse, mais par crainte de déplaire à Charles Quint, neveu de la reine, dont les armées menacent Rome. De son côté, le roi accuse le cardinal Wolsey, son lord chancelier, d'avoir volontairement sabordé les négociations. Aussitôt, en cette année 1529, il le destitue, à la grande satisfaction d'Anne, qui lui avait gardé grief de son premier amour contrarié. De nouvelles négociations sont entreprises pour défaire les noces royales, mais en vain. Et les années passent.

C'est désormais l'évêque de Rochester John Fisher, qui fait obstacle au divorce du roi. Ne reculant devant rien, des amis d'Anne fomentent un empoisonnement. Mais la tentative d'assassinat échoue et le cuisinier de l'évêque est condamné à être ébouillanté vivant. Finalement, en juillet 1532, Henri abandonne Catherine d'Aragon pour rejoindre Anne, qui s'offre enfin à lui. Le roi élève sa maîtresse au titre de marquis de Pembroke, et non de marquise. Cet événement sans précédent dans l'histoire britannique signifie qu'Anne exerce le marquisat de plein droit, c'est-à-dire ni en tant qu'épouse, ni en tant que fille d'un marquis. Cela en dit long sur les prétentions et l'influence de la favorite royale ! Disposant de revenus conséquents, Anne entend régner sans partage. Manipulatrice hors pair, elle éloigne le roi de ses plus fidèles amis, notamment de son oncle, le duc de Norfolk – un des plus hauts personnages de l'État –, et même de son propre père. Au mois d'octobre, elle l'accompagne à

Le roi accuse le cardinal Wolsey de saborder les négociations pour faire annuler son premier mariage.

Boulogne, puis à Calais pour une nouvelle rencontre officielle avec François Ier, douze ans après celle du Camp du Drap d'Or où le roi de France avait déployé des trésors de munificence pour essayer en vain de s'allier le roi d'Angleterre contre Charles Quint.

En décembre, une grande nouvelle comble le roi d'aise : Anne est enceinte. Henri VIII est persuadé que c'est enfin l'héritier tant attendu et, le 25 janvier 1533, il épouse Anne en secret, à York Place. Toujours marié à Catherine d'Aragon, il lui faut coûte que coûte obtenir l'annulation de son mariage au plus vite. Il n'a pas d'autre recours que de contourner le veto du pape et, pour ce faire, le roi d'Angleterre décide, avec l'appui de l'archevêque de Cantorbéry Thomas Cranmer, de se proclamer chef suprême de l'Église d'Angleterre.

Le 25 janvier 1533, Henri VIII épouse Anne en secret à York Place.

Cette décision audacieuse et historique, qui vaudra à Henri l'excommunication, signe l'acte de naissance de l'anglicanisme. L'autorité papale n'ayant plus cours dans le pays, le roi peut désormais faire prononcer son divorce par le primat d'Angleterre, soit le même archevêque de Cantorbéry. Les événements s'accélèrent. Le 23 mai, Cranmer ordonne l'annulation du mariage d'Henri et de Catherine, au motif que la reine était l'ancienne épouse du frère du roi. Cinq jours plus tard, le mariage d'Anne et Henri est reconnu valide. Catherine, qui n'est plus que « princesse de Galles douairière », est exilée de la cour, tandis que sa fille Marie Tudor est déclarée bâtarde ! Enfin, le 1ᵉʳ juin 1533, Anne Boleyn est couronnée reine d'Angleterre en l'abbaye de Westminster.

Ce roi obèse n'a-t-il été qu'un moyen d'ascension sociale pour l'ambitieuse famille Boleyn ?

En six ans, la jeune femme a réussi à gagner son audacieux pari. Mais cet exploit la rend très impopulaire aux yeux de la majorité des courtisans, qui la voient comme une intrigante et une opportuniste, dépourvue du moindre sentiment pour ce roi devenu obèse, qui n'aurait été qu'un moyen d'ascension sociale pour l'ambitieuse famille Boleyn. Certains suspectent Anne d'être une sorcière – on raconte même qu'elle serait dotée d'un sixième doigt – et d'avoir par toutes sortes de maléfices réussi à envoûter le roi. Son dessein secret serait de convertir le souverain au luthéranisme. Enfin, le 7 septembre 1533, la grossesse d'Anne arrive à terme. À la grande déception d'Henri, ce n'est pas un héritier qui vient au monde, mais une héritière, belle et robuste. En hommage à sa grand-mère, on la prénomme Élisabeth. Cette enfant dont le parrain est Thomas Cranmer, baptisée à la hâte, sans les honneurs et en l'absence de son père, connaîtra néanmoins un destin exceptionnel puisqu'elle deviendra la célèbre reine Élisabeth Iʳᵉ d'Angleterre.

La déconvenue du roi marque le début d'un délitement du couple royal. Henri est non seulement contrarié, mais inquiet. Hanté à nouveau par ses tourments d'inceste, il est convaincu qu'en épousant la sœur d'une de ses précédentes maîtresses, il a de nouveau violé la loi divine. Au même moment, une prophétesse du nom d'Élizabeth Barton, surnommée la « jeune sainte du Kent », se fait connaître de tous en prétendant que des visions divines l'ont avertie qu'un grand malheur frapperait le roi si celui-ci divorçait de Catherine pour épouser Anne. Rapidement célèbre dans tout le royaume, la religieuse est même reçue à la cour. Fervente partisane de l'Église catholique romaine, elle incarne à elle seule l'opposition contre les audaces iconoclastes du souverain britannique. Cependant, ses prédictions funestes restent lettre morte, et la nonne est condamnée au bûcher pour trahison en avril 1534.

Toujours hanté par ses superstitions, Henri se montre de plus en plus tyrannique. Il n'hésite pas à faire décapiter le chancelier Thomas More et l'évêque Fisher, pour avoir refusé de cautionner son coup de force contre la papauté. De son côté, Anne n'accepte pas d'endosser la responsabilité de la déception royale et hausse publiquement le ton, allant jusqu'à reprocher à son mari ses infidélités. Cette attitude arrogante et téméraire irrite Henri, d'autant qu'Anne a désormais perdu l'attrait magique qu'elle exerçait sur lui. Le souverain fait part à ses proches de son infortune conjugale et soupçonne son épouse de l'avoir séduit au moyen de sortilèges et de philtres d'amour. Au grand dam de la reine, cette accusation de sorcellerie trouvera un nouvel écho à la suite d'un épisode tragique.

À la fin de l'année 1535, Anne, à nouveau enceinte, fonde l'espoir que cette grossesse mettra un terme à ses épreuves conjugales. Malheureusement, le 27 janvier 1536,

*Superstitieux et tyrannique, le roi fait décapiter le chancelier Thomas More
qui a refusé de cautionner son coup de force contre la papauté.*

elle accouche prématurément d'un embryon de trois mois
et demi. L'enfant mort-né était de sexe masculin. Le triste
événement étant survenu le jour même de l'enterrement
de Catherine d'Aragon, d'aucuns y voient la preuve qu'Anne
est une sorcière dont les maléfices commencent à se
retourner contre elle. Sommée par le roi de s'expliquer,
l'infortunée affirme que sa fausse couche est liée au choc
émotionnel du grave accident de joute que le roi a subi,
le laissant inconscient durant deux heures après avoir

été écrasé sous le poids de son propre cheval. Bien que l'épisode de l'accident soit authentique, Henri VIII et ses proches rejettent l'argument. Lassé d'attendre depuis si longtemps la naissance d'un héritier et ne supportant plus cette épouse qu'il a désormais en horreur, le roi décide de faire annuler une nouvelle fois son mariage pour épouser l'objet de sa nouvelle passion, Jeanne Seymour.

Délaissée par le roi, détestée par les courtisans qui épient avec malveillance ses moindres faits et gestes, Anne cherche quelque réconfort en la compagnie de jeunes gens – que les mauvaises langues s'empressent d'appeler ses amants. Les rumeurs d'infidélité ne tardent pas à venir aux oreilles du monarque. Fidèle à sa manière expéditive de régler les conflits et autres embarras, Henri nomme en avril 1536 une commission chargée d'enquêter sur la reine afin de trouver dans son comportement des éléments à charge qui lui permettront d'invalider ce mariage et, si possible, de faire condamner cette épouse récalcitrante. Deux délits sont présentés : l'adultère et l'inceste, qui aboutissent à l'arrestation de sept individus. Parmi eux se trouve le musicien Mark Smeaton, dont le témoignage accablant a été obtenu sous la torture, mais également George Boleyn, le jeune frère de la souveraine, accusé d'avoir eu des relations interdites avec sa sœur durant les fêtes de Noël. Le 1er mai 1536, le roi voit Anne laisser tomber un mouchoir en direction d'un jeune cavalier qui vient de briller au cours d'une joute. Convaincu de l'infidélité de la reine, il ordonne aussitôt son arrestation. Celle-ci est conduite à la tour de Londres, dans l'attente d'un procès qu'elle sait écrit d'avance.

Ce qui interpelle, c'est la volonté du roi à faire condamner à mort son épouse Anne. Certes, les seuls adultères supposés de sa femme permettraient à Henri de la répudier,

mais l'existence même de son ancienne épouse lui est devenue insupportable. Il a déjà éprouvé un sentiment similaire
après son divorce d'avec Catherine, dont l'existence lui a
longtemps pesé sur la conscience. À sa mort, en janvier
1536, le souverain n'a point cherché à dissimuler son profond soulagement, allant même jusqu'à se vêtir de jaune.
Par ailleurs, Anne répudiée mais laissée en vie continue-
rait à représenter une menace pour le pouvoir d'Henri VIII :
n'oublions pas qu'elle est mère d'une princesse et qu'elle
a le sens des intrigues. Enfin, à la différence de Catherine
d'Aragon, Anne est détestée non seulement à la cour, mais
aussi chez le petit peuple, qui la surnomme « la putain
aux gros yeux ». Le roi a donc tout intérêt à réclamer une
exécution capitale.

Le procès d'Anne, de son frère George et de ses prétendus
amants se déroule le 15 mai 1536 dans la grande salle
de la tour de Londres. Près de deux mille personnes y
assistent, tandis qu'Henri n'a pas daigné se déplacer.
Outre l'adultère et l'inceste, sont également retenues les
accusations d'hérésie et, surtout, de trahison et de complot contre le roi. Cette dernière inculpation est cruciale,
car elle prive l'accusée de l'assistance d'un avocat. En
dépit de ses dénégations et malgré l'absence totale de
preuves, Anne Boleyn est condamnée à être brûlée vive.
À l'annonce de la sentence, prononcée non sans émotion
par son oncle le duc de Norfolk, la reine fait preuve de
sang-froid, réaffirmant son innocence ainsi que sa loyauté
au roi. S'en émeut-il ? Certainement, puisque Henri VIII
consent à commuer la peine en décapitation et, pour adou-
cir les souffrances de sa femme, fait appel à un bourreau
originaire de Calais réputé pour son habileté à trancher
les têtes d'un seul coup d'épée. Cette décision n'offre à la
reine que vingt-quatre heures de sursis durant lesquelles
alterneront les crises de larmes et de rires stridents.

Convaincu de l'infidélité d'Anne, Henri VIII ordonne son arrestation.

Le 19 mai 1536, jour de son exécution, Anne aurait confié, sarcastique : « Le roi a été très bon avec moi. De simple fille il m'a fait marquise, puis reine. Aujourd'hui il s'apprête à m'élever au rang de martyre ! » En marchant au billot, elle adopte une attitude digne et sereine, faisant admirer à l'assistance son long cou, comme s'il avait été naturellement

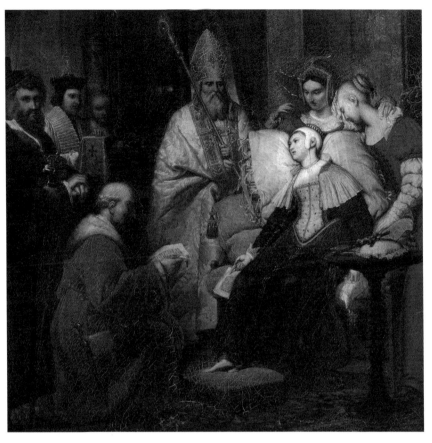

Le jour de son exécution, Anne aurait confié : « Le roi a été très bon pour moi. De simple fille il m'a fait marquise, puis reine. Aujourd'hui il s'apprête à m'élever au rang de martyre. »

conçu pour le sort qu'on lui réservait... Avant la fin du mois, le 30 mai, Henri épouse en troisième noce Jeanne Seymour. Et la liste ne s'arrêtera pas là ! Notons que de récentes études affirment que le roi d'Angleterre souffrait d'un « syndrome frontal », séquelle consécutive à deux accidents de joute survenus à une dizaine d'années d'intervalle, qui modifia radicalement son métabolisme et perturba son équilibre psychologique et émotionnel. La courageuse Anne aura été la première à en subir les conséquences dévastatrices.

LE FANTÔME DE LA REINE

La tour de Londres, située à l'est de la ville, demeure l'un des lieux les plus touristiques de la capitale anglaise. Les gardes comme les corbeaux veillent jour et nuit sur les joyaux de la couronne britannique. Cet ancien campement militaire devenu garnison, puis château fort avec ses remparts et prison, fut aussi le théâtre d'exécutions atroces : Thomas Becket au XIIe siècle précéda de quelques siècles Anne Boleyn, qui mourut dans la pièce aujourd'hui appelée « la tour sanglante », le long des remparts. On raconte qu'aucun cercueil n'aurait été prévu pour la reine sans tête, enterrée à la hâte. Depuis, une légende rapporte que son fantôme hanterait les lieux. La dernière apparition de cette âme perdue avec son cortège de voiles blancs, en 1936, aurait particulièrement terrifié un officier de la garde. Anne Boleyn se serait manifestée dans six autres lieux d'Angleterre fréquentés jadis, notamment le château de Windsor, où la reine Élisabeth aime se retirer, à l'ouest de Londres. Si vous vous rendez en Angleterre, ouvrez l'œil !

La Tour de Londres.

POURQUOI SURNOMMA-T-ON
ÉLISABETH I^{RE} D'ANGLETERRE
LA « REINE VIERGE » ?

Son règne a fait d'elle la plus grande figure féminine du xvie siècle et un souverain emblématique de l'Histoire : Élisabeth Ire d'Angleterre a connu un parcours captivant et un rayonnement mondial. Surnommée la « reine vierge », elle a su se détacher d'un passé familial lourd de tragédies pour imposer peu à peu son autorité sur le royaume, avec un courage que bien des hommes pourraient lui envier. Ce pouvoir assumé attirait bien des convoitises et Élisabeth a vu de nombreux prétendants européens se bousculer à ses pieds. Sans qu'elle ne sache – ou ne veuille – jamais choisir.

Sur fond de guerre religieuse entre catholiques et protestants, la reine Élisabeth a inlassablement revendiqué son besoin farouche de liberté, envers et contre tous. En 1559, devant son Parlement, elle déclara : « Je désire que l'on inscrive sur ma tombe que j'ai régné et que je suis morte Reine vierge. » Mais cette intransigeance, qui la rendait redoutable et redoutée, dissimulait une grande pudeur et de douloureuses blessures affectives.

Quels secrets se cachent derrière la prétendue virginité de la reine Élisabeth d'Angleterre ? Pour quelles raisons a-t-elle choisi de cultiver son célibat, au risque de ne pas donner d'héritier au royaume ? N'y a-t-il réellement aucun homme qui ait su conquérir le cœur de cette femme indépendante ?

Élisabeth a inlassablement revendiqué son besoin farouche de liberté.

C'est avec une hâte non dissimulée que Catherine se remarie avec Thomas Seymour, quatre mois après le décès du roi.

Nous sommes en 1547. À peine âgée de 14 ans, la jeune Élisabeth est gracieuse et d'une taille élancée. Si son teint est mat, à l'encontre du goût de l'époque, ses longs cheveux d'un blond vénitien et ses beaux yeux noirs attirent tous les regards. Bien qu'orpheline, l'adolescente apparaît vive et joyeuse : à la mort de son père, le tyran Henri VIII d'Angleterre, sa belle-mère Catherine Parr a pris soin d'elle comme de sa propre fille. Le lien qui les unit est si fort que la jeune Élisabeth suit Catherine lorsque celle-ci part retrouver l'homme qu'elle aime depuis toujours : Thomas Seymour. C'est d'ailleurs avec une hâte non dissimulée que la veuve se remarie avec l'élu de son cœur, quatre mois seulement après le décès de son royal époux.

Seymour a 40 ans lorsqu'il s'installe avec Catherine et Élisabeth. C'est un bel homme, séduisant et plein d'esprit. Malgré leur différence d'âge, une riche complicité naît entre eux. Il fait danser la jeune fille, plaisante et chahute joyeusement en sa compagnie. Si la gouvernante Kat Ashley s'amuse dans un premier temps de ces jeux innocents, elle finit par les considérer d'un mauvais œil. Et lorsqu'elle surprend Seymour en chemise de nuit et pantoufles dans la chambre d'Élisabeth, c'en est trop ! Enceinte, la reine ne doute pas de l'innocence de son mari, mais décide d'éloigner sa belle-fille pour étouffer les rumeurs qui bruissent à la cour. Cette relation trouble, jamais véritablement éclaircie, est-elle à l'origine de l'ambiguïté des relations affectives de la future souveraine ?

Élisabeth a bien d'autres raisons de se méfier des hommes. Son propre père n'était pas un exemple rassurant. Ce monstre obèse, qui pesait à la fin de sa vie plus de 130 kilos, a collectionné les épouses sans ménagement : Catherine d'Aragon, Anne Boleyn, Jeanne Seymour, Anne de Clèves, Catherine Howard et Catherine Parr. Et il n'a pas hésité à faire décapiter deux d'entre elles, dont la mère de la jeune Élisabeth. Choyée par sa mère qui lui vouait un amour inconditionnel, la petite est âgée de 3 ans quand Anne Boleyn est exécutée pour adultère. L'enfant est aussitôt déclarée illégitime par le Parlement, reléguée au rang de bâtarde, tout comme sa demi-sœur Marie, la fille de Catherine d'Aragon. Élisabeth trouve bien un peu de réconfort auprès de ses belles-mères successives, mais c'est à peine si elle a le temps de s'attacher à elles. Elle côtoie pendant un an Jeanne Seymour, qui meurt en couches, et ne profite pas davantage d'Anne de Clèves, dont le roi se sépare peu après les noces. Jolie femme de 20 ans, Catherine Howard s'occupe durant trois années de la fillette, avant d'être exécutée pour les mêmes raisons qu'Anne Boleyn. Pour finir, celle qui a survécu au roi, Catherine Parr, doit se résoudre à éloigner l'adolescente, accusée de badiner avec son nouvel époux.

Les tensions entre catholiques et protestants jouent également un rôle capital dans le parcours d'Élisabeth. Il ne faut pas oublier que l'Angleterre a basculé dans le protestantisme depuis la romance entre ses parents. En effet, en 1527, Henri VIII est marié à Catherine d'Aragon, mais veut en divorcer pour épouser la sublime Anne Boleyn. Or le pape, sous l'influence du très catholique et puissant empereur Charles Quint, neveu de Catherine d'Aragon, oppose son veto. Qu'à cela ne tienne, Henri rompt tout lien avec Rome en 1529 et épouse Anne Boleyn en 1533. Un an plus tard, il promulgue l'« Acte de suprématie » qui fait de lui le chef suprême de l'Église d'Angleterre. Cette décision arrive à point nommé, car elle permet de confisquer les biens ecclésiastiques pour renflouer le Trésor royal, au moment où les deux grands ennemis de l'Angleterre – le roi de France François Ier et Charles Quint d'Espagne – viennent de se réconcilier.

Mais Henri VIII n'a dès lors d'autres choix que de chercher des alliances chez les princes protestants d'Allemagne. Après la mort de sa troisième épouse Jeanne Seymour, il se remarie donc avec Anne de Clèves, une princesse allemande. Cette dernière est cependant rapidement congédiée, le roi ne la trouvant pas assez à son goût. Henri VIII se serait laissé abuser par le portrait flatteur qu'en avait fait le peintre Holbein. En réaction, le monarque impulsif épousera la catholique Catherine Howard, puis la protestante Catherine Parr. C'est dire s'il ne s'encombrait guère de convictions religieuses !

Sous le règne de son fils Édouard VI, qui lui succède à l'âge de 10 ans, le protestantisme est favorisé. Mais le jeune roi meurt six ans plus tard, laissant le trône à sa sœur aînée, Marie. Fervente catholique, la nouvelle reine est en outre d'une rare intransigeance. À l'origine de son surnom de « Marie la Sanglante », ce trait de caractère la poussera à persécuter inlassablement les protestants. Ayant épousé le fils de Charles Quint, l'infant Philippe d'Espagne, Marie se heurte cependant à l'hostilité de la majorité des Anglais.

Dans ce contexte houleux, Thomas Wyatt – l'un des nombreux prétendants d'Élisabeth – déclenche une révolte afin de porter celle-ci sur le trône à la place de sa sœur. En vain : il passera six mois à la tour de Londres et le reste du règne de Marie en résidence surveillée. C'est finalement la grippe qui aura raison de la reine, quatre ans plus tard. La mort prématurée de sa sœur aînée vaut à Élisabeth de monter sur le trône, le 17 novembre 1558.

Après la mort de sa troisième épouse Jeanne Seymour, Henri VIII se remarie avec Anne de Clèves, une princesse allemande.

Célibataire et déjà âgée de 25 ans, la nouvelle reine n'a manifesté d'intérêt pour aucun homme. Tout au plus a-t-elle témoigné une certaine amitié pour l'un des plus beaux gentilshommes de la cour, Robert Dudley. La première préoccupation de son entourage est dès lors de la marier, afin d'assurer un héritier au trône. D'autant que si la reine venait à mourir prématurément sans avoir eu de fils, c'est sa cousine Marie Stuart, la reine d'Écosse, qui lui succéderait. Or, cette dernière vient justement d'épouser le roi de France, François II... Comment concevoir que les couronnes de France, d'Angleterre et d'Écosse soient un jour réunies sur la même tête !

Parmi les prétendants d'Élisabeth, un seul se distingue : Philippe II d'Espagne, l'époux de sa sœur défunte.

Parmi les prétendants royaux, un seul se distingue : Philippe II d'Espagne, l'époux de sa sœur défunte. Ce choix permettrait de conserver de bonnes relations avec l'Espagne, alors que la France vient de s'allier à l'Écosse. Pourtant, opter pour Philippe reviendrait à ignorer les guerres de religion qui secouent le pays, sachant qu'Élisabeth est protestante et le roi d'Espagne catholique. Ce dernier, qui trouvait Marie Tudor dénuée de charme et trop âgée (elle avait 37 ans, soit dix de plus que lui), se montre soudain pressé de convoler avec sa jeune belle-sœur. Il est vrai que, de huit ans sa cadette, la reine d'Angleterre présente bien des avantages. Cependant, Élisabeth porte trop ardemment les espérances des protestants pour risquer une telle mésalliance. Aussi, bien que flattée par la proposition – on raconte qu'elle conserve un portrait de Philippe II dans sa chambre –, Élisabeth la décline poliment. Le problème du mariage de la reine et de sa descendance reste entier. Rappelons que son père Henri VIII avait répudié Catherine d'Aragon et fait décapité Anne Boleyn aussi parce qu'elles ne lui avaient donné que des filles... La reine vierge assiste alors à un défilé incessant de postulants. Pour les Tudor, il est impératif d'éviter tout nouveau conflit de succession et nombreux sont les aspirants de ce clan à se présenter. De son côté, Charles II d'Autriche-Styrie, le neveu de Charles Quint, tente également sa chance, mais les négociations traînent à l'excès et les relations avec les Habsbourg finissent par se gâter. Apprenant que la reine apprécie les cadeaux prestigieux, le roi Éric de Suède lui offre un splendide attelage de 18 chevaux ; il n'aura pas davantage de succès. On présente même à Élisabeth un noble écossais, le comte d'Arran, dont la position permettrait de nouer des liens avec cet État voisin si convoité. Mais une fois de plus, la reine esquive.

Le Parlement commence à émettre de sérieux doutes quant à la succession d'Élisabeth, qui de toute évidence n'a aucune intention de convoler. Les rumeurs les plus folles circulent : on parle d'anomalie sexuelle, de stérilité, de peur panique du mariage provoquée par l'exécution de sa mère... La reine semble décidément hermétique à toute passion amoureuse. Pourtant, on dit qu'elle ne dédaignerait pas les caresses de son ami Robert Dudley. Mais le mariage est ici impossible, puisque Dudley est déjà marié – son épouse, Amy Robsart, est une femme discrète qui vit à l'écart de la cour. Par ailleurs, un mariage morganatique risquerait fort de révolter une

On dit qu'Élisabeth ne dédaignerait pas les caresses de son ami Robert Dudley.

partie de la noblesse, sans parler des prétendants étrangers qui continuent à affluer auprès d'Élisabeth. Lorsqu'en 1560 Amy décède, tous les espoirs semblent permis. Sauf que l'infortunée s'est brisé le cou en tombant dans un escalier, ce qui ne manque pas de laisser planer un doute sur les circonstances réelles de cette chute opportune... Mais Élisabeth entacherait trop sa réputation en épousant son favori. Aussi se contente-t-elle de lui donner le titre de comte de Leicester, en 1564, et elle en profite pour s'enfermer toute une semaine avec lui au château de Kenilworth. De quoi relancer les plus folles rumeurs.

En désespoir de cause, on envisage de marier Élisabeth à l'un des fils de Catherine de Médicis, Henri d'Anjou, futur Henri III. Ou encore au frère de ce dernier, le duc d'Alençon. En âge d'être sa mère, la reine se prend d'une réelle affection pour lui, allant jusqu'à le surnommer tendrement « ma petite grenouille ». Lorsqu'il décède en 1584, elle en éprouve une véritable peine et porte son deuil. Si le temps n'a aucune prise sur l'obstination de la reine, les premiers signes de vieillesse commencent à apparaître. Élisabeth accuse les stigmates d'une mauvaise variole et la perte de ses cheveux la force désormais à porter une perruque en permanence. Toujours coquette, elle affectionne les décolletés plongeants et apprécie la compagnie de fringants cavaliers. En témoigne son attachement particulier pour deux hommes bien plus jeunes qu'elle.

Car si la reine a maintenant 50 ans, son cœur balance entre le séduisant Walter Raleigh et le comte d'Essex, Robert Devereux. Ces deux opportunistes jouent le jeu de la séduction et savent profiter de la fragilité affective d'Élisabeth, comme tant d'autres avant eux. De vingt ans son cadet, Walter Raleigh va jusqu'à jeter son manteau de velours et de pourpre dans la boue de Londres afin d'éviter que la reine ne s'y salisse les pieds ! L'écrivain anglais, également officier et explorateur, baptisera même un État américain nouvellement créé « la Virginie », en son hommage. Cette dévotion apparente ne l'empêchera pas de séduire et d'épouser, dans le plus grand secret, l'une des dames d'honneur de la reine.

De son côté, le comte d'Essex (trente-deux ans de moins qu'Élisabeth) provoque un duel afin de prouver son courage et sa loyauté – il en sort légèrement blessé à la cuisse. Mais en privé, il se permet de railler celle qu'il surnomme « la vieille ». Courtisant lui aussi ses dames d'honneur, il provoque ouvertement la reine, qui en vient à lui administrer un violent soufflet en public. Furieux et vexé, le comte met aussitôt la main à son épée, obligeant les membres du Conseil à s'interposer

Le comte d'Essex s'étant permis de railler la reine, celle-ci lui administre un violent soufflet en public.

promptement. « Je ne supporterai pas pareil affront d'un roi en jupons », maugrée-t-il. Si la reine et son soupirant se réconcilient officiellement peu après, le comte d'Essex est tout de même renvoyé dans son gouvernement d'Irlande, où il s'allie aux mécontents et refuse ensuite d'obéir aux ordres de la souveraine. Il tente même de soulever contre elle la population de Londres ! Arrêté et jugé, il jure à la foule rassemblée qu'il n'a jamais comploté. Son plaidoyer est déclamé avec tant de ferveur qu'il fait pleurer toutes les dames de la cour. Plus intransigeante que jamais, Élisabeth laisse le bourreau lui trancher la tête. Pourtant, on raconte qu'elle se serait laissée aller plus tard au désespoir, dans l'intimité de ses appartements.

S'il est peu probable qu'elle soit restée vierge comme elle le prétendait, Élisabeth se méfiait du « sexe fort » : « Je sais bien que je ne suis qu'une femme faible et fragile, mais j'ai aussi l'ardeur et le courage d'un roi, qui plus est d'un roi d'Angleterre ! » affirme-t-elle vers 1570. Subtile, la reine sait mieux que quiconque user de son image virginale pour prouver à son peuple sa fidélité et sa loyauté éternelles. Elle déclare ainsi n'avoir qu'un seul époux : le peuple anglais lui-même. Entièrement dévouée à son pays, elle connaît ses responsabilités. Avant même d'assurer sa succession, elle doit sauvegarder l'équilibre retrouvé en Angleterre et en Europe, et surtout rester maîtresse sur ses propres terres. Il lui faut en effet se protéger des dissidents catholiques, qui lui opposent une rivale de taille : la reine Marie Stuart. Préférant ne prendre aucun risque, Élisabeth finit par faire exécuter cette dernière, en 1567, pour mettre un terme définitif à sa menace.

En Europe, la reine d'Angleterre doit louvoyer entre l'alliance espagnole et le parti des Français. Elle s'arrange habilement pour n'attaquer de front ni l'une ni l'autre, tout en soutenant discrètement le parti protestant en France et en tolérant les corsaires anglais – les *sea dogs* – qui s'attaquent aux navires espagnols rentrant d'Amérique. En 1587, Francis Drake pille ainsi le port de Cadix, raflant un butin considérable. Lorsque, pour venger cet affront, les Espagnols lancent à l'assaut de l'Angleterre leur immense

Élisabeth finit par faire exécuter sa rivale catholique, Marie Stuart, pour mettre un terme définitif à sa menace.

flotte, l'*Invincible Armada* se retrouve défaite par une prodigieuse tempête ! Cette victoire permet à l'Angleterre d'établir sa domination sur les océans et contribuera à asseoir la réputation de la reine dans le monde entier. Si même Dieu est du côté d'Élisabeth, qui pourrait la vaincre ?

Après avoir décliné durant 25 ans toutes les offres de mariage, Élisabeth refuse aussi, jusqu'à son lit de mort, de livrer le nom d'un successeur légitime.

Fière et inflexible, Élisabeth le restera jusqu'à la fin. Le 24 mars 1603, à presque 70 ans, elle décède dans son palais de Richmond, à Londres. Après avoir décliné durant vingt-cinq ans toutes les offres de mariage, elle refuse aussi, jusqu'à son lit de mort, de livrer le nom d'un successeur légitime. Laissant ainsi s'éteindre la dynastie des Tudor, Élisabeth permet au roi écossais Jacques VI, le fils de

Marie Stuart, de monter sans lutte sur le trône anglais. Elle réalise par là même le rêve des premiers Tudor : réunir l'Angleterre et l'Écosse en une grande nation. Ce qu'elle nomma prophétiquement dès 1603 l'« Union des Couronnes » n'est en réalité que le prélude à la « Grande-Bretagne » de 1707.

LA REINE DES FÉES

Savez-vous pourquoi, dans la seconde moitié du XVIe siècle, les poètes n'appelaient pas Élisabeth Ire « Sa Majesté la Reine », mais « Fair Oriana » ? Sachant qu'Oriana n'est autre que la reine des fées... Le règne d'Élisabeth marque le renouveau de la création artistique, et le triomphe des idées anglicanes au détriment du catholicisme puritain.

À cette époque, croissance économique aidant, les plaisirs de la vie animent la cour, plus légère et fastueuse, occupée de fêtes et de libertinage. Certains rapporteurs notent une certaine recrudescence des adultères et des naissances illégitimes. Cette insouciance et relative liberté de mœurs inspire les artistes. L'un des plus éminents à mettre en scène Élisabeth est Edmund Spenser, dans sa célèbre *Reine des fées*, poème épique aujourd'hui encore considéré comme un chef-d'œuvre de l'ère élisabéthaine.

Une autre œuvre illustre à merveille cette période, le *Songe d'une nuit d'été*, de William Shakespeare. Une sorte de calme avant la tempête, et le rigorisme du successeur de la fameuse « Reine des fées », Jacques Ier d'Angleterre, qui pointe déjà à l'horizon...

HENRI III,
LE ROI LE PLUS CALOMNIÉ DE L'HISTOIRE

Henri III a laissé derrière lui une image contrastée. Affublé d'une légende noire, il est décrit comme un roi faible, superficiel et efféminé. Or cette vision réductrice propagée par ses ennemis ne rend pas justice à ses actes. Elle ne tient pas davantage compte du contexte délicat qu'a dû affronter le dernier des Valois, intronisé moins de trois ans après le sinistre massacre de la Saint-Barthélemy, alors que les conflits religieux ensanglantaient encore le royaume. Dans ce climat de guerre civile permanente, où le roi était la cible de tous les partis, Henri III aura montré d'incontestables qualités de chef d'État, résumées ainsi par le célèbre chroniqueur Pierre de l'Estoile : « C'était un très bon prince, s'il eût rencontré une bonne époque. »

Le plus intelligent des quatre fils de Catherine de Médicis s'illustre rapidement comme chef de l'armée du roi et brille sur plusieurs champs de bataille. À l'âge de 21 ans, il devient brièvement roi de Pologne, avant de monter sur le trône de France à la mort de son frère Charles IX. Héritant d'un territoire divisé, il n'aura de cesse de lutter pour reprendre la main sur ses opposants de tous bords et rétablir l'autorité royale. Confronté à de profondes difficultés économiques et politiques, il devra aussi surmonter pas moins de quatre guerres de Religion, avant de succomber prématurément à l'âge de 38 ans.

*Décrit comme un roi faible, superficiel et efféminé, le dernier des Valois
n'aura de cesse de lutter pour rétablir l'autorité royale.*

À quoi tient la sinistre réputation d'Henri III ? Quelles épreuves a-t-il endurées et comment a-t-il résolu les conflits incessants qui déchiraient le pays ? Il est grand temps de reconnaître, au-delà des images d'Épinal, toute l'envergure de ce personnage aussi riche que complexe.

Rien ne prédestinait le quatrième fils d'Henri II et de Catherine de Médicis à devenir roi de France.

Rien ne prédestinait le quatrième fils d'Henri II et de Catherine de Médicis, Henri III, né en 1551, à devenir roi de France. Après la mort de son père en 1559 et le court règne de son frère François II, c'est son aîné, Charles IX, qui est élevé au rang de souverain en 1560. Élève de l'humaniste Jacques Amyot, intelligent et cultivé, Henri est le favori de sa mère, qui le nomme en 1567 lieutenant général du royaume, c'est-à-dire potentiellement régent, à l'âge de 16 ans à peine. L'année suivante, lorsque éclate la troisième guerre de Religion opposant l'armée royale catholique aux insurgés protestants, il se voit confier son premier commandement militaire. Patronné par le très expérimenté maréchal de Tavannes, le jeune homme affiche un courage certain et de véritables qualités de chef de guerre, remportant en 1569 deux importantes victoires sur les protestants : à Jarnac – où meurt le chef des huguenots, Louis Ier de Bourbon-Condé –, puis à Moncontour. À cette époque, Henri est, avec sa mère, proche du parti catholique hostile aux réformés, ce qui lui vaut d'être dépeint par Ronsard comme un « émissaire divin, destructeur de l'hydre protestante ». Durant l'épisode tragique de la Saint-Barthélemy, il parvient à convaincre son frère, le roi Charles IX, jusque-là hésitant, d'ordonner l'exécution de tous les protestants rassemblés à Paris à l'occasion du mariage d'Henri de Navarre (futur Henri IV) et de Marguerite de Valois.

En mai 1573, alors qu'il participe au siège de La Rochelle, Henri est élu roi de Pologne, grâce aux intrigues de Catherine de Médicis. Sacré à Cracovie, il règne sans gouverner, le pays étant dirigé par une diète sous le contrôle de la noblesse polonaise. Lorsque, en juin 1574, Henri apprend la mort de son frère Charles IX, décédé sans héritier mâle, il n'hésite pas un seul instant à abandonner le trône polonais pour la couronne de France. Le 18 juin, il s'enfuit de sa cour en pleine nuit, quittant la Pologne

Alors qu'il s'attarde à festoyer à travers l'Autriche, Venise et la Savoie, Henri III rencontre Louise de Lorraine, dont il s'éprend aussitôt.

dans des conditions rocambolesques. Il mettra plusieurs mois à rentrer en France, s'attardant à festoyer en chemin, à travers l'Autriche, Venise et la Savoie. C'est au cours de ce périple qu'il rencontre Louise de Lorraine, dont il s'éprend aussitôt. Après avoir rejoint sa mère à Lyon, où il réorganise son Conseil, Henri est finalement couronné à Reims le 13 février 1575. Peu de temps après, il épouse Louise de Lorraine-Vaudémont, au mépris de toutes les conventions aristocratiques et coupant court aux projets que Catherine caressait pour lui.

Dès son avènement, Henri III déconcerte ses sujets par son style atypique. Sa santé précaire depuis l'enfance lui interdit de se livrer à de violents exercices physiques, l'empêchant de pratiquer les activités auxquelles s'adonnent les grands seigneurs : la chasse, l'équitation, le jeu de paume... C'est dire s'il détonne avec les rustres souverains médiévaux qui l'ont précédé ! Aussi coquet qu'une femme, le roi est un bel homme qui accorde à son aspect physique le plus grand soin : il se parfume à l'eau de rose et aime se parer de bijoux. Provocateur et beau parleur, il apprécie les fastes de la vie de cour, mais il se révèle également cyclothymique et psychologiquement instable, alternant des fêtes d'une rare débauche avec des actes d'une dévotion ostentatoire et d'une piété exagérée. C'est sans doute là que réside toute la complexité de sa personnalité – entre extravagance et bigoterie – qui fait naître l'inquiétude dans son entourage !

Au centre des nombreuses calomnies qui circulent à son sujet, un groupe de fidèles qui s'agitent autour de lui et qu'il apprête et couvre de somptueux cadeaux : les célèbres « mignons » (terme qui n'avait aucune connotation péjorative ou sexuelle à l'époque). Ce n'est pourtant pas nouveau, car certains de ses prédécesseurs avaient déjà éprouvé, avant lui, le besoin de s'entourer d'hommes de confiance dans un contexte politique tendu. N'en déplaise à la cour, l'extraordinaire prodigalité du roi à l'égard de ses proches courtisans n'a pas d'égale. Henri III ne craint pas d'élever deux de ses plus fidèles serviteurs issus de la petite noblesse, Jean-Louis d'Épernon et Anne de Joyeuse (Anne était aussi un prénom masculin), à la dignité de ducs et pairs du royaume, placés dans la hiérarchie juste derrière les princes de sang. Leur intégration au Grand Conseil suivra de peu. En 1581, le fastueux mariage d'Anne de Joyeuse avec Marguerite de Lorraine, demi-sœur de la reine, coûte au roi la bagatelle de deux millions de livres tournois. De telles faveurs, ressenties comme un outrage par la haute noblesse, suscitent naturellement moult jalousies. D'autant que ces mignons souffrent d'une affreuse réputation : comme leur maître a le goût de la provocation, ce sont de redoutables bretteurs et leurs querelles se terminent bien souvent par des duels sanglants. Ainsi, le 25 avril 1578, un

Au centre des calomnies, un groupe de fidèles que le roi couvre des cadeaux : les célèbres « mignons ».

duel opposant six d'entre eux s'achève dans un bain de sang, faisant quatre morts. Les liens forts qui unissent Henri III à ses mignons, doublés d'un penchant pour le travestissement, font naître chez ses contemporains des commentaires acerbes, des libelles hostiles qui parlent de « mignons de couchette ». La sexualité débridée d'Henri III prête le flanc aux suppositions les plus douteuses. Probablement homosexuel, il est néanmoins un grand amateur de femmes et entretient des relations avec plusieurs maîtresses. En outre, fort épris de son épouse Louise de Lorraine, il refusera de la répudier lorsqu'on découvrira sa stérilité, renonçant pour elle à sa descendance.

Bien décidé à ne plus jouer ce rôle de roi fantoche qu'il a tenu durant quelques mois en Pologne, Henri III se consacre dès le début de son règne à renforcer l'autorité royale. Pour parvenir à ses fins, il instaure un nouveau cérémonial de cour, accompagné d'une étiquette, où le souverain assume la personnification de l'État – un véritable prélude à l'absolutisme de Louis XIV. Parallèlement, il porte les effectifs du personnel royal à plus de 15 000 officiers, soit trois fois plus que sous François Ier. Il sera aussi à l'origine des premiers « acquits de comptant », des ordres de paiement signés par le roi, contre lesquels aucune facture n'est échangée, ce qui permet d'échapper à tout contrôle de la Cour des comptes et rend impossible le calcul des dépenses monarchiques. Pour parer aux difficultés financières, il accentue enfin la pression fiscale, en particulier pour les Parisiens, auprès desquels il est fort impopulaire.

Son frère cadet François prend la tête du parti des Malcontents, reprochant au roi de confisquer le pouvoir à la noblesse.

Dès sa première année de règne, Henri III doit essuyer un important mouvement de contestation, mené par les plus grands personnages du royaume et en premier lieu par son propre frère cadet, François, futur duc d'Alençon, qui espérait lui aussi obtenir la couronne de France à la mort de leur aîné Charles IX. Allié à la haute aristocratie ainsi qu'aux chefs protestants – parmi lesquels Henri de Navarre –, François prend la tête du parti des Malcontents, reprochant au roi de confisquer le pouvoir à la noblesse. À la fin de l'année 1575, cette agitation se mue en un conflit armé, auquel participe le prince allemand du Palatinat, Jean Casimir, dont les mercenaires protestants vont piller la Bourgogne. Les conjurés et les troupes palatines menaçant Paris, Henri III signe, le 6 mai 1576, l'édit de Beaulieu. Ce document accorde aux protestants des avantages considérables : la liberté de culte pleine et entière – sauf dans la ville de Paris et dans les lieux où séjourne la cour –, huit places de sûreté et la parité dans les chambres de justice. Surtout, il reconnaît la Saint-Barthélemy comme un crime et réhabilite ses victimes.

Outrés par les concessions faites aux protestants, les catholiques radicaux rassemblés autour de la puissante famille de Guise forment à leur tour la Ligue catholique, emmenée par le duc Henri de Guise. Leur combat est à la fois dirigé contre les protestants et contre Henri III, accusé de trahison, que les plus extrémistes souhaitent détrôner et enfermer dans un monastère. Cependant, le roi de France est un homme politique habile : pour neutraliser la menace de la Ligue, il choisit audacieusement d'en prendre la tête ! Mais lors des états généraux de Blois de 1576 et 1577, il se heurte encore aux revendications de l'aristocratie qui s'indigne de se voir ainsi dépossédée de ses prérogatives. Afin de juguler cette nouvelle fronde, Henri III décide de reprendre la guerre contre les protestants. Faute d'argent, le conflit s'achève en septembre 1577 par la paix de Bergerac, qui retire aux protestants une partie des avantages cédés par l'édit de Beaulieu et dissout la Ligue catholique. Toujours pour tenir la noblesse en obéissance, le roi fonde le 31 décembre 1578 l'ordre du Saint-Esprit, le plus prestigieux ordre de chevalerie français, réservé aux plus hauts dignitaires du royaume. Ce nom lui a été inspiré par la place particulière qu'occupe la fête de Pentecôte dans sa vie : c'est en effet à cette date –

Pour tenir la noblesse en obéissance, le roi fonde l'ordre du Saint-Esprit, prestigieux ordre de chevalerie réservé aux plus hauts dignitaires du royaume.

le 7ᵉ dimanche après Pâques – qu'il est né, et aussi ce même jour qu'il est monté sur le trône de Pologne et qu'il a succédé à son frère sur le trône de France !

Le climat de guerre civile n'empêche pas Henri III de légiférer dans de nombreux domaines. Son texte le plus important demeure l'ordonnance de Blois de 1579, qui réforme les collèges, les universités, les métiers et les mariages – imposant dans ce domaine le consentement des parents, la présence de quatre témoins, l'inscription sur un registre, ainsi que la publication des bans. La mise en place de cette « police générale du royaume » marque un tournant important pour le droit public français. Il entreprend également de faire recenser l'intégralité des ordonnances royales énoncées par ses prédécesseurs et lui-même, afin de donner – à ce qui est resté sous le terme de « Code Henri » – force de loi.

Après plusieurs années de calme précaire, un drame vient frapper le roi, le 10 juin 1584 : François de France, son frère cadet, qu'il avait combattu à la tête du parti des Malcontents, décède à 29 ans, emporté par la tuberculose. Henri III n'ayant pas eu d'enfant, l'héritier présomptif au trône de France devient alors, en vertu des lois de la succession du royaume, son cousin, le protestant Henri de Navarre. Le parti catholique refusant catégoriquement une telle perspective, la Ligue catholique se reconstitue aussitôt, à nouveau sous la férule du duc de Guise. Bénéficiant du soutien financier du roi d'Espagne Philippe II, elle reconnaît comme seul héritier à la couronne de France un vieil oncle d'Henri de Navarre, le cardinal Charles de Bourbon. Devant l'ampleur de la coalition catholique, Henri III préfère capituler. Par l'édit de Nemours du 7 juillet 1585, il interdit le culte protestant dans le royaume et exclut Henri de Navarre de la succession au trône. Ce texte soulève un tollé chez les protestants, déclenchant la huitième (et dernière) guerre de Religion. L'édit de Nemours ne calme pas pour autant la défiance des ligueurs à l'encontre d'Henri III : ils envisagent sérieusement de porter sur le trône leur chef, Henri de Guise. Le roi se voit contraint de mater une double rébellion : celle des protestants menés par Henri de Navarre et celle des catholiques d'Henri de Guise. Ce conflit ouvert pour la couronne de France sera surnommé « la guerre des trois Henri ».

Après la défaite de l'armée royale face aux protestants en octobre 1587 à Coutras, où le duc de Joyeuse perd la vie, le pouvoir semble échapper à Henri III. Le 9 mai 1588, bravant l'interdiction royale, le duc de Guise fait une entrée triomphale dans Paris, où le peuple est complètement acquis à la Ligue. Le roi craint pour sa vie et demande l'envoi dans la capitale de plusieurs régiments de gardes suisses et français. Les bruits courent dans toute la ville qu'une « Saint-Barthélemy à l'envers » se prépare, pour éliminer cette fois les catholiques parisiens. Afin d'empêcher les troupes d'intervenir, le 12 mai 1588, les Parisiens érigent – pour la première fois de leur histoire – des barricades à l'aide de barriques, d'où leur nom. Cette Journée des barricades oblige Henri III à quitter Paris pour se réfugier à Saint-Cloud. Affaibli politiquement, le roi est contraint de signer en juillet l'édit d'Union, qui exclut tout protestant de la succession au trône et fait du duc de Guise le lieutenant général des armées du royaume. Au mois d'octobre, il convoque à Blois les états généraux. Enivré par sa victoire parisienne, Henri de Guise, qui se voit déjà monter sur le trône, impose ses vues à tous et entame une nouvelle épreuve de force contre le souverain. Son frère, le cardinal de Guise, représentant du clergé, aurait même porté un toast à son aîné en proclamant : « Je bois à la santé du roi de France. »

Henri III choisit alors d'employer les grands moyens. Sans consulter sa mère, qui fut pourtant sa meilleure et plus fidèle conseillère, il invite le duc de Guise dans ses appartements, le 23 décembre 1588 au matin. À peine entré, le visiteur, qui ne se doute de rien, est assassiné par la garde personnelle du souverain, les fameux Quarante-cinq. Voyant le corps de son ennemi – qui mesurait plus de deux mètres – étendu au sol, le roi de France aurait lâché ce commentaire laconique : « Il est plus grand mort

Le duc de Guise, qui ne se doute de rien, est assassiné par la garde personnelle du souverain, les fameux Quarante-cinq.

que vivant. » La dépouille aussitôt incinérée, les cendres sont dispersées dans la Loire. Le lendemain, c'est au tour de son frère, le cardinal de Guise, de subir le même sort. Pour autant, ce double assassinat ne met pas fin à la menace que la Ligue catholique fait peser sur le roi, bien au contraire. Henri III essuie aussitôt une série de représailles. Le premier coup sera porté par les Parisiens qui signent sa déchéance : l'accusant d'être un tyran et un ennemi de la patrie, ils élisent le duc de Mayenne, deuxième frère d'Henri de Guise, à la lieutenance générale du royaume. Et l'assassinat du cardinal de Guise vaut à Henri d'être excommunié par le pape Sixte Quint. Assoiffés de vengeance, les extrémistes catholiques lancent de nombreux appels au régicide. Meurtris, ils vont jusqu'à

Tandis que le souverain accueille son visiteur sans plus de manières sur sa chaise percée, le moine en profite pour le poignarder.

surnommer le souverain « le Vilain Hérodes », anagramme de son nom, Henri de Valois, et référence au roi de Judée du Ier siècle avant J.-C.

Devant cette opposition unanime, Henri III prend une décision historique. Le 30 avril 1589, il s'allie avec le protestant Henri de Navarre, qu'il juge être le seul successeur recevable à ses yeux. Le roi de France et celui de Navarre unissent leurs forces pour reconquérir le royaume et assiègent Paris. Hélas, cette belle alliance est brutalement interrompue. Le 1er août 1589, tandis qu'il se trouve au château de Saint-Cloud, Henri III laisse entrer dans ses appartements un jeune moine dominicain de 22 ans, nommé Jacques Clément, qui prétend lui apporter des nouvelles du Louvre. Le souverain accueillant son visiteur sans plus de manières sur sa chaise percée, le moine en profite pour le poignarder. Henri III parvient à extraire le poignard de son corps et à toucher son assaillant, avant que celui-ci ne soit abattu par les gardes. Mortellement touché et conscient des risques encourus s'il venait à laisser un trône vacant, le roi agonisant convoque Henri de Navarre et le désigne aussitôt devant témoins comme son successeur.

Avec Henri III s'éteint la dynastie des Valois, qui régnait sur la France depuis la guerre de Cent Ans et laisse désormais place à celle des Bourbons. Henri IV hérite d'un pays épuisé par les terribles guerres de Religion. Il devra à son tour lutter longuement – et changer de confession à six reprises – avant de pacifier durablement son royaume...

CHENONCEAU OU L'OMBRE DE LA « REINE BLANCHE »

Il est un lieu qui garde en mémoire l'amour que Louise de Lorraine portait à son époux Henri III de France : le château de Chenonceau. À la mort du roi, Louise le reçoit en héritage, et on raconte qu'elle erre, désespérée, toute vêtue de blanc, la couleur du deuil. Son surnom est alors tout trouvé : la « Reine blanche ». Elle s'entoure de religieuses et le château prend dès lors des allures de couvent. Les murs de sa chambre au deuxième étage se parent d'un noir lugubre. Des plumes et des larmes ornent les plafonds. Un décor et autant d'attributs macabres encore bien visibles aujourd'hui, qui sont autant de preuves de l'amour sincère d'une femme pour son royal conjoint.

MAZARIN,
LE CARDINAL OPPORTUNISTE

Successeur de l'illustre cardinal de Richelieu et mentor du Roi-Soleil, Jules Mazarin est l'un des grands oubliés de l'Histoire de France. Ce cardinal d'origine italienne qui, jusqu'à la fin de sa vie, signait encore les actes officiels sous son patronyme de naissance Giulio Mazarini, a pourtant dirigé le pays durant près de vingt ans, soit plus longtemps que Louis XVI ou Hugues Capet. Sauveur de la monarchie lors du terrible épisode de la Fronde, il aura contribué à faire de la France la première puissance d'Europe, permettant aux Bourbons de supplanter définitivement les Habsbourg. Or, de son vivant, il fut plus impopulaire qu'aucun des ministres qui le précédèrent, dépeint comme un homme cupide, usant de son pouvoir pour s'enrichir impunément aux dépens de l'État.

Ce fascinant homme de pouvoir était également un esthète. Et quand il aimait, il ne comptait pas. Collectionneur de femmes – en dépit de sa robe d'ecclésiastique –, d'œuvres d'art et surtout de livres, il eut le bon goût de financer des artistes et de créer plusieurs de nos grandes institutions culturelles. S'il cumula les charges et les privilèges au point d'amasser une fortune considérable, il sut aussi utiliser cette aisance financière pour exercer des pressions au profit de son pays d'adoption et au service d'un pouvoir royal de plus en plus centralisé.

Fascinant homme d'état et esthète, Mazarin collectionna les femmes, les œuvres d'art et les livres, utilisant son aisance financière pour exercer des pressions au profit de son pays d'adoption.

Comment cet Italien sut-il s'élever jusqu'aux plus hautes fonctions de l'État français ? Mazarin n'était-il vraiment qu'un vil séducteur, hypocrite, opportuniste et avide de richesses ? Quels profits tira la France de l'insatiable ambition de cette « éminence » plus grise que rouge ?

Celui qui pendant deux décennies dirigea la France d'une main de fer naît en 1602, dans le sud de la péninsule italienne. Il est le fils aîné de Pietro Mazarini, juriste au service de l'une des plus puissantes familles romaines, les Colonna, dont sont issus trois papes et quantité de cardinaux. Sa mère, Hortense Buffalini, est une authentique aristocrate. Durant ses études, le jeune Giulio se lie d'amitié avec le futur cardinal Girolamo Colonna qu'il suit en Espagne, à l'université d'Alcalá de Henares, en tant que compagnon de chambre – et non valet, comme le prétendront plus tard ses détracteurs. Durant son séjour à Madrid, le jeune homme déploie tout son charme pour séduire les dames de la cour et passe le reste de son temps à s'adonner au jeu, ce qui lui vaut d'être bien vite rappelé à Rome. Dans la Ville éternelle, son début de carrière est des plus laborieux. Après un bref engagement à la tête d'une compagnie d'infanterie, il obtient en 1628, pour le compte du pape Urbain VIII, une mission de médiation en Italie du Nord où sa maîtrise de l'espagnol et du français lui sera d'une grande utilité.

Quelques mois plus tôt, une guerre de succession a éclaté à propos du duché de Mantoue, opposant à la France le Saint-Empire et ses alliés espagnols et savoyards. Durant deux ans, Mazarin va sillonner la région à cheval, bravant la peste et les brigands, afin de négocier un accord de paix. C'est alors qu'il effectue son premier coup d'éclat. Le 26 octobre 1630, tandis que Français et Espagnols s'apprêtent à livrer bataille pour le contrôle de la forteresse

*L'intrépide Italien s'interpose et brandit, au péril de sa vie,
une écharpe blanche en criant aux soldats : « Pace, pace ! » (Paix, paix).*

de Casal, l'intrépide Italien s'interpose et, au péril de sa vie, brandit une écharpe blanche – on a aussi évoqué un crucifix – en criant aux soldats : « Pace, pace ! » (Paix, paix). Cette intervention prend les belligérants de court et permet une trêve inattendue. L'événement le rend aussitôt célèbre dans toute l'Europe. Chargé des négociations en vue du traité de paix, Mazarin reçoit du pape l'ordre secret d'appuyer les revendications françaises pour contrer l'expansionnisme espagnol dans la péninsule. C'est ainsi qu'avec le traité de Cherasco, au printemps 1631, la France obtient la place-forte piémontaise de Pignerol – qui quelques décennies plus tard abritera la cellule du mystérieux Homme au masque de fer, mais aussi celle du surintendant des Finances, Nicolas Fouquet.

Le succès de sa médiation ouvre à l'Italien les portes d'une carrière diplomatique auprès du Saint-Siège. Mais le pape exige au préalable que Mazarin entre dans les ordres. Cet élégant cavalier, séducteur et si soigné de sa personne, n'a aucune vocation religieuse et rechigne à porter la soutane. Toutefois, espérant obtenir le poste de nonce en France – c'est-à-dire ambassadeur de la papauté –, il se fait tonsurer en 1632. Il ne va cependant pas au-delà du premier degré de cléricature et ne sera par conséquent jamais prêtre. En Espagne, on ne pardonne pas à Mazarin d'avoir favorisé la France dans la succession de Mantoue et, en représailles, Madrid fait pression sur le pape afin qu'il ne lui accorde pas la nonciature de France, ce qui lui permettrait de devenir cardinal. Comprenant que sa carrière est désormais empêchée à Rome, Mazarin intensifie ses relations avec la France, se proposant de devenir l'un de ses agents de liaison en Italie. En 1634, lors d'une mission auprès de Louis XIII, il entre en contact avec Richelieu, qui perçoit aussitôt ses indiscutables qualités d'homme d'État. Aussi, lorsque quatre ans plus tard décède le Père Joseph, éminence grise du cardinal de Richelieu, lui-même surnommé « l'éminence rouge », le Premier ministre de Louis XIII fait appel à l'Italien pour le remplacer.

Arrivé à Paris en janvier 1640, Mazarin doit cependant attendre presque deux ans avant d'être nommé cardinal. Il accède à cette haute fonction grâce à la pression exercée par la France alors qu'il n'est même pas prêtre et reçoit à la même époque ses lettres de naturalisation. Il francise son nom en Jules Mazarin. Et il apprend vite, dans l'ombre du cardinal Richelieu, les rouages de la politique française. Tant mieux ! Car ce dernier s'éteint le 4 décembre 1642. Non sans avoir, sur son lit de mort, recommandé son protégé à Louis XIII qui, dès le lendemain, nomme Mazarin au poste de Premier

ministre. Le roi a pleinement confiance en son nouveau conseiller, au point de
le choisir pour parrain de
son fils, le futur Louis XIV.
Propulsé en un jour à la
tête du royaume, Mazarin
se garde d'attirer l'attention et se montre aussi
discret que conciliant,
n'hésitant pas à tendre la
main à d'anciens adver-
saires de Richelieu, tel le
frère du roi, Gaston d'Orléans. Sachant Louis XIII
gravement malade, il se
rapproche de la reine,
Anne d'Autriche, d'origine
espagnole, avec laquelle il

*Richelieu s'éteint, non sans avoir
recommandé son protégé à Louis XIII
qui, dès le lendemain, nomme Mazarin
au poste de Premier ministre.*

peut communiquer en castillan. Le roi de France meurt
peu de temps après, le 14 mai 1643. Son fils aîné n'ayant
que quatre ans, la régence est confiée à la reine.

La nouvelle régente reconduit naturellement Mazarin
dans ses fonctions. Poursuivant la politique de Richelieu,
le cardinal va s'efforcer d'affirmer en toute occasion l'autorité royale. La tâche est rude, car il ne dispose dans le
royaume d'aucun réseau familial susceptible de l'assister et ne doit sa place qu'à la seule confiance de la reine.
Dès les premiers mois de la régence, il fait face à une
conjuration, « la cabale des Importants », qui vise à l'éloigner du pouvoir. L'un de ses chefs, le duc de Beaufort, a
même fomenté une tentative d'assassinat à son encontre.
Lorsqu'il a vent de la conspiration, Mazarin démontre sa
fermeté, faisant enfermer Beaufort dans le donjon du

château de Vincennes, où le comploteur restera empri-
sonné durant cinq ans. Ayant réaffirmé son autorité à
l'intérieur du royaume, Mazarin porte alors son attention
vers l'extérieur, se donnant pour priorité de remporter la
guerre débutée en 1635 contre l'Espagne.

Après la victoire de Rocroi en 1643, le succès final est à
portée de main. Mais l'entretien d'une armée de près de
100 000 hommes est ruineux et contraint le cardinal à mobiliser toutes les ressources de l'État en mettant à contri-
bution les plus riches. Cette pression fiscale destinée à
financer l'effort de guerre va déclencher en 1648 une longue
et terrible « Fronde » : sous la menace du peuple parisien,
Mazarin et la famille royale quittent brusquement la capitale, dans la nuit du 5 au 6 janvier 1649, pour se réfugier à
Saint-Germain. Durant cinq années, le cardinal va devenir le
bouc émissaire des parlementaires et des grands princes.
Il est aussi la cible de milliers de pamphlets, surnommés –
selon le terme forgé par Paul Scarron – les « mazarinades ».
 Mais s'il s'attire tous les mécontentements et toutes les
critiques, Mazarin sait bien qu'à travers lui, c'est la nature
de plus en plus absolutiste du régime monarchique qui est
contestée, à l'instar de ce qui se passe au même moment
en Angleterre et qui conduit à l'exécution du roi Charles Ier
et à la naissance de la république. Au cours de ces années
délicates pour le pouvoir royal, il est contraint à l'exil, entre
février et novembre 1651.

Depuis l'Allemagne, Mazarin n'abandonne pas pour autant
la lutte, continuant à distance de conseiller la régente.
Il apprend à exploiter les dissensions internes entre
frondeurs et tire parti de leurs nombreuses rivalités.
Avec Anne d'Autriche, il parvient à éviter la convocation
des états généraux, qui représentent un risque pour la
monarchie. Les suivants n'auront lieu qu'en... 1789 ! Après

la proclamation de la majorité de Louis XIV, le 7 septembre 1651, Mazarin peut enfin rentrer en France. Mais un nouveau soulèvement des princes l'oblige à abandonner une seconde fois ses fonctions, en août 1652. Son exil s'achèvera lorsque la population parisienne, lassée des excès des princes et des querelles intestines, ira chercher le jeune roi à Saint-Germain. Le 3 février 1653, Mazarin fait ainsi son retour sous les acclamations. La Fronde est vaincue, tandis que l'absolutisme se pré-

Sachant Louis XIII malade, Mazarin se rapproche d'Anne d'Autriche, d'origine espagnole, avec laquelle il communique en castillan.

pare à triompher. Bien que le roi soit officiellement majeur, le cardinal continuera à exercer jusqu'à sa mort la totalité du pouvoir, entouré de ses hommes de confiance : Hugues de Lionne, Abel Servien, Michel Le Tellier, Nicolas Fouquet et son intendant particulier, un certain Jean-Baptiste Colbert.

C'est sur le plan international qu'il va déployer son plus grand talent. Mazarin est, avec le chancelier suédois Axel Oxenstierna, le principal négociateur du traité de Westphalie du 24 octobre 1648 : celui-ci met fin à la terrible guerre de Trente Ans qui ensanglante le Saint-Empire sur fond d'oppositions religieuses. Faisant émerger pour la première fois la notion de souveraineté, il entraîne un

La paix franco-espagnole sera scellée par le mariage de Louis XIV avec Marie-Thérèse, fille du roi d'Espagne Philippe IV.

émiettement politique de l'Allemagne au profit de la France, qui obtient notamment la majeure partie de l'Alsace. De même, dans la guerre contre les Espagnols, en s'assurant la précieuse alliance de l'Angleterre de Cromwell, le cardinal permet à la France de triompher le 14 juin 1658, lors de la bataille des Dunes. Défaite, l'Espagne capitule et conclut l'année suivante le traité des Pyrénées, qui clôt une guerre longue de presque vingt-cinq ans et assoit la prépondérance française en Europe. La paix franco-espagnole sera scellée par le mariage de Louis XIV avec Marie-Thérèse, fille du roi d'Espagne Philippe IV, dont la dot est fixée à 500 000 écus. Grâce à Mazarin, la sécurité de la France est désormais – et pour longtemps – assurée sur toutes ses frontières.

Malgré ses nombreux succès, rarement un ministre aura été de son vivant autant critiqué que Mazarin. Au centre des polémiques : son enrichissement personnel rapide et son goût du faste. Il est vrai qu'il s'est retrouvé à la tête d'une fortune considérable, peut-être la plus importante de tout le XVIIe siècle. Outre ses émoluments de ministre, de cardinal et de surintendant de l'éducation du roi, il perçoit une indemnité personnelle de 100 000 livres. Il bénéficie aussi des revenus de l'évêché de Metz et de plus de vingt-cinq abbayes, dont Saint-Denis et Cluny. Comme si cela ne suffisait pas, il dispose du gouvernement de plusieurs provinces (dont l'Alsace, la Provence et l'Auvergne) et possède des actions dans de nombreuses compagnies maritimes. Symbole de sa fortune, ses incroyables collections de bijoux, sculptures, tableaux et tapisseries. Mais la plus remarquable est sans aucun doute sa collection de livres. Estimée à plus de 40 000 volumes, elle constitue la plus grande bibliothèque privée d'Europe. Dispersés durant la Fronde, la grande majorité de ses ouvrages seront retrouvés par son bibliothécaire, Gabriel Naudé, puis par François de La Poterie. Ouverte à tous, cette collection est aujourd'hui la plus ancienne bibliothèque publique de France, connue sous le nom de bibliothèque Mazarine !

Estimée à plus de 40 000 volumes, la bibliothèque Mazarine constitue la plus grande bibliothèque privée d'Europe.

La cupidité de Mazarin est à nuancer. En effet, durant les premières années de son gouvernement, le cardinal ne dispose d'aucune assise pécunière – telle qu'une grande charge ou le gouvernement d'une province – pour ne pas faire de l'ombre à la monarchie. Il prend néanmoins conscience de sa vulnérabilité financière, et donc politique, au déclenchement de la Fronde et choisit de capitaliser une fortune afin de disposer lui-même d'un moyen d'action et de pression. L'argent est toujours le nerf de la guerre. Curieusement – il ne sera pas aussi indulgent envers l'ambitieux Fouquet –, Louis XIV ne s'offusquera jamais de l'opulente richesse de son ministre, pleinement convaincu que celui-ci l'utilise au profit du royaume. Il s'agit en outre pour le roi de France de montrer qu'il sait fort bien récompenser les mérites de ses meilleurs serviteurs.

Autre aspect de la vie du cardinal, largement commenté : la faveur que lui a accordée Anne d'Autriche en le maintenant au pouvoir durant toute la minorité de Louis XIV. On connaît le goût de l'ecclésiastique pour la gent féminine. Or les relations bien mystérieuses de la reine et de son ministre intriguent de nombreux historiens. Au point que d'aucuns ont émis l'hypothèse d'une relation amoureuse et charnelle entre eux. On a même prétendu qu'un mariage secret – à la manière de celui de Louis XIV et de Mme de Maintenon – avait été contracté. Cela est-il vraisemblable ? Pas vraiment. Tout d'abord parce qu'un mariage, même secret, aurait aussitôt fait perdre à Mazarin son chapeau de cardinal, et donc mis un terme à sa carrière. Quant à la thèse d'une intrigue amoureuse entre lui et Anne d'Autriche, elle reste improbable, surtout si l'on se fie aux témoignages de ceux qui les ont côtoyés de près. La reine de France était d'une grande piété et sa première confidente, Françoise de Motteville, relatant en détail la vie privée de la régente, la présente comme aussi vertueuse qu'une sainte. Quant à Mazarin, son confesseur le père Bissaro mentionne dans un rapport secret sur le cardinal adressé à la papauté que ce dernier ne se rend coupable d'aucun scandale, si ce n'est qu'il manque de dévotion. Il semble impossible qu'une liaison impliquant les deux plus hauts personnages de l'État, escortés en permanence et épiés dans leurs moindres faits et gestes, ait pu être dissimulée. Ce qui est certain, en revanche, c'est qu'une véritable complicité, voire une certaine affection, liaient la reine espagnole et le séduisant

Une véritable complicité, voire une certaine affection, liaient la reine espagnole et le séduisant cardinal italien.

cardinal italien. D'abord parce qu'on en trouve des traces évidentes dans leur correspondance, et aussi parce qu'il faut bien reconnaître que Mazarin n'aurait rien pu faire en France s'il n'avait disposé de l'appui absolu de la régente.

Un autre élément plaide en la faveur du cardinal et contribue à redorer son blason et sa réputation : il était un mécène inspiré et généreux. C'est lui, par exemple, qui introduit l'opéra en France en 1645, invitant à la cour une troupe vénitienne pour y jouer *La Finta pazza*. Il pensionne l'écrivain et grammairien Gilles Ménage, ainsi que le musicien Lully, et fait venir en France le peintre

— Sire, dit Mazarin, je vous dois tout; mais je m'acquitte envers Votre Majesté en lui donnant Colbert. (Page 456, col. 1.)

Sur son lit de mort, il recommande à Louis XIV, pour lui succéder, les services de son fidèle intendant, Colbert.

romain Giovanni Romanelli pour décorer, entre autres, l'appartement d'été d'Anne d'Autriche au Louvre. Les fresques, les dorures et les stucs réalisés par ce virtuose italien influenceront considérablement les artistes français pour le futur embellissement du château de Versailles. Parmi les legs les plus importants de Mazarin, il est impossible de ne pas évoquer le Collège des Quatre-Nations (actuel Institut de France), fondé après sa mort en souvenir des quatre provinces dont il avait permis le rattachement à la France : l'Alsace, le Roussillon, l'Artois et Pignerol. Prestigieux collège auquel il léguera à sa mort son immense bibliothèque...

Durant les dernières années de sa vie, Mazarin se consacre à la formation du jeune Louis XIV, qu'il initie mieux que personne aux affaires publiques et à son métier de roi. Le Roi-Soleil lui devra beaucoup. Satisfait d'avoir hissé la France à la première place européenne et d'avoir contribué à l'éducation d'un souverain prometteur, Mazarin se rapproche – certes sur le tard – de la religion et songe à se faire prêtre. Un comble pour un cardinal ! Il n'en aura pas le temps. Usé par le travail, il expire à Vincennes le 9 mars 1661. Sur son lit de mort, il recommande à

Louis XIV, pour lui succéder, les services de son fidèle intendant, Colbert. Mais dès le lendemain, Louis XIV, à l'âge de 22 ans, prend sa première grande décision en supprimant la fonction de Premier ministre, entendant désormais gouverner seul... L'absolutisme est né.

PETIT BRÉVIAIRE À L'USAGE DES POLITICIENS

Nul ne sait si cet ouvrage aurait figuré en bonne place dans la magnifique collection du cardinal, il n'en reste pas moins qu'un *Breviarum politicorum secundum rubricas Mazarinicas* (encore disponible sous le nom de « Bréviaire des politiciens ») est attribué à Mazarin lui-même.

Ce bréviaire – recueil d'ordinaire destiné aux prêtres pour leur usage quotidien, ici plutôt réservé aux gens de cour – rassemble une multitude de conseils courts, percutants et plus ou moins recommandables pour exercer une vie politique digne de ce nom. Les maximes seraient bien le fait de Mazarin, prononcées ici et là avant d'être pieusement recueillies et éditées en latin à Cologne.

La conclusion laisse entendre toute la saveur des saillies du personnage : « 1. Simule. 2. Dissimule. 3. Ne te fie à personne. 4. Dis du bien de tout le monde. 5. Prévois avant d'agir. » Une anthologie croustillante et étonnamment actuelle.

MOULAY ISMAÏL,
LE LOUIS XIV MAROCAIN

Personnage fascinant de l'histoire du Maroc, contemporain du Roi-Soleil, Moulay Ismaïl est surnommé par certains le « Louis XIV marocain » en raison de la pérennité impressionnante de son règne (cinquante-cinq ans), de sa passion pour la guerre, de son œuvre édificatrice, mais aussi des relations diplomatiques, souvent mouvementées, qu'il a développées et entretenues avec le royaume de France. Et, comme pour Louis XIV, le bilan de son règne divise encore les historiens.

D'aucuns soutiennent qu'il a contribué à hisser le Maroc au rang d'un État puissant et respecté sur la scène internationale, en réalisant l'unification de son royaume et en résistant farouchement à la conquête européenne. Le consul de France, Jean-Baptiste Estelle, n'écrit-il pas en 1698 à son ministre que « la vaste étendue de l'Empire chérifien est d'un seul tenant, de la Méditerranée au fleuve du Sénégal » ? Pour d'autres, en revanche, son règne fut désastreux : sa politique de construction mégalomane, financée par une oppressante fiscalité, aurait conduit le pays à la ruine, tandis que l'instauration d'une armée de métier aurait favorisé l'expansion de la traite des Noirs.

Moulay Ismaël partage avec Louis XIV bien plus qu'un surnom. Tout comme le Roi-Soleil, le bilan de son règne divise encore les historiens.

Peut-on se fier à la caricature européenne présentant Moulay Ismaïl comme un potentat assoiffé de sang ? Qu'a-t-il fait pour marquer si durablement la mémoire de son vaste royaume ? Pourquoi le rapprochement qu'il espérait tant avec la France ne put-il jamais être conclu ? Se souvient-on que le sultan marocain avait pour ambition de devenir le gendre de Louis XIV ?

CHERIF, ROY DE FEZ, ET DE MARROC.

Son père Moulay Chérif fonda la dynastie alaouite.

Moulay Ismaïl est âgé de 26 ans lorsqu'il devient sultan du Maroc. Son père, Moulay Chérif, régna de 1631 à 1636 et fonda la dynastie alaouite (dont est issu l'actuel roi Mohammed VI). À la mort de Chérif, deux demi-frères d'Ismaïl vont se succéder sur le trône marocain : Mohammed, puis Rachid. Lorsque ce dernier décède accidentellement à la suite d'une chute de cheval en 1672, Ismaïl s'impose comme son successeur légitime, reprenant les rênes d'un royaume à peu près réunifié. Selon Germain Moüette, captif français retenu au Maroc jusqu'en 1682, le nouveau sultan est « un homme vigoureux, bien bâti, assez haut mais de taille fort déliée ». Les traits fins et réguliers, il a hérité de sa mère, esclave noire, un teint plutôt foncé. Son regard fougueux allié à une voix de stentor impressionne ses visiteurs. Le sultan alaouite est redouté pour son tempérament irascible et ses réactions imprévisibles. La moindre contrariété le met en rage et il lui arrive fréquemment de lever la main sur ses serviteurs. On raconte qu'il aurait même tué un esclave. Une légende noire enfle à son sujet, lancée par des ecclésiastiques européens et reprise par Voltaire dans son *Essai sur les mœurs*, qui érige Moulay Ismaïl en archétype du despote oriental, cruel et sadique, qui serait responsable de milliers d'assassinats.

Aussi indiscutable que soit le caractère violent du sultan, s'en tenir à la personnalité dépeinte par Voltaire serait réducteur. Moulay Ismaïl affiche une piété extrême : soucieux de son salut, il caresse le vœu d'être enterré à même la terre, dans une modeste sépulture. Il ne cultive pas le goût du luxe, s'habille de manière sobre et – à l'inverse de Louis XIV – il n'est pas du tout porté sur les plaisirs de la table. En revanche, son appétit sexuel ne fait aucun doute. Si, comme l'islam le lui permet, il compte quatre épouses, son harem loge également 500

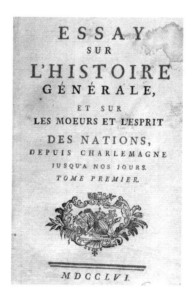

Voltaire, dans son Essai sur les mœurs, érige Moulay Ismaïl en archétype du despote oriental, cruel et sadique.

concubines, de toutes origines, vivant dans l'oisiveté et ne servant qu'à assouvir les désirs de leur maître. Avec elles, il aurait eu près de 700 enfants de sexe masculin – le nombre de filles nées de ces rapports reste impossible à déterminer, car elles étaient souvent étouffées à la naissance. Si ce chiffre – qui ferait de lui le père le plus prolifique de l'histoire de l'humanité – paraît surréaliste, une récente étude scientifique autrichienne a néanmoins démontré sa vraisemblance, calculs à l'appui. L'un des autres traits de caractère les plus commentés de Moulay Ismaïl est son avarice. Durant son règne, le sultan aurait asphyxié le peuple sous les impôts, le conduisant à la banqueroute. Selon son bon vouloir, il pouvait confisquer la fortune d'un sujet qu'il jugeait trop prospère – ce qui n'est pas sans rappeler les relations houleuses entre Louis XIV et Nicolas Fouquet. Moulay Ismaïl a pour habitude, dit-on, de fondre l'or et l'argent amassés pour les transformer en lingots, qu'il empile ensuite dans son palais.

Moulay Ismaïl est un roi guerrier, constamment à cheval et les armes à la main.

Moulay Ismaïl est aussi un roi guerrier, constamment à cheval et les armes à la main. Excellent cavalier, on raconte que, durant sa jeunesse, il était capable de galoper en brandissant une lance d'un bras et en portant l'un de ses fils de l'autre. Ses déplacements d'une région à l'autre sont si rapides que, pour certains de ses sujets, le sultan disposerait du don d'ubiquité. Pendant toute la durée de son règne, il ne se passera pas une seule année sans qu'il prenne les armes pour aller mater telle rébellion menée par un membre de sa famille ou telle révolte déclenchée par quelque tribu marocaine soutenue par l'Empire ottoman. Les attaques les plus sérieuses sont fomentées à Tafilalet par son frère Harran qui lui conteste le trône, et à Marrakech à l'instigation de son neveu Ahmed Ben Mehrez. En représailles, le sultan n'hésite pas à faire couper les mains et les pieds du fils de ce dernier – un châtiment qui contribuera à noircir sa légende, dans un Occident prompt à vouloir le défier sur son propre territoire.

Pour mener leurs campagnes militaires, les prédécesseurs de Moulay Ismaïl recouraient à des mercenaires chrétiens fraîchement convertis à l'islam. Si ce système de recrutement a fait ses preuves pour réprimer les soulèvements internes et soumettre les tribus berbères rebelles, leur loyauté n'est plus de mise lors des conflits avec les royaumes européens. Afin d'y remédier, le sultan décide de constituer une armée professionnelle, sur le modèle des janissaires de l'Empire ottoman ou des mamelouks d'Égypte. Ces troupes spéciales ne seront composées ni de Marocains, ni des captifs chrétiens, mais d'esclaves noirs. C'est ainsi qu'il ordonne la réquisition de tous les esclaves soudanais arrivés au Maroc après la conquête de Tombouctou, un siècle plus tôt, et qu'on a depuis dispersés dans tout le royaume et affectés aux travaux domestiques chez de riches propriétaires. Ces Africains sont mariés entre eux de force, avec l'obligation de procréer. Les enfants nés de ces unions sont arrachés à leurs parents : les garçons suivent une longue instruction militaire destinée à les éduquer en soldats d'élite, tandis que les filles entrent au service du palais royal. Appelés les Abid, ces soldats noirs semi-esclaves sont attachés exclusivement à la personne du sultan, auquel ils doivent prêter serment de fidélité sur un livre de Mouhammad al-Boukhari, un imam perse du IXe siècle. De nouveaux esclaves, raflés dans le but précis d'effectuer des expéditions en Afrique sahélienne, viendront grossir les rangs de cette véritable « Garde noire ». À la fin du règne de Moulay Ismaïl, on dénombrera près de 150 000 Abid. Abandonnés par ses successeurs au profit de soldats marocains, les Abid subsisteront, constituant la garde personnelle de chaque sultan.

À l'instar de Louis XIV, c'est par son œuvre édificatrice que Moulay Ismaïl est passé à la postérité. Se défiant de Marrakech et de Fès, dont il connaît les velléités d'autonomie territoriale, le souverain marocain souhaite redessiner une capitale à sa mesure dans la ville de Meknès, réputée pour sa fertilité et sa verdure, et dont il a autrefois été le gouverneur. Pour édifier sa cité impériale, il choisit l'emplacement de l'ancienne casbah médiévale, quitte à raser tout un quartier de la médina. La construction de cette cité monumentale, d'une superficie de 475 000 mètres carrés, va s'échelonner sur le règne du sultan. On a calculé qu'en cinquante ans, Moulay Ismaïl fera déplacer une masse de terre équivalant à huit fois le volume de la grande pyramide de Khéops. Des dizaines de milliers d'ouvriers contribuent au chantier pharaonique : des ouvriers marocains, mais aussi beaucoup d'esclaves chrétiens, dont les conditions de travail s'avèrent si rudes que nombre d'entre eux y perdent la vie. Le résultat impressionne. La cité impériale de Meknès abrite une cinquantaine de palais, communiquant entre eux par des corridors, à ciel ouvert, sans compter les nombreuses dépendances destinées aux soldats. L'ensemble dégage une incroyable et spectaculaire volonté de

puissance. Encadrant des cours dallées gigantesques, les murs aux façades interminables, dépourvues de fenêtres, sont coiffés d'immenses toits en pente recouverts de tuiles vertes. Quant aux labyrinthes de couloirs, ils portent à son excellence le style arabo-andalou. Le palais principal jouit de la protection d'une triple muraille, surveillée par plus d'un millier de gardes. Le rempart le plus bas est flanqué de tours carrées, dont la plus haute sert à protéger le harem, où s'élèvent deux imposantes mosquées : celle de Lalla Aouda et celle des Fleurs.

La résidence personnelle de Moulay Ismaïl ressemble davantage à une ville qu'à un palais, tant tout y est démesuré : du silo à grains, dont on dit qu'il contient assez de réserves pour nourrir l'ensemble du royaume, jusqu'aux écuries surdimensionnées, dignes du mythique Augias. Constituées de deux rangées d'arcades, de vingt-trois nefs et d'une centaine de piliers, elles peuvent accueillir plus de 12 000 chevaux, soignés par des palefreniers musulmans et des garçons d'écurie chrétiens. Le sultan possède une ménagerie où des combats sont organisés, opposant des chiens à diverses bêtes sauvages. Pour irriguer ses nombreux et pharaoniques jardins – dont certains sont aujourd'hui réaménagés en golf –, le sultan ordonne la construction d'un bassin de plusieurs centaines de mètres : le bassin d'Agdal. L'un des lieux les plus féeriques qu'ait conçu Moulay Ismaïl demeure sans doute la « ville des jardins », établie à l'ouest du palais royal et destinée à loger les grands fonctionnaires du royaume – il n'en subsiste hélas que la magnifique porte Bab El Khemis. Véritable « kremlin marocain », la nouvelle cité impériale de Meknès est entourée de vingt-cinq kilomètres de remparts, percés d'une vingtaine de portes fortifiées.

La plus importante de ces portes, Bal El Mansour,
est l'oeuvre d'un architecte chrétien converti à l'islam.

Incurvée en forme de fer à cheval, dressant ses colonnes de marbre provenant des ruines romaines de Volubilis, la plus importante de ces portes, Bal El Mansour, est l'œuvre d'un architecte chrétien converti à l'islam. Elle ne sera achevée que par le fils de Moulay Ismaïl, Abdallah. Ce faste monumental vaudra à la cité de Meknès le surnom de « Versailles du Maroc ». Les deux ensembles ont bien été bâtis à la même époque. Il est même possible que Moulay Ismaïl ait trouvé l'inspiration d'une nouvelle capitale à la hauteur de sa gloire en écoutant ses ambassadeurs lui détailler l'œuvre entreprise par le Roi-Soleil en France. Il n'en demeure pas moins que Versailles n'a jamais été son modèle et que les deux édifices divergent en termes d'architecture, de matériaux ou encore d'ordonnancement et de symétrie.

Toutefois, le plus grand défi que Moulay Ismaïl aura à relever durant son règne n'est pas d'ordre architectural, mais diplomatique et militaire. En effet, le sultan ne doit pas seulement guerroyer contre les tribus insoumises, il est aussi contraint d'affronter les puissances européennes, déjà présentes sur les côtes marocaines et qui ambitionnent de conquérir l'intérieur du pays. S'efforçant de libérer les comptoirs détenus par ces indésirables, le sultan reprend les ports de Larache, Mahdiya et Arcila à l'Espagne, et celui de Tanger à l'Angleterre, avant de le perdre à nouveau en 1704. À défaut de pouvoir récupérer la totalité de ces postes avancés – celui de Ceuta, par exemple, reste aujourd'hui possession espagnole –, Moulay Ismaïl parvient à freiner les tentatives expansionnistes de ses ennemis. En lutte contre les présences espagnole, portugaise et anglaise sur ses côtes, le sultan a besoin d'alliés. Pour peser de tout son poids dans les négociations, il va jouer habilement sur la question des captifs chrétiens.

Des milliers d'Européens, raflés par les corsaires marocains en Méditerranée, sont à l'époque retenus en captivité dans le royaume chérifien, la plupart à Meknès où ils sont employés à la construction des palais royaux. S'ils souffrent d'épouvantables conditions de travail, ils jouissent de leur liberté de culte et des religieux franciscains espagnols ont même pu édifier sur place une église et un couvent. Afin de régler la question des captifs français, le sultan intensifie ses relations diplomatiques avec Louis XIV au début des années 1680. Le 29 janvier 1682 est conclu à Saint-Germain-en-Laye un accord

Le sultan intensifie ses relations diplomatiques avec Louis XIV au début des années 1680.

entre les deux royaumes : la libération des détenus français est fixée à 300 livres par tête, en contrepartie des prisonniers marocains employés à l'arsenal de Toulon. Cet échange n'aura pas lieu, Louis XIV refusant de se priver de la main-d'œuvre marocaine sur ses galères. Une nouvelle tentative est faite en juin 1693 par l'ambassadeur François Pidou de Saint-Olon, reçu à Meknès, en vain.

Les négociations reprennent quelques années plus tard. Redoutant une attaque française, Moulay Ismaïl dépêche en toute hâte l'amiral Abdallah Ben Aïcha, pressé de négocier un nouvel accord. Ce diplomate brillant et cultivé arrive en France à la fin de l'année 1698. Contre toute attente, après avoir patienté plusieurs semaines, l'émissaire

Une nouvelle tentative pour faire libérer les prisonniers français est faite en juin 1693, à Meknès, par l'ambassadeur de France. En vain.

marocain est reçu en grande pompe à Versailles par Louis XIV, le 16 février 1699. Ben Aïcha déclare solennellement qu'il n'est pas venu pour négocier le seul rachat des captifs, mais pour contracter une alliance durable entre la France et son royaume. Au nom du sultan, il promet de nombreux avantages commerciaux au Roi-Soleil, à condition que ce dernier accepte de l'aider à reprendre Ceuta aux Espagnols. Il remet ensuite à Louis XIV des cadeaux de la part de Moulay Ismaïl : une selle et une bride de cuir rouge brodées d'or, cinq ballots de mousseline et une vingtaine de peaux de tigres et de lions. En retour, le roi de France lui offre deux chandeliers de cristal, des vestes de brocart, divers meubles, des fusils et des pistolets, et une douzaine de montres incrustées de pierres précieuses.

Durant sa visite à Paris, Ben Aïcha fait preuve de grandes qualités d'esprit et d'une véritable excellence oratoire. Ainsi, quand on lui demande pourquoi les musulmans sont autorisés à épouser plusieurs femmes, concocte-t-il cette réponse galante : « C'est afin de trouver réunies en plusieurs les qualités que chaque Française possède en une seule. » Ces compliments ne sont pas vaine flatterie. Au cours d'un dîner organisé en son honneur au Palais-Royal, le diplomate n'est pas insensible aux charmes d'une certaine « Mademoiselle de Blois » – qui n'est autre que Marie-Anne de Bourbon, princesse de Conti, fille naturelle de Louis XIV et de Louise de La Vallière – et qui ne manque pas d'attraits à en croire Mme de Sévigné : « C'était Conti la belle, Conti fille des dieux, Conti des Amours. » À son retour au Maroc, Ben Aïcha s'empresse de vanter les qualités de la princesse et convainc le sultan de la demander en mariage pour mieux sceller

l'alliance franco-marocaine. Lorsque la nouvelle se propage dans la capitale, le peuple parisien s'émeut à l'idée qu'une princesse française puisse être livrée à un musulman que l'on décrit despotique et sanguinaire. À Versailles, le roi et ses conseillers ne daignent pas répondre à une proposition aussi saugrenue. La condescendance affichée par le Roi-Soleil à son égard pique au vif la fierté de Moulay Ismaïl, qui gèle toute négociation. Les deux souverains sont décidément trop orgueilleux pour s'entendre.

Le diplomate marocain n'est pas insensible aux charmes d'une certaine « Mademoiselle de Blois ».

Moulay Ismaïl est un roi guerrier, constamment à cheval et les armes à la main.

L'idée d'une alliance franco-marocaine dirigée contre l'Espagne est réduite à néant à partir de 1700, date à laquelle le petit-fils de Louis XIV monte sur le trône espagnol sous le nom de Philippe V. Après le départ progressif des négociants français du Maroc, les deux pays rompent toute relation diplomatique en 1718. C'est désormais vers l'Angleterre que choisira de se tourner Moulay Ismaïl. Mais, vieilli et usé par ses sempiternelles campagnes à cheval, le sultan est préoccupé par l'idée de transmettre le pouvoir à ses fils, prenant soin de partager le royaume en plusieurs lieutenances. Il s'éteint en 1727, à l'âge de 82 ans, sans avoir désigné son successeur. Son impressionnante stature empêche-t-elle un digne héritier de se présenter ?

Moins de trente ans plus tard, affaibli par la guerre civile et l'anarchie, le Maroc semblera avoir tourné la page de son âge d'or. Aujourd'hui pourtant, le souvenir de Moulay Ismaïl demeure dans les mémoires comme celui d'un chef incontesté, respecté autant que craint, dont les prestigieuses réalisations sont encore en partie visibles, pour notre plus grand émerveillement.

DÉTAIL INSOLITE

Le mausolée de Moulay Ismaïl se trouve bien sûr à Meknès, à près de 500 kilomètres au nord-est de Marrakech. Il s'agit de l'un des rares monuments funéraires où sont autorisés à pénétrer les non-musulmans. Le sultan, mais aussi sa première femme, ainsi que deux de ses fils, y reposent. Après avoir passé une splendide porte, délicatement ouvragée, et sous un auvent de tuiles vertes, le visiteur s'engage dans une enfilade de salles à ciel ouvert. La dernière cour s'ouvre sur le bassin aux ablutions. Depuis l'antichambre, on peut apercevoir la chambre funéraire du sultan et admirer sa stèle de marbre blanc. Détail insolite : deux comtoises offertes par Louis XIV trônent tout près de la stèle de Moulay Ismaïl, témoins du lien particulier qu'entretenaient les deux souverains. À moins que ce précieux cadeau n'ait été un gage d'excuse du Roi-Soleil pour avoir refusé la main de sa fille préférée au sultan...

MME DE MAINTENON
N'ÉTAIT-ELLE QU'UNE DÉVOTE INTRIGANTE ?

Rares sont les destins comparables à celui de Mme de Maintenon. Rien ne disposait cette fille de criminel – née dans une prison, élevée dans la misère et mariée à un écrivain infirme et bossu – à devenir, à 40 ans passés, la maîtresse du plus célèbre des rois de France, Louis XIV. Celui-ci lui offrira une incroyable preuve d'amour – certes secrète –, inconcevable pour une simple favorite de sa condition : un mariage.

Ultime compagne du Roi-Soleil, connue pour son intense dévotion, Mme de Maintenon resta impopulaire jusqu'à la fin du règne de Louis XIV, non seulement à la cour mais dans tout le royaume. Ses adversaires lui reprochaient son influence désastreuse sur le roi et acceptaient d'autant moins son ingérence qu'elle n'était ni son épouse, ni sa favorite officielle. Dès lors, on la percevait comme une redoutable intrigante, dissimulant sa liaison coupable sous une piété de façade.

Peut-on vraiment réduire Mme de Maintenon à cette simple caricature de dévote? Comment celle qui fut élevée dans la misère parvint-elle à s'élever au rang de « presque reine » ? Qu'apportait-elle au roi de France et quelle fut son influence réelle sur la conduite du royaume ?

Ultime compagne du Roi-Soleil, connue pour son intense dévotion, Mme de Maintenon restera impopulaire jusqu'à sa mort.

Le nom de naissance de Mme de Maintenon est Françoise d'Aubigné. Elle est la petite-fille du poète Agrippa d'Aubigné, auteur des *Tragiques* et compagnon d'armes d'Henri IV. Son père, Constant d'Aubigné, gentilhomme de la chambre du roi, a épousé en secondes noces Jeanne de Cardilhac, fille du gouverneur du château Trompette, à Bordeaux, après avoir assassiné sa première femme et son amant en 1619. Si l'intervention de son père lui a permis d'échapper à la peine capitale, Constant, mauvais sujet, est incarcéré à la prison d'État de Niort pour diverses rébellions et escroqueries. Sans le sou et ne sachant où loger, son épouse l'accompagne. C'est ainsi qu'en 1635, elle accouche de Françoise dans l'enceinte même de la prison ! Enfin gracié par Mazarin après la mort de Richelieu, Constant s'embarque en 1645 avec toute sa famille pour les Antilles, que la France commence à coloniser, où il devient gouverneur de l'île de Marie-Galante. Pendant l'interminable traversée, la jeune Françoise perd connaissance : on la croit morte et on est sur le point, selon la coutume, de faire glisser son corps à la mer, quand Jeanne s'aperçoit que sa fille respire encore.

La vie aux Antilles ne tient pas ses promesses. Dans une île où boucaniers et Indiens font la loi, les d'Aubigné vivent dans la misère. Sous prétexte d'aller obtenir confirmation de son titre de gouverneur, Constant rentre seul en France, laissant derrière lui femme et enfants. Ne le voyant pas revenir, Jeanne regagne à son tour la France, avec Françoise et ses deux frères, en 1647, l'année même où Constant meurt. Sans ressources, Jeanne est contrainte de confier Françoise à sa belle-sœur, Mme de Villette, une ardente protestante. Ce placement indispose la marraine de la fillette, Mme de Neuillant, qui appartient à la cour d'Anne d'Autriche, la mère de Louis XIV. Aussi s'empresse-t-elle de récupérer l'enfant pour la conduire chez les Ursulines afin, dit-elle, de lui assurer une meilleure éducation. Forcée d'abjurer la religion de son père et de son grand-père pour intégrer le prestigieux couvent, Françoise le fait de mauvaise grâce, mais demeure chez les Ursulines jusqu'à l'âge de 16 ans, à Niort puis à Paris, où elle finit par s'établir. Sa marraine l'introduit bientôt dans les salons. Elle y acquiert le surnom de « belle Indienne » en référence à son séjour aux Antilles. Et elle y fait la connaissance du célèbre poète Paul Scarron. Ce dernier, tombé sous le charme de la jeune fille dont il a remarqué l'intelligence et le talent épistolier, la demande en mariage.

Introduite dans les salons, Françoise fait la connaissance du poète Paul Scarron qui la demande en mariage.

Scarron n'a en fait rien du bon parti : de vingt-cinq ans plus âgé que Françoise, il est d'une laideur repoussante et atteint de rhumatismes déformants qui le paralysent. Se définissant lui-même comme un « magasin de douleurs », ne pouvant bouger que les lèvres et les mains, il nécessite des soins quotidiens. Toutefois, l'auteur à l'esprit mordant est au sommet de sa gloire. Il dispose d'une confortable pension et fréquente une foule d'esprits distingués et de personnalités influentes. Désormais orpheline et

Elle ne craint pas de convier des libres-penseurs et des femmes aux mœurs légères, comme Ninon de Lenclos.

démunie, Françoise sait qu'il lui sera impossible de convoiter un meilleur parti. Pour ne pas finir sa vie au couvent, elle accepte de l'épouser le 4 avril 1652. Durant huit ans, Françoise d'Aubigné, devenue Mme Scarron, tient salon avec son mari dans le quartier du Marais où elle côtoie les plus grands noms du monde des lettres. À leur contact, elle affûte son esprit pertinent. Elle ne craint pas de convier des libres-penseurs et des femmes aux mœurs légères, comme Madeleine de Scudéry ou la courtisane Ninon de Lenclos, avec laquelle on lui prêtera plus tard une liaison. De bon conseil, elle influence l'œuvre de son mari qui glisse dans ses textes des références aux Antilles et accepte même de supprimer les passages qu'elle juge grivois. Caustique jusqu'à sa mort en octobre 1660, Scarron a fait inscrire dans son testament : « Je lègue tous mes biens à mon épouse à condition qu'elle se remarie. Ainsi, il y aura tout de même un homme qui regrettera ma mort. » Comment aurait-il pu se douter que, près de vingt ans plus tard, sa veuve épouserait le Roi-Soleil ?

Françoise, qui n'a encore que 24 ans, se retrouve à nouveau dans une situation financière délicate. Car Mazarin, qui gouverne le royaume, a supprimé les pensions dont bénéficiait son mari. Tout en continuant à fréquenter un milieu plutôt libertin, la jeune veuve adopte peu à peu une conduite pieuse. Cette attitude, à la fois sincère et stratégique, lui attire les faveurs du parti dévot, fort influent à la cour – et que Molière dénonce à la même époque dans son *Tartuffe*. De là, elle se voit octroyer par Anne d'Autriche une rente annuelle de 2 000 livres, qui lui permet d'élire domicile dans un luxueux appartement de la rue des Trois-Pavillons. Jolie, spirituelle et réservée, Françoise se tisse assez vite un important réseau de relations. Dans les salons des hôtels d'Albret et de Richelieu, elle est très courtisée. Ses deux principaux prétendants sont le chevalier de Méré, Antoine Gombaud, et le marquis de Villarceaux, Louis de Mornay. Toute la ville la dit maîtresse de ce dernier. Pourtant, il semblerait qu'elle n'ait jamais cédé à ses avances, ni à aucune autre. Avec habileté, elle se rapproche en revanche de la marquise de Montespan, qui n'est pas encore la favorite du roi, mais en qui elle perçoit une ambition démesurée. Lorsque Anne d'Autriche meurt en 1666, la marquise intervient auprès de Louis XIV pour obtenir à Françoise une nouvelle pension.

C'est en 1670 que bascule le destin de Françoise Scarron. Cette année-là, Mme de Montespan, dernière favorite en date, est enceinte de Louis XIV. Et elle craint que le fruit illégitime de ses amours avec le roi ne soit légalement reconnu par son mari, le marquis de Montespan, un homme sulfureux qui pourrait disposer de l'enfant à sa guise. Aussi décide-t-elle de cacher sa grossesse, d'accoucher en secret et de confier le nouveau-né à Françoise qui se chargera de l'élever et de l'éduquer. Elle fait de même pour les naissances suivantes, toutes issues du même lit royal. Ainsi, durant quatre années, dans une maison discrète de Vaugirard (dans l'actuel XVe arrondissement de Paris), la future marquise de Maintenon s'occupe des quatre enfants cachés de Mme de Montespan et de Louis XIV : le duc du Maine, le comte de Vexin,

*La future marquise de Maintenon s'occupe des enfants cachés
de Mme de Montespan et de Louis XIV.*

Mlle de Nantes et Mlle de Tours. Tout en organisant la vie de ses petits protégés, Françoise Scarron continue de remplir ses obligations mondaines et de se montrer dans les salons. Malgré cette double vie exténuante, elle se prend d'affection pour les petits bâtards royaux, s'attachant particulièrement à l'aîné, le duc du Maine, enfant boiteux et à la santé fragile. Doté d'une vraie fibre paternelle, Louis XIV rend régulièrement visite à sa progéniture, et s'attarde pour bavarder avec leur charmante nourrice. Il découvre en elle une jeune femme aussi ravissante que brillante, pieuse et réservée, qui tranche avec les femmes de la cour, mondaines et superficielles.

En 1673, le roi décide de légitimer ses enfants naturels et de les installer à Versailles où leur gouvernante les suit. Dans la foulée, Françoise Scarron achète le domaine de Maintenon (situé à quelques kilomètres) que le roi érige en marquisat afin de récompenser sa bienveillance et sa fidélité. La veuve Scarron est désormais Mme de Maintenon. Inutile de préciser que la marquise de Montespan considère d'un fort mauvais œil les gratifications accordées à son ancienne amie et craint que celle-ci ne lui ravisse la place tant convoitée de favorite royale. Pourtant, Mme de Maintenon est encore loin des bras de Louis XIV. En 1679, le roi s'éprend d'une autre jeune femme, la duchesse de Fontanges, âgée de 18 ans à peine, et c'est elle qui va éclipser Mme de Montespan, marquée par l'âge. Mais la duchesse décède des suites d'un accouchement en juin 1681, alors que toute la cour bruit de l'« affaire des poisons » qui, après l'exécution d'une première empoisonneuse, la marquise de Brinvilliers, vient de connaître un rebondissement avec l'arrestation de la femme Monvoisin, dite la Voisin. La rumeur enfle : la marquise de Montespan ferait partie des personnes à qui la Voisin aurait fourni des poisons, et elle les aurait fait absorber à sa rivale. Si le roi se refuse à renvoyer sa favorite, poussé par le parti dévot, il met toutefois fin à leur liaison.

La duchesse de Fontanges disparue et la marquise de Montespan disgraciée, c'est désormais Mme de Maintenon qui recueille les faveurs de Louis XIV. Signe qui ne trompe pas, le roi lui octroie un appartement contigu au sien. Si Françoise a des relations charnelles avec le roi, sa piété l'empêche d'apparaître comme la favorite officielle d'un monarque marié. Ces scrupules auraient peut-être fini par lasser le roi, mais, le 30 juillet 1683, la reine Marie-Thérèse d'Autriche décède à son tour. Plus rien n'empêche en théorie le Roi-Soleil, désormais veuf, de se remarier

À la fin de l'année 1683, le roi épouse Mme de Maintenon dans le plus grand secret.

avec l'élue de son cœur. Sinon que les proches à qui il s'est confié lui objectent qu'une telle mésalliance ruinerait le prestige de la monarchie française et qu'ils le supplient d'y renoncer. Tiraillé entre la raison d'État et son amour pour sa favorite, le roi prend alors une décision exceptionnelle, suggérée semble-t-il par le prédicateur Bossuet : épouser Mme de Maintenon dans le plus grand secret. L'événement se déroule à Versailles, de nuit, à la fin de l'année 1683, en présence de l'archevêque de Paris, François Harlay de Champvallon, et du père de La Chaise, le confesseur du roi. Les témoins des mariés sont le marquis de Montchevreuil, ami intime de Mme de Maintenon, et Alexandre Bontemps, premier valet de chambre du roi.

Les relations entre Louis XIV et son épouse (devant Dieu et non devant les hommes) diffèrent de celles qu'il a entretenues avec ses précédentes maîtresses. Le roi a trois ans de moins que Mme de Maintenon et son attachement ressemble davantage à celui d'un fils pour sa mère. S'il a choisi d'épouser une femme aussi pieuse, c'est parce que le roi de France approche de la cinquantaine, qu'il commence à se préoccuper de son salut et tient à mener une existence plus conforme à la religion, en renonçant aux excès d'autrefois. L'arrivée de Mme de Maintenon marque un changement radical à la cour de Versailles. C'en est fini des frivolités et des fêtes majestueuses du début de règne. « Le roi s'imagine que l'on est pieux si l'on s'ennuie bien », ironise sa belle-sœur, la princesse Palatine Élisabeth-Charlotte de Bavière. En raison de son austérité et de son intransigeance, l'épouse secrète de Louis XIV est détestée par la famille royale. Bien que discrète, elle vit dans l'intimité du roi et se révèle une conseillère de taille. C'est dans sa chambre que Louis XIV tient son Conseil pendant qu'elle fait de la tapisserie, et il n'hésite pas à lui demander son avis. Son influence pèsera surtout sur les mariages des bâtards royaux et sur la nomination de certains ministres. Très hostile au marquis de Louvois, elle prend parti pour le clan de Colbert et favorise les carrières du maréchal de Villars et de Michel Chamillart, nommé contrôleur général des Finances et secrétaire d'État à la Guerre.

Certains historiens ne se privent pas de faire porter à la marquise la lourde responsabilité de la persécution des protestants et de la révocation de l'édit de Nantes. Injuste accusation que celle-ci ! Si les premières dragonnades (conversions forcées de protestants) commencent peu après le mariage de Louis XIV et de sa favorite, le processus a été déclenché bien avant et bénéficie en outre du soutien de l'Église. Quant à la révocation du fameux édit, elle incombe bien davantage à Louvois, l'initiateur des dragonnades, devenu le second personnage de l'État après la mort de Colbert en 1683. De son côté, Mme de Maintenon a toujours condamné l'usage de la violence. N'a-t-elle pas écrit à son frère Charles, gouverneur du Berry, plusieurs années auparavant : « Je vous recommande les catholiques, mais je vous prie de n'être pas inhumain aux huguenots. Il faut attirer les gens par la douceur. » ? En 1684, l'année même où débutent les exactions militaires, elle admet dans une missive à sa tante, Mme de Villette : « On pousse trop loin l'aversion de votre religion. » À la toute fin du règne de Louis XIV seulement, lorsque le Roi-Soleil sera usé par son grand âge, la marquise de Maintenon prendra quelques décisions à la place du roi, comme l'édit de Marly de 1714, qui accorde la possibilité aux bâtards royaux de succéder à leur père en cas d'extinction de tous les héritiers légitimes.

L'œuvre de sa vie, qui lui vaudra le surnom de « première institutrice de France », reste la création en 1686 de la Maison royale de Saint-Louis à Saint-Cyr (Yvelines), destinée à accueillir les jeunes filles pauvres de la noblesse afin de leur donner une éducation digne de leur rang. Mme de Maintenon s'investit avec une rare énergie dans la gestion de cette fondation, démontrant un remarquable don d'administratrice. Nommée supérieure perpétuelle, elle se rend sur place autant qu'elle le peut, surveille les

L'œuvre de sa vie : la Maison royale de Saint-Louis à Saint-Cyr.

pensionnaires en faisant régner une discipline de fer, veille à l'instruction religieuse et supervise les divertissements. C'est à cette fondation de Saint-Cyr, d'ailleurs, que Racine dédiera les tragédies *Esther* et *Athalie*.

Sur son lit de mort, Louis XIV remet son chapelet à Françoise, assurant l'avoir toujours aimée et s'excusant de ne pas l'avoir rendue plus heureuse. Une légende apocryphe raconte que le roi aurait maladroitement ajouté qu'il se

L'épouse secrète du plus grand roi de France s'éteint le 15 avril 1719 à l'âge de 82 ans.

réjouissait qu'à l'âge où elle était, ils se retrouveraient bientôt. Mme de Maintenon aurait déclaré en quittant la chambre du mourant : « Voyez le charmant endroit où il me donne rendez-vous ! » Toujours est-il qu'après ses adieux au roi, Mme de Maintenon ne reste pas auprès de son défunt mari. Est-elle submergée par le chagrin ou vexée par leurs derniers échanges ? Elle se retire dans son appartement particulier de la maison de Saint-Cyr et refuse d'assister aux cérémonies funèbres. Loin de la cour de Versailles, elle vend ses biens, et ne garde auprès d'elle à Saint-Cyr que deux servantes. Elle reçoit cependant encore quelques visites, dont celle du tsar Pierre le Grand.

En 1718, devenue sourde et d'une extrême maigreur, elle apprend avec consternation l'arrestation du duc du Maine, accusé de conspiration contre le régent Philippe d'Orléans. S'empressant d'aller prier dans la chapelle glaciale de Saint-Cyr pour la libération de celui qu'elle a élevé avec amour, elle tombe malade. L'épouse secrète du plus grand roi de France s'éteint le 15 avril 1719, à l'âge de 82 ans, après avoir murmuré dans un dernier souffle : « Dans un quart d'heure, j'en saurai long. » Elle est inhumée dans l'ancienne Maison royale de Saint-Louis à Saint-Cyr, selon son vœu.

LES JARDINS DU CHÂTEAU DE MAINTENON

Construit au XVIᵉ siècle, le château de Maintenon, en Eure-et-Loir, s'embellit deux siècles plus tard à l'arrivée de sa nouvelle propriétaire, Françoise d'Aubigné, qui devient marquise de Maintenon. La favorite de Louis XIV supervise elle-même les travaux, qu'elle finance grâce aux subsides du roi. Le Nôtre travaille dès 1676 à la réalisation des jardins, qui sera ralentie par la construction restée inachevée d'un aqueduc – autrefois souhaité par Louis XIV et initialement construit par Vauban pour alimenter Versailles ! On rapporte que Racine venait se reposer en ces lieux pour trouver l'inspiration, quand ce n'était pas le roi lui-même. Les plans de Le Nôtre ayant été retrouvés à la Bibliothèque nationale de France, les jardins ont pu être recomposés à l'identique. Et pour célébrer les 400 ans de la naissance du célèbre jardinier, le public peut à nouveau fouler le sol de ces splendides jardins où dominent buis, rosiers tiges et parterres de sauges bleues et blanches, remis en lumière par le maître jardinier Patrick Pottier.

LA MARQUISE DE POMPADOUR :
POURQUOI A-T-ELLE ÉTÉ SI IMPOPULAIRE ?

Avec Mme de Maintenon, la marquise de Pompadour demeure l'une des plus célèbres favorites de l'histoire de la monarchie française. Durant dix-neuf ans, elle resta la maîtresse officielle, mais aussi l'influente conseillère de Louis XV. Faisant la pluie et le beau temps sur le royaume, cette marquise aux talents multiples fut également l'une des personnalités les plus haïes, aussi bien à la cour que parmi le peuple.

Fille d'un père ambitieux à la moralité douteuse, née d'un mariage arrangé cachant des amours socialement réprouvées, Jeanne-Antoinette Poisson doit son destin exceptionnel à la combinaison d'un physique avantageux et d'un esprit bien fait, aux agréments d'une éducation soignée et à l'entregent de quelques protecteurs intéressés. Instrumentalisée dès son plus jeune âge, elle conquiert rapidement son indépendance en devenant indispensable au roi. Attaquée de toutes parts, elle sait d'instinct comment se conserver ses bonnes grâces et se maintenir dans un milieu éminemment hostile, quitte à se faire quelques ennemis.

Jeanne-Antoinette Poisson doit son destin exceptionnel à la combinaison d'un physique avantageux et d'un esprit bien fait.

Par quelles armes personnelles, cette bourgeoise, fille d'un roturier, a-t-elle su s'élever au rang suprême de favorite royale ? Comment est-elle parvenue à se maintenir aussi longtemps au milieu d'une cour gangrenée par les intrigues et les coups bas ? Et pourquoi est-elle devenue la cible du mépris populaire ?

Née Poisson, Mme de Pompadour fut d'abord impopulaire à la cour en raison de ses origines sociales. Avant elle, toutes les maîtresses royales pouvaient se targuer d'une noblesse ancienne, remontant pour certaines jusqu'au XIᵉ siècle. Ce n'est pas le cas de Jeanne-Antoinette, dont

le père François Poisson est un roturier, fils de paysan, qui a lui-même travaillé comme laquais avant de devenir commis dans le ravitaillement des armées. Il contracte un premier mariage avec une jeune fille de la bonne bourgeoisie de Laon, qui décède trois ans plus tard. Il entre alors au service des frères Pâris qui, après s'être considérablement enrichis dans la vente de blés à l'armée, font désormais partie des financiers les plus puissants du royaume. Ce poste lui permet d'amasser à son tour une jolie fortune, avec laquelle il achète en 1715 la charge

Il est vraisemblable que son père soit le fermier général Le Normant de Tournehem, un financier proche des Pâris.

de secrétaire du roi. Prisé par la bourgeoisie, cet office confère le premier degré de noblesse, ce qui lui vaut le surnom de « savonnette à vilains ». Nommé commissaire aux vivres du ravitaillement de Paris pendant la famine de 1725, Poisson est accusé de spéculation douteuse et condamné à mort en 1727. Contraint de s'exiler à Hambourg, il ne rentre en France que neuf ans plus tard, moyennant une caution de 400 000 livres. S'il obtient sa réhabilitation, ce père, symbole du parvenu corrompu, rendra la future marquise infréquentable aux yeux d'une partie de la cour. D'autant que les origines de Jeanne-Antoinette demeurent assez troubles.

Le plus jeune des frères Pâris, Jean de Montmartel, a pour maîtresse une certaine Louise de La Motte, fille d'un pourvoyeur des viandes de l'Hôtel des Invalides. Ne pouvant l'épouser en raison de ses modestes origines, il organise un mariage avec son employé, François Poisson. Le 30 décembre 1721, Louise donne naissance à une fille : la future marquise de Pompadour, dont les ennemis ne manqueront jamais de rappeler qu'elle descend d'un « boucher des Invalides ». Le parrain est Montmartel, dont on dira qu'il pourrait être le géniteur probable de Jeanne-Antoinette – Poisson étant en voyage à la date présumée de conception. Il est plus vraisemblable que le père soit le fermier général Le Normant de Tournehem, un financier proche des Pâris. D'ailleurs, ce dernier s'affiche ouvertement comme le tuteur de Jeanne-Antoinette et lui permet d'acquérir une éducation digne des grands aristocrates. Cours de dessin, de musique, de peinture et de gravure, mais aussi de danse et de chant, auprès des meilleurs professeurs et artistes, rien n'est négligé pour offrir à la jeune fille une solide dot artistique ! Au salon littéraire d'une amie de sa mère, Mme de Tencin, elle apprend enfin l'art de la conversation et s'entraîne aux jeux d'esprit.

Cette tête bien pleine complète un physique charmant qui ne laisse personne indifférent. Les chroniqueurs ne tarissent pas d'éloges à son propos : d'un ovale parfait, son visage offre l'agrément d'un regard vif, d'un nez délicat, de belles dents et d'un sourire gracieux. On vante sa chevelure, moins blonde que châtain clair, ainsi que sa peau d'une pâleur irréprochable. Grande, d'un maintien souple et élégant, nul doute que la jeune fille va faire tourner les esprits ! Sans plus attendre, Tournehem organise en 1741 le mariage de sa protégée avec son neveu, Charles Guillaume Lenormant d'Étiolles, un brillant financier plein d'avenir. Jeanne-Antoinette Poisson devient alors Mme d'Étiolles. De cette union naît bientôt un garçon, qui vivra moins d'un an, puis une fille, Alexandrine, en 1744. Le raffinement et la beauté de Mme d'Étiolles attirent de nombreux soupirants, qu'elle éconduit en prétendant, sur un ton faussement sérieux, qu'elle n'acceptera de tromper son époux qu'avec le roi ! On raconte qu'enfant, Jeanne-Antoinette serait allée consulter avec sa mère une voyante et que cette dernière aurait déclaré à la fillette : « Vous serez la maîtresse du roi ! » Légende ou réalité ? Toujours est-il qu'à la mort de la marquise, on découvrira que son testament alloue à une certaine dame Lebon, voyante parisienne, une pension annuelle de six cents livres par an.

Mme d'Étiolles n'ignore pas que ses origines sociales lui interdisent l'accès à la cour et que ses chances d'entrer dans l'intimité du souverain sont quasi nulles. Mais, à travers les salons littéraires qu'elle anime et les représentations théâtrales qu'elle organise, elle acquiert la réputation d'une hôtesse talentueuse. Ses protecteurs ont en outre des projets qui vont dessiner son destin. Cherchant à accroître leur influence sur Louis XV, les frères Pâris encouragent la jeune femme dans ses rêves de conquête royale. Un tel rapprochement scellerait la promotion de la bourgeoisie

Louis XV prépare à Versailles un bal masqué à l'occasion du mariage du dauphin Louis de France avec sa cousine, l'infante d'Espagne Marie-Thérèse de Bourbon.

financière ! En décembre 1744, Jean Pâris de Montmartel, devenu banquier attitré de la cour depuis quelques années, entrevoit une opportunité unique : la duchesse de Château-roux, favorite officielle de Louis XV, vient de mourir et le roi prépare à Versailles un bal masqué à l'occasion du mariage du dauphin Louis de France avec sa cousine, l'infante d'Espagne Marie-Thérèse de Bourbon. Montmartel organise une véritable intrigue destinée à faciliter la rencontre avec Mme d'Étiolles. C'est ainsi que, le 25 février 1745, dans la galerie des Glaces du château de Versailles, lors du fameux « bal des Ifs », Louis XV succombe aux charmes de Jeanne-Antoinette. Le roi est ébloui, tant par les atouts physiques que par les charmes spirituels de sa nouvelle conquête. Deux mois plus tard, la jeune femme se sépare de son encombrant mari et fait son entrée à la cour en qualité de favorite royale.

Pour la première fois, une femme issue de la simple bourgeoisie, séparée de son mari et déjà mère d'un enfant, intègre la cour.

Pour obtenir ce statut privilégié qu'elle conservera vingt années durant, il ne suffit pas d'entrer dans le lit du roi. Il faut encore que la roturière acquière ses lettres de noblesse. C'est chose faite le 11 juillet 1745 lorsque Louis XV – qui détient le pouvoir d'anoblir qui bon lui semble – envoie à sa maîtresse le brevet de « marquise de Pompadour », après avoir acquis pour elle la seigneurie de Pompadour, dans le Limousin. Si la marquise ne se rendra jamais dans le château et les dépendances dont elle est devenue propriétaire, elle adopte le blason de la famille Pompadour qui vient de s'éteindre : d'azur à trois tours d'argent, maçonnées de sable. En vertu de cet anoblissement, elle peut enfin être présentée publiquement à Versailles. L'événement tant espéré a lieu le 14 septembre 1745 ; Jeanne-Antoinette a 23 ans. Cette date restera à jamais gravée dans l'Histoire de France : pour la première fois, une femme issue de la simple bourgeoisie, séparée de son mari et déjà mère d'un enfant, intègre la cour de la plus grande monarchie d'Europe, où jusqu'alors n'avaient droit de cité que les aristocrates capables de prouver, documents à l'appui, une noblesse remontant au xve siècle. Certains pouvaient en être dispensés par le roi, à la condition que deux générations au moins les séparent de leur état de roturier. C'est dire à quel point cette promotion inédite représente en soi une petite révolution culturelle.

Pour présenter sa favorite à la cour, le souverain exige qu'elle soit patronnée par la princesse de Conti, petite-fille du Roi-Soleil. Redoutant de se déconsidérer aux yeux des aristocrates en chaperonnant une roturière, la princesse y consent en échange de l'acquittement de ses dettes, tout en prenant grand soin de répéter à qui veut l'entendre qu'elle n'a jamais rencontré ladite marquise auparavant. Massés dans les antichambres du roi et de la reine, des centaines de courtisans consternés viennent assister au spectacle. La majorité d'entre eux voit dans l'élévation de la Pompadour moins l'apothéose d'un coup de foudre amoureux que la réussite d'un stratagème ourdi par les frères Pâris. La toute nouvelle marquise est aussitôt étiquettée de femme légère, ambitieuse et opportuniste, qui entend profiter de sa place pour mener le roi par le bout du nez. Les mots sont sévères à son égard et, malgré ses bonnes manières indiscutables, on lui reproche son accent et son langage parisiens, symboles de la vile bourgeoisie. Son nom de naissance, Poisson, donne évidemment lieu à d'innombrables moqueries. Les railleries fusent de toutes parts. Ainsi, lorsque le bruit se répand que la marquise a chuté dans un bassin à Fontainebleau, l'épouse du dauphin, Marie-Thérèse d'Espagne, murmure : « Ce n'est qu'un poisson qui retourne à son élément. »

En choisissant pour maîtresse une roturière indigne de son statut royal, Louis XV se discrédite aux yeux de la noblesse. Jugeant le roi oublieux de ses devoirs, nombreux sont ceux qui espèrent secrètement qu'elle commettra un impair qui la perdra. De son côté, la marquise de

Paradoxe étonnant, le seul membre de la famille à ne point haïr la marquise de Pompadour est la reine elle-même, Marie Leczinska !

Pompadour n'a nullement l'intention de renier ni même d'oublier ses modestes origines. Contre toute attente, elle continue même à parler de sa famille, y compris devant Louis XV. Et si elle a demandé à son père disgracié de ne pas se montrer à la cour, elle lui rend régulièrement visite dans la maison qu'il a louée en ville. Indulgente vis-à-vis de ses malversations passées, la Pompadour va tout faire pour racheter la réputation paternelle. Elle commence par apurer l'ensemble de ses dettes. Puis, en 1747, elle obtient son anoblissement en récompense de ses services dans l'approvisionnement en vivres des armées. Ses armoiries, un écu de gueules à deux poissons en forme de barbeaux d'or adossés, sont composées par d'Hozier, le généalogiste du roi. Enfin, par un imbroglio juridique, François Poisson se voit offrir la terre de Marigny-en-Brie. Mais si l'anoblissement du père efface en surface l'infamie de sa condamnation, personne n'est dupe et l'animosité à l'encontre de la favorite du roi s'intensifie.

À Versailles, les ennemis de la marquise sont nombreux et dissimulent à peine leur mépris. Dès son installation à la cour, deux clans se sont formés. Rassemblant ses partisans, le premier est constitué en partie de simples opportunistes, soucieux d'obtenir par son entremise certains avantages personnels. On y trouve les proches des encyclopédistes, qui voient dans la favorite une femme capable de diffuser des idées réformistes au plus haut sommet du pouvoir. Ses adversaires les plus acharnés forment une coalition plus hétéroclite : on retrouve parmi eux les dévots, défenseurs de la monarchie absolue et hostiles aux philosophes, rassemblés autour du dauphin Louis de France et de ses sœurs. Les enfants royaux iront jusqu'à surnommer la maîtresse de leur père « Maman Putain ». Paradoxe étonnant, le seul membre de la famille à ne point haïr la marquise de Pompadour est la reine elle-même, Marie Leczinska ! La Pompadour sera surtout gâtée par les artistes peintres qui, certes sous commande, sauront rendre grâce à sa fascinante beauté : Maurice Quentin de La Tour vers 1755, mais aussi François Boucher vers 1758, ou encore François-Hubert Drouais en 1763 (tableau qui sera achevé après la mort de la marquise).

Au nombre de ses détracteurs figurent également tous ceux qui s'insurgent contre l'intrusion dans la couche du roi d'une parvenue susceptible d'inspirer au souverain les pires erreurs politiques ou religieuses. C'est le cas par exemple du protégé de feu la duchesse de Châteauroux, le prince de Conti, cousin de Louis XV et grand chef militaire, qui ambitionne les plus hautes fonctions de l'État. Furieux que sa mère se soit abaissée à jouer les chaperonnes, il ne décolère pas contre celle qu'il considère comme une intrigante et dont il redoute l'emprise sur le roi. Autre rival acharné, le duc de Richelieu, petit-neveu du célèbre cardinal, est un brillant courtisan qui nourrit à l'encontre de la marquise tous les préjugés de l'aristocrate envers la bourgeoise. Il refusera de marier son fils, le duc de Fronsac, à la fille de la Pompadour, Alexandrine. Selon le secrétaire d'État à la Guerre, d'Argenson, le duc aurait même confié son intention de « crosser la Pompadour et de la traiter comme une fille de l'opéra ». Mais le plus perfide ennemi de la marquise est sans nul doute le comte de Maurepas, secrétaire d'État à la Marine depuis l'âge de 17 ans. Passé maître dans l'art de la satire, il est à l'origine d'épigrammes anonymes visant la favorite, qui se répandent dans Paris comme une traînée de poudre sous le nom de « poissonnades ». Certaines de ces chansons sont cruelles et injurieuses, la traitant de bâtarde et de catin. Démasqué, Maurepas est chassé de la cour en 1749, après s'être trahi dans un nouveau quatrain outrageant. Son départ ne met pourtant pas fin aux libelles contre la Pompadour. L'un des auteurs présumés, un certain chevalier de Rességuier, sera pour sa part arrêté et condamné à vingt ans de prison.

À 28 ans, la marquise apparaît meurtrie et désabusée. Elle confiera à ce propos : « J'ai vu tant de choses depuis quatre ans et demi que je suis ici que j'en sais plus qu'une femme de quarante ans. » Et son impopularité ne s'arrête pas à la cour, elle est aussi vive dans l'ensemble du royaume. Mais, à la différence des courtisans de Versailles, qui alimentent leur ressentiment en lui reprochant ses origines, le peuple blâme la Pompadour pour les difficultés politiques et économiques que traverse la France. La favorite est désignée par la vindicte publique comme le mauvais génie du roi et la première responsable des tourments nationaux. Cette hostilité commence dès 1748, avec le traité d'Aix-la-Chapelle clôturant la guerre de Succession d'Autriche : ayant renoncé à annexer les Pays-Bas espagnols, Louis XV préfère ne pas exploiter les succès des armées françaises et laisse ainsi nos alliés prussiens profiter de la victoire. Cet événement, incompréhensible pour la population, sera à l'origine de l'expression « travailler pour le roi de Prusse ».

Dans ce climat de crise financière, les dépenses folles engagées par le roi pour acheter des demeures somptueuses comme l'hôtel d'Évreux sont mal tolérées.

Dans ce climat de crise financière, les dépenses folles engagées par le roi pour bâtir ou acheter des demeures somptueuses dédiées à ses plaisirs, comme le château de Bellevue ou l'hôtel d'Évreux (futur palais de l'Élysée), sont mal tolérées. Exemple édifiant de ce désamour populaire : en septembre 1751, à l'occasion des festivités données dans la capitale pour célébrer la naissance de leur fils aîné, le dauphin et la dauphine sont interpellés sur le chemin de Notre-Dame par une foule qui se presse à leur passage. Réclamant du pain, les badauds lancent de vives imprécations contre la Pompadour : « Qu'on renvoie cette putain qui gouverne le royaume et qui le fait périr ; si nous la tenions, il n'en resterait bientôt rien pour faire des reliques ! » En 1756, la Pompadour est, avec Choiseul, la principale responsable du renversement historique des alliances de la France au profit de l'Autriche, ennemie héréditaire depuis Charles Quint. Cette stratégie conduira au désastreux traité de Paris de 1763, qui cède le Canada à l'Angleterre. Voilà qui aggrave encore l'impopularité de la favorite dans l'esprit du peuple. Jusqu'au bout, pourtant, Louis XV refusera de chasser sa maîtresse, même si on le lui conseille fermement pour restaurer cet état de grâce qui lui avait valu jadis le surnom de « Bien-Aimé ».

Malmenée à la cour, chahutée par la vindicte populaire, la marquise n'est pas plus épargnée par les drames personnels. En juin 1754, elle perd à quelques jours d'intervalle sa fille unique Alexandrine, d'une péritonite aiguë, puis son père chéri, François Poisson. Dix ans plus tard, usée par les intrigues, la Pompadour meurt le 15 avril 1764 d'une fluxion de poitrine, à l'âge de 42 ans. Faveur suprême, on lui permet de s'éteindre dans ses appartements de Versailles, privilège jusque-là réservé au roi et aux seuls membres de la famille royale. Quelques instants avant de mourir, elle aurait interpellé le curé qui la veillait alors qu'il s'apprêtait à quitter la pièce, avec cet ultime trait d'esprit : « Un instant, monsieur le curé, nous nous en irons ensemble. » La marquise est enterrée dans le caveau qu'elle avait acheté à la très ancienne famille de La Trémoille – situé au niveau de l'actuel n°3 de la rue de la Paix –, faisant dire à la princesse de Talmont : « Les grands os de La Trémoille doivent être bien étonnés de sentir près d'eux les arêtes des Poisson ! » Longtemps après sa mort, la favorite royale demeure la cible de toutes les impertinences.

LES BICHES DU PARC-AUX-CERFS

La Pompadour resta aux côtés du roi long-temps après la fin de leur relation et sa disgrâce amoureuse. Elle prodigua ensuite officieusement ses conseils, comme bon nombre d'anciennes favorites avant elle. Son regard aiguisé permit à Louis XV, par exemple, de préférer Pigalle et Nattier à d'autres peintres. La « Poisson » conseilla aussi le roi pour ses aventures amoureuses. Une manière, sans doute, de garder un œil sur ses conquêtes. Mieux, elle recrutait pour lui de charmantes jouvencelles qu'elle enfermait au 4 de la rue Saint-Médéric. C'est dans cet ancien Parc-aux-Cerfs – baptisé ainsi en souvenir de Louis XI qui y faisait autrefois garder des cervidés – que Louis XV avait ses entrées. On parla alors de soirées orgiaques, d'enlèvements de jeunes filles, dans cet ancien relais de chasse transformé en joyeux lupanar, et dont rien ne filtrera. Ou presque, comme en témoigne ce tableau de François Boucher, représentant Marie-Louise O'Murphy en petite tenue...

POURQUOI
GUSTAVE III DE SUÈDE
A-T-IL ÉTÉ ASSASSINÉ ?

Au XVIIIe siècle, le concept de despotisme éclairé a été person-nifié par plusieurs souverains, dont la tsarine Catherine II de Russie, le roi de Prusse Frédéric II, mais aussi le roi Gustave III, à qui la Suède doit un certain nombre de réformes historiques.

Ce dernier était à la fois un partisan de l'absolutisme et un disciple de la philosophie des Lumières, un mécène passionné par les arts et un roi belliqueux. Il admirait la France, vénérant ses artistes et ses philosophes ; il s'op-posa farouchement à la Révolution française et tenta par tous les moyens de sauver Louis XVI et Marie-Antoinette du piège mortel de la Terreur. Cet intelligent réformateur, qui abolit la torture, libéra la presse et encouragea la tolérance, fut haï pour ses extravagances et victime d'un attentat poli-tique. C'est bien là tout le paradoxe de ce personnage : sous couvert d'une attitude progressiste, il défendit farouche-ment l'absolutisme pour museler toute opposition.

Comment ce jeune roi finit-il par devenir plus « despote » qu'« éclairé » ? Quelles pressions obligèrent Gustave III de Suède à radicaliser son action, au point de s'attirer les haines les plus vives ? Pourquoi le monarque suédois a-t-il été assassiné quelques mois avant l'exécution de Louis XVI ?

La Suède doit à Gustave III un certain nombre de réformes historiques.

C'est dans ce contexte de quasi-anarchie que le roi Adolphe-Frédéric meurt en février 1771, en pleine session du Parlement.

Après la mort sans héritier direct du monarque absolutiste Charles XII en 1718, la Suède connaît durant plus de cinquante ans une période originale de parlementarisme, appelée « Ère de la liberté ». La Constitution concédée en 1720 par la sœur de Charles (elle lui succède brièvement avant d'abdiquer en faveur de son époux Frédéric Ier) ôte le pouvoir au roi pour le placer entre les mains du Parlement, le Riksdag. Cependant, au fil du temps, des dissensions apparaissent qui aboutissent à une fracture entre deux clans : les plus radicaux, soutenus par la France et surnommés « les Chapeaux », et les autres, favorables à la Russie et baptisés « les Bonnets ». Les sempiternelles luttes de pouvoir entre ces deux partis conduisent le royaume à une forte instabilité politique, accompagnée d'une grave crise économique. C'est dans ce contexte de quasi-anarchie que le roi Adolphe-Frédéric meurt brutalement d'indigestion en février 1771, en pleine session du Parlement. Son fils, le prince héritier Gustave, âgé de 25 ans, apprend la nouvelle alors qu'il assiste à un opéra à Paris.

D'une intelligence précoce, très créatif, Gustave suscite de nombreux espoirs depuis sa plus tendre enfance. Les intrigues politiques et les luttes partisanes qui ont surgi durant l'« Ère de la liberté » ont façonné sa personnalité, marquée par une vision romanesque et lyrique de l'Histoire. Son premier précepteur, l'ambassadeur de Suède en France, Carl Gustaf Tessin, lui a enseigné la culture française, qu'il ne cessera de glorifier, comme bon nombre de têtes couronnées européennes. Lecteur de l'*Encyclopédie* et correspondant de Voltaire, Gustave a également été initié à la physiocratie : venue de France, cette doctrine économique et politique prône le renforcement de l'autorité royale et la mise en place d'un « despotisme éclairé ». En 1766, Gustave a épousé Sophie-Madeleine, fille du roi de Danemark Frédéric V –
une union décidée par le Parlement. S'il se trouve en France en 1771, c'est qu'il a été invité deux ans plus tôt par Louis XV à Versailles. Le roi de France, qui cultive son alliance avec la Suède, s'est montré impressionné par la culture du prince, qui a été acclamé dans tous les théâtres et salons parisiens fréquentés. Avant même de regagner son royaume pour y monter sur le trône, non sans s'être assuré du soutien de la France, le nouveau roi s'engage devant le Parlement français à respecter la Constitution de 1720.

Gustave épouse Sophie-Madeleine, fille du roi du Danemark, une union décidée par le Parlement.

Le 19 août 1772, Gustave III met fin à la dictature du Parlement suédois, avec l'aval de la France.

De retour à Stockholm, Gustave feint dans un premier temps de vouloir régner sans gouverner, à l'instar de ses prédécesseurs, et de se soumettre au Parlement. Mais en réalité, il est depuis longtemps décidé à mettre fin à la dictature du Riksdag, dans le but de renforcer la monarchie et de restaurer le prestige de la Suède. Pour ce faire, il bénéficie du soutien indéfectible de la noblesse, qui craint de voir ses privilèges menacés par la bourgeoisie montante, mais aussi d'une partie du peuple, las de l'instabilité politique et des difficultés économiques. Aussi, le 19 août 1772, avec l'aval de la France, Gustave III ordonne aux troupes de la capitale suédoise, qui arborent pour l'occasion un brassard blanc, d'arrêter les principaux meneurs du Parlement ainsi que les membres les plus influents du

Conseil, l'équivalent du gouvernement. Minutieusement préparée, l'action est menée à son terme sans résistance ni effusion de sang. Et elle est bien accueillie par la population, qui voit en son jeune roi à la volonté sans faille un homme capable de sortir le pays de la crise.

Deux jours plus tard, pour justifier son coup d'État, le roi réunit dans son palais les états généraux et prononce un long discours condamnant le régime précédent, coupable d'avoir divisé le pays en deux factions rivales. Son éloquence et son lyrisme suscitent l'adhésion des parlementaires : « J'ai promis de gouverner un peuple libre ; cette promesse est d'autant plus sacrée que je la fais de mon propre mouvement ; loin de vouloir porter atteinte à la liberté, c'est au despotisme que je veux mettre fin ; je remplacerai l'arbitraire avec lequel le royaume a été gouverné par un régime ordonné et ferme, conforme aux lois immémoriales de la Suède et à la manière dont les plus grands de mes prédécesseurs ont régné. » Dans la foulée, Gustave III soumet une nouvelle Constitution. Si la séparation des pouvoirs – si chère à Montesquieu – est maintenue, et la Constitution de 1720 en partie reprise, les prérogatives du roi sont largement accrues. Les membres du Conseil sont désignés par le souverain et leur rôle se bornera désormais à conseiller, non plus à décider. Ce nouveau Conseil n'est par ailleurs plus responsable devant le Parlement, mais devant le souverain lui-même. Quant aux états généraux, ils perdent la maîtrise des finances ; la périodicité de leur réunion est laissée à la discrétion du roi, tandis que leur durée ne peut excéder trois mois. Il va sans dire que le modèle politique mis en place est le despotisme éclairé, inspiré par Frédéric II de Prusse qui n'est autre que l'oncle de Gustave. Le jeune monarque va mettre en œuvre, dès le début de son règne, une série de réformes progressistes :

abolition de la torture et de la peine de mort pour certains délits (viol, vol, bigamie, etc.) ; autorisation pour les
juifs de s'installer dans les cités marchandes et de bâtir
des synagogues ; interdiction de distiller de l'eau-de-vie,
afin de réserver les céréales à l'alimentation et combattre
la famine qui gangrène le pays ; enfin, dévaluation de la
monnaie et réforme en profondeur de la bureaucratie.

L'action volontariste et réconciliatrice de Gustave III
entraîne en peu de temps l'extinction des rivalités politiques. Pour composer le Conseil, le roi a recruté ses
membres au sein de tous les clans, annihilant toute
opposition parlementaire. Pourtant, peu à peu, l'enthousiasme qui a accompagné sa prise de pouvoir se dissipe
et laisse place au mécontentement. La liberté d'expression promulguée en 1766 durant l'« Ère de la liberté » se
voit entravée par une série de dispositions à l'encontre des
imprimeurs. Des voix s'élèvent également contre le train
de vie de ce roi philosophe et mécène, dont les exigences
coûtent bien cher aux contribuables, surtout en ces temps
de crise. Gustave III, féru d'art dramatique, subventionne
sans compter de nombreux artistes, comme le poète Carl
Michael Bellman. Le souverain inaugure un nouvel opéra
en 1781 et crée en 1786 l'Académie suédoise, sur le modèle
de l'Académie française. Avec un sens certain de l'intrigue
et de la mise en scène, il se lance lui-même dans l'écriture
d'œuvres dramatiques. On lui doit l'argument de l'opéra de
Johann Gottlieb Naumann : *Gustave Vasa*.

En même temps, cette passion que Gustave porte aux
arts et à la philosophie l'éloigne des affaires courantes
du royaume. On lui reproche de parler avec emphase du
peuple ou de déclamer de grandes idées générales et
abstraites, sans tenir compte des réalités plus pragma-
tiques du quotidien. Avec les années, son gouvernement

devient de plus en plus arbitraire et les anciennes grandes figures du régime parlementaire perdent bientôt leur influence au profit des seuls proches de Gustave. Les plus déçus sont les aristocrates, qui avaient œuvré au coup de force du roi et espéraient en retour davantage de considération. Parmi les meneurs de cette opposition, on trouve le comte Fredrik Axel von Fersen, ancien président de l'ordre de la noblesse et père du célèbre comte de Fersen, intime de la reine Marie-Antoinette. Accaparé par les arts et la géopolitique,

Gustave III subventionne sans compter de nombreux artistes, comme le poète Carl Michael Bellman.

et ignorant encore l'étendue de son impopularité, Gustave convoque les états généraux en 1786. Lorsque le Parlement refuse de voter plusieurs de ses réformes militaires, qui lui tiennent à cœur, le roi constate – trop tard ? – que les opposants à sa politique sont devenus majoritaires. Ils constituent cependant un groupe hétérogène : la fronde des aristocrates se joue sur le plan politique et constitutionnel, tandis que celle des trois autres ordres (clergé, paysannerie et bourgeoisie) est basée sur des revendications corporatistes. Pour mieux diviser ses adversaires, Gustave choisit d'abandonner la noblesse, qu'il avait favorisée, pour se rapprocher des trois autres ordres, en particulier de la bourgeoisie, en acceptant de souscrire à plusieurs de leurs doléances.

Mais le roi cherche d'abord à faire diversion et à cimenter l'unité nationale par une victoire militaire. Il ambitionne de conquérir la Norvège, alors rattachée au Danemark, mais surtout de récupérer les territoires finlandais perdus en 1721 et 1743 aux dépens de la Russie, son ennemi le plus menaçant. Durant l'été 1788, il profite de la guerre qui fait rage entre la Russie et l'Empire ottoman pour attaquer Catherine II sous un prétexte fallacieux : l'attaque du poste-frontière de Puumala en Finlande par des « cosaques » – en réalité, des soldats suédois déguisés ! Il lance les hostilités sans demander le consentement préalable des états généraux, en flagrant violation de la Constitution. Or son ambitieuse offensive navale, qui prévoyait un débarquement près de Saint-Pétersbourg, est un échec. Une grave mutinerie éclate dans les rangs de l'armée suédoise. La rébellion regroupe des officiers issus de la noblesse, qui reprochent au roi de n'avoir pas consulté le Parlement et d'avoir mal préparé son attaque. Ils sont rejoints par des officiers finlandais, qui combattent pour l'autonomie de leur nation. Les insurgés forment l'alliance d'Anjala et s'adressent à Catherine II pour lui demander son aide. Avec l'entrée en guerre du Danemark et de la Norvège qui viennent de renou-

Durant l'été 1788, Gustave III attaque Catherine II de Russie sous un prétexte fallacieux.

veler leur alliance avec la Russie, la Suède se retrouve prise en tenaille entre ses deux ennemis mortels. Face à cette situation désespérée, Gustave III réagit pourtant avec énergie et fait preuve d'un ressort extraordinaire : il se déplace à travers le royaume dans le but de réveiller le sentiment patriotique de ses sujets en haranguant les foules. Sa campagne a pour effet de rompre l'alliance entre opposants aristocrates et nationalistes finlandais. Les conjurés sont arrêtés en novembre 1788 tandis que, sous la menace anglo-prussienne, le Danemark cesse les hostilités. La guerre avec la Russie se terminera en 1790 par un statu quo. Si la Suède ne perd pas de territoire, elle s'est endettée et doit faire face à une inflation galopante.

Durant ce conflit, Gustave III a signé sans le savoir son arrêt de mort. Au cours des états généraux de février 1789, il rompt ouvertement avec l'ordre de la noblesse. Après avoir fait exclure de force, puis arrêter les représentants de l'aristocratie, le roi s'appuie sur les trois autres ordres pour que soit adopté un avenant à la Constitution : l'Acte d'Union et de Sécurité. Ce texte met fin de facto au Conseil, institution vieille de cinq siècles, et investit le monarque d'un pouvoir personnel sans limite. Pour que les états généraux acceptent un tel retour vers l'absolutisme, Gustave III a fait de larges concessions à la bourgeoisie, supprimant les privilèges de la noblesse sur l'accès aux charges publiques et à la propriété foncière. Ainsi, une réforme égalitaire historique – fruit d'une revendication émanant des parlementaires les plus radicaux – se voit paradoxalement entérinée par le souverain le plus aristocratique et absolutiste ! Cette abolition des privilèges de la noblesse suédoise précède de plusieurs mois la réunion des états généraux français, premier acte de notre Révolution. Celle-ci inspirera, bien avant la Terreur, une profonde horreur à Gustave III qui traite les Français d'« orangs-outangs de

À l'été 1791, le roi de Suède se rend à Aix-la-Chapelle pour prêcher une croisade antirévolutionnaire.

l'Europe ». Durant l'été 1791, le roi de Suède se rend à Aix-la-Chapelle pour prêcher une croisade antirévolutionnaire, promettant d'emprisonner ceux de ses sujets soupçonnés de sympathie pour les jacobins. Soucieux de protéger le couple royal français, il emploiera même le jeune comte Axel de Fersen comme intermédiaire auprès de Louis XVI et Marie-Antoinette...

Si le coup d'État absolutiste de Gustave III a réduit au silence toute l'opposition, il s'attire en retour une haine croissante d'une partie de l'aristocratie. Au début de l'année 1792, le souverain convoque les états généraux à Gävle pour remettre un peu d'ordre dans les finances publiques. Après la clôture, les ennemis les plus acharnés du roi se réunissent. Parmi eux, de nombreux aristocrates déchus de leurs prérogatives et des militaires hostiles à Gustave III depuis la guerre contre la Russie – et en particulier l'exécution du colonel Johan Henrik Hästesko pour sa participation à la mutinerie d'Anjala. Conscient des menaces qui pèsent sur lui, le roi remplace la plupart des officiers de sa garde. Si tous les conjurés souhaitent renverser le régime, une frange radicale en appelle ouvertement à assassiner le monarque, qu'ils considèrent comme un tyran. On y trouve un ancien capitaine de la garde, issu de la petite noblesse : Jacob Johan Anckarström, qui a été lui aussi condamné à mort par un tribunal militaire pour sa participation à l'alliance d'Anjala, avant d'être gracié par Gustave III. Il sera le cerveau du complot, soutenu par Klas Horn, un ancien officier dont le père, représentant de la noblesse, a été arrêté lors des états généraux de 1789. Les deux hommes tentent une première fois d'assassiner le roi, mais leur projet avorte en raison des mesures drastiques de sécurité. La seconde tentative sera la bonne.

Le 16 mars 1792, Gustave III se rend au bal masqué de l'Opéra royal de Stockholm. Quelques heures plus tôt, il a reçu un billet anonyme l'avertissant de l'imminence d'un attentat organisé par l'opposition aristocratique. Il n'a pas pris la menace au sérieux et n'a donc pas jugé nécessaire de faire renforcer la surveillance de sa police, se fiant sans doute à sa bonne étoile. Mais au cours de la soirée, Anckarström s'introduit parmi les invités, sort un pistolet et tire à bout portant sur le roi. Grièvement blessé, Gustave III conserve toute sa lucidité. Suffisamment en tout cas pour organiser sa succession durant les treize jours qui suivent, avant de succomber à ses blessures, le 29 mars. Son fils Gustave IV étant trop jeune pour lui succéder, la régence est confiée au frère du roi, Charles. Officiellement, 78 personnes auraient participé au complot, mais ce chiffre reste d'après de nombreuses sources bien inférieur à la réalité. Seul Anckarström sera arrêté

et condamné à mort. Signe que la majorité – gouvernement, noblesse et peuple confondus – approuvait cette
exécution, certainement...

Au cours du bal masqué, un conjuré sort un pistolet et tire à bout portant sur le roi.

L'assassinat du roi n'aura, en Suède du moins, servi à rien. Aucune révolution ne suivra. Mais peut-être aura-t-il malgré tout changé le cours de l'Histoire. Gustave III n'a cessé d'œuvrer pour sauver Louis XVI des sans-culottes parisiens. Accueillant le duc de Bouillé – à l'origine, en juin 1791, de l'évasion de la famille royale interrompue à Varennes –, le souverain suédois était prêt à intervenir en France avec une armée. Il étudiait avec Bouillé, son aide de camp, les plans d'un débarquement en Normandie. Aurait-il réussi à rallier à son projet les autres souverains européens ? Lorsque Gustave III succombe à ses blessures, treize jours après l'attentat, le gouvernement révolutionnaire prend l'initiative de déclarer la guerre à l'Autriche. Et Louis XVI a perdu son allié le plus déterminé. Qui sait ce qu'il en aurait été autrement ?

LE BAL MASQUÉ

 Grand amateur d'opéra, le roi aurait sans doute apprécié de se voir mis en scène à Paris en 1833 dans *Gustave III ou le Bal masqué*, composé par Auber sur un livret d'Eugène Scribe. Certes, le sujet est inspiré d'un épisode malheureux, puisqu'il relate son assassinat lors d'un bal masqué en 1792, mais quel plus vibrant hommage pouvait-on rendre à ce mécène éclairé que de lui dédier un opéra ?

Giuseppe Verdi entreprendra à son tour de mettre en musique le livret de Scribe, cette fois adapté par le librettiste italien Antonio Somma, en 1859. Pourtant, si le drame sentimental et les intrigues de cour renvoient bien au souverain suédois, la transposition de l'intrigue dans un Boston du XVIIe siècle permet une certaine mise à distance. Deux amants s'aiment et le mari, éconduit et déshonoré, tue par vengeance l'amant de sa femme, gouverneur de la ville.

Tout comme les lumières vives du bal jettent un éclairage cru sur les âmes sombres des personnages, l'opéra oscille entre tragédie et vaudeville, gaieté et désespoir, passion et drame, dans une œuvre pleine de cynisme, de pessimisme et de désenchantement.

Mais face à la censure napolitaine, Verdi et son librettiste devront plusieurs fois réviser leur copie : il était inconcevable de tuer un roi sur scène. Surtout depuis que Napoléon III venait de réchapper de justesse, en janvier 1858, à une tentative d'assassinat orchestrée par un révolutionnaire italien !

Mais les temps ont changé et fort heureusement, c'est aujourd'hui la version non censurée qui prime désormais dans les représentations contemporaines.

OLYMPE DE GOUGES,
LIBRE DE MŒURS ET D'ESPRIT

Première féministe de l'Histoire, Olympe de Gouges augura un vent de liberté qui souffle aujourd'hui encore. Lancé en 2013 pour déterminer quelles nouvelles personnalités devraient entrer au Panthéon, un sondage désigna à l'unanimité l'auteure de la *Déclaration des droits de la femme et de la citoyenne* ! Cependant, l'histoire personnelle d'Olympe et les combats qu'elle mena sa vie durant ne pourraient se résumer à la seule lutte pour l'émancipation féminine. En réalité, elle voua son existence à dénoncer toutes les inégalités, sociales et culturelles.

Digne héritière du siècle des lumières, Olympe de Gouges n'était certes pas la seule à se battre. Au XVIIIe siècle, d'autres de ses contemporaines, telles Élisabeth Vigée-Lebrun ou Germaine de Staël, ont contribué à l'émancipation des femmes par leurs écrits et leurs prises de position courageuses. Mais seule Olympe eut l'audace folle de se jeter dans l'arène politique et d'affronter les effroyables débordements de la Terreur. Alors même que Mmes de Staël et Vigée-Lebrun se réfugièrent, l'une en Suisse, l'autre en Italie, Olympe de Gouges, elle, demeura en France en dépit du danger. Elle ne se laissa aucunement intimider par quelque raillerie, manœuvre ou menace que ce soit, et porta haut et fort sa propre révolution, féministe, humaniste et politique. Hélas, cet engagement inconditionnel et sans compromis lui coûtera la vie.

Olympe de Gouges eut l'audace folle de se jeter dans l'arène politique et d'affronter les effroyables débordements de la Terreur.

Comment cette jeune femme, mondaine et entretenue, se destinant à une carrière littéraire, est-elle devenue l'une des âmes de la Révolution, payant de sa vie ses positions intransigeantes et téméraires ? Où puisa-t-elle la force de se jeter ainsi dans la tourmente révolutionnaire ? Finalement emprisonnée, comment se défendit-elle face à ses accusateurs ?

Olympe de Gouges, de son vrai nom Marie Gouze, naît en 1748 à Montauban. Officiellement, elle est la fille d'un boucher ; en réalité, son père est un riche notable de la ville et un célèbre auteur dramatique, membre de l'Académie française, Jean-Jacques Lefranc, marquis de Pompignan. La première pièce du marquis, *Didon*, jouée à la Comédie-Française, a fait de lui l'une des têtes de Turc favorites de Voltaire, qui a composé à son encontre diverses épigrammes. Tenant à préserver sa réputation de haute moralité, il ne reconnaîtra jamais Marie comme sa fille naturelle, la laissant, elle et sa mère devenue veuve, sans ressources. À 17 ans, Marie accepte d'épouser Louis Aubry, un restaurateur rencontré au théâtre avec lequel elle aura un fils, Pierre. Inculte et grossier, son mari décède un an plus tard, emporté par une crue du Tarn. La jeune femme quitte alors Montauban pour rejoindre sa sœur aînée à Paris.

Mère et veuve à seulement 18 ans, Marie entre petit à petit dans le cercle de la communauté montalbanaise et toulousaine installée dans la capitale. Elle y fait la connaissance d'un certain Jean-Baptiste Dubarry, surnommé « le Roué ». Personnage aux mœurs dissolues, aussi ambitieux qu'intrigant, celui-ci a fait fortune dans le transport de vivres et de matériel militaire en Corse durant la guerre. Par ses manigances, il a permis à sa maîtresse, Jeanne Bécu, de devenir la dernière favorite de Louis XV, la future comtesse du Barry. Grâce à cet homme sulfureux, Marie, qui choisit de se faire appeler Olympe de Gouges –

association du prénom de sa mère et d'une variante de son nom de famille, Gouze, lequel pouvait aussi s'écrire Gouge, d'après certains actes anciens –, pénètre dans le monde troublant des libertins. Elle y rencontre plusieurs grands noms de l'époque : l'écrivain Crébillon fils, le comte de Guibert, brillant stratège militaire, ami de Frédéric II, ou encore le vieux maréchal de Richelieu, petit-neveu du cardinal et filleul de Louis XIV, fort décrié pour ses frasques. Elle y multiplie les conquêtes, séduisant le

Par le biais de manigances, Jeanne Bécu devient la dernière favorite de Louis XV, la future comtesse du Barry.

comte de Chabrillan, Jacques-Aimard de Moreton, le capitaine des gardes du comte de Provence, futur Louis XVIII, le comédien François-René Molé, qui tentera plus tard d'imposer ses pièces à la Comédie-Française, ou encore l'écrivain François-Sébastien Mercier, auteur du *Tableau de Paris*, avec lequel elle vivra une liaison durable.

Car, n'en déplaisent à ses ennemis au lendemain de la Révolution, Olympe reste une femme distinguée, gracieuse et raffinée, au physique agréable : un visage légèrement ovale, des traits fins et réguliers, un nez petit et droit, le teint d'une blancheur immaculée. Ses grands yeux noirs, doux et expressifs, lui donnent un regard tendre auquel succombe la gent masculine. Toutefois, elle est résolue à ne pas se remarier – elle qualifie le mariage de « tombeau de la confiance et de l'amour ». Ce rejet de l'état marital, plus qu'une simple question de préférence ou d'indépendance morale, intervient en réponse à une interdiction légale : à l'époque, la loi française empêche une épouse de publier le moindre ouvrage sans le consentement de son mari. Or Olympe nourrit des ambitions littéraires et entend préserver farouchement sa liberté d'expression. Durant une dizaine d'années, Olympe de Gouges va mener une vie de demi-mondaine et de femme entretenue qui lui vaudra de figurer de 1774 à 1784 dans l'almanach mondain.

Au milieu des années 1780, elle met un terme à sa vie de courtisane pour se consacrer à sa véritable passion : l'écriture. Elle a hérité de son père naturel une imagination féconde, même si elle déplorera toujours de lui être inférieure par le style. Elle a en revanche, par rapport à lui dont les positions restaient conservatrices, un esprit nettement plus engagé et subversif. Elle est aussi prolifique : Olympe écrit alors un grand nombre de romans et d'essais, ainsi que des pièces de théâtre, genre très en vogue chez les femmes de la haute société. D'aucunes aiment faire jouer, dans leur hôtel parisien ou leur maison de campagne, des pièces libertines, critiques envers la monarchie absolue et qui n'auraient jamais pu survivre à la censure des théâtres traditionnels. C'est le cas par exemple de la marquise de Montesson – épouse morganatique du prince de sang Louis-Philippe d'Orléans, père du futur Philippe Égalité – qui fonde, dans son hôtel de la rue de la Chaussée-d'Antin, son propre théâtre de société, où se donnent de nombreuses pièces inédites, dont certaines de son cru. Olympe de Gouges décide de suivre son modèle et de créer un théâtre où l'on jouera ses œuvres. Conçues à la veille de la Révolution, les premières pièces

Olympe de Gouges décide de suivre l'exemple de la marquise de Montesson et crée un théâtre où l'on jouera ses œuvres.

d'Olympe de Gouges sont déjà extrêmement engagées et empreintes de préoccupations sociales, dans un souci de défense des plus modestes. Ainsi, elle signe en 1786 *L'Homme généreux*, une dénonciation de l'usage abusif des lettres de cachet qui, sous l'Ancien Régime, permettaient au roi d'arrêter et d'emprisonner quiconque, sans procès. Ce sujet lui a été inspiré par l'histoire tragique d'un père de famille rouennais, un certain Clamet, arrêté sur lettre de cachet pour incapacité à honorer des dettes qu'il avait contractées pour nourrir sa famille. Olympe propose sa pièce à la Comédie-Française, en demandant à ce que le montant de la recette serve à payer la caution du pauvre homme. Redoutant des représailles royales, le Théâtre-Français refuse de la programmer.

Visant le mariage forcé des jeunes filles, Olympe rédige la même année une suite au *Mariage de Figaro* de Beaumarchais, intitulée *Le Mariage inattendu de Chérubin*. Elle ne rencontre pas plus de succès. La plupart des sujets de ses pièces sont trop avant-gardistes pour l'époque, traitant de la question des enfants illégitimes ou du divorce, en totale opposition avec celles interprétées à la Comédie-Française qui continue à mettre en scène d'inoffensives intrigues amoureuses. Une seule, *Zamore et Mirza ou l'Heureux naufrage*, est parvenue, en juillet 1785, à entrer au répertoire de la célèbre troupe, grâce à la recommandation de la marquise de Montesson. Il a aussi fallu pour cela qu'Olympe accepte de modifier de nombreux passages de ce vibrant réquisitoire contre le sort subi par les esclaves noirs dans les colonies.

L'œuvre, jugée trop sulfureuse, est censurée par le ministre de la Maison du roi.

Même atténuée, l'œuvre sera bientôt incriminée par les comédiens eux-mêmes qui en appellent au directeur, le duc de Duras. Jugeant la pièce trop sulfureuse, celui-ci obtient sans peine une lettre de censure signée par le baron de Breteuil, ministre de la Maison du roi, en septembre 1785. C'est uniquement grâce à l'appui du chevalier Michel de Cubières, un homme de lettres qui fut autrefois son amant et dont le frère est l'écuyer et l'ami de Louis XVI, qu'Olympe échappe à l'embastillement. La pièce ne se verra rétablie à l'affiche de la Comé-die-Française qu'en décembre 1789. Malgré de nouvelles transformations, elle sera cette fois victime d'une cabale menée par le parti des colons, rassemblé dans le club de l'hôtel de Massiac, qui va jusqu'à soudoyer quelques comé-diens pour que la représentation soit annulée.

Une question mérite d'être posée sur cet engage-ment d'Olympe de Gouges. Pourquoi, elle qui n'avait jamais voyagé aux Antilles et ignorait par conséquent la réelle condition des esclaves noirs, a-t-elle choisi de dénoncer l'escla-vagisme dans les colonies ? Une rencontre semble avoir été déterminante. La marquise de Montesson a confié la direction de son théâtre au chevalier de Saint-Georges, brillant escrimeur et compositeur doué, futur professeur de musique de Marie-Antoi-nette. Né en Guadeloupe, celui-ci est un métis, fils d'un aristocrate désar-

Le chevalier de Saint-Georges alerte Olympe sur la réalité de l'esclavage dans les colonies d'outre-mer.

genté et d'une esclave d'origine sénégalaise. En discutant avec Olympe lors de représentations à l'hôtel de la mar-quise, il l'aurait alertée sur la réalité de l'esclavage dans les colonies d'outre-mer. Elle sera en tout cas la seule femme de son temps à s'être publiquement exprimée contre la traite des Noirs.

Le vœu d'Olympe se réalise le 5 février 1794 lorsque la Convention abolit officiellement l'esclavage dans les colonies.

Outre cette pièce de théâtre, Olympe de Gouges publie un essai intitulé *Remarques sur les hommes noirs* (1788), qui lui vaut d'être admise à la Société des amis des Noirs, fondée la même année. Grâce au soutien de l'abbé Grégoire, qui pèsera de tout son poids, la question entre enfin dans le débat parlementaire. Malgré les pressions du lobby des colons, dont les agressions physiques sont telles qu'elle porte plainte en 1790, la femme de lettres continuera à se battre jusqu'à la fin de ses jours pour que cesse cette pratique honteuse et inhumaine. Son vœu se réalisera quelques mois seulement après sa mort lorsque, le 5 février 1794, la Convention abolira officiellement l'esclavage dans les colonies.

En 1788, Olympe de Gouges se lance pour la première fois dans l'écriture de textes ouvertement politiques. Elle qui a connu dans son parcours et dans sa chair nombre d'injustices sociales, et qui s'est déjà attachée à les condamner dans son œuvre théâtrale, veut désormais passer à l'action. Une décision d'autant plus téméraire qu'à l'époque, elle doit non seulement faire face à la censure, mais aussi aux diatribes et aux railleries de ses contradicteurs. Car la politique, à l'instar du droit et de la diplomatie, demeure la chasse gardée des hommes ! Jusqu'à sa mort, certains de ses adversaires jaloux prétendront même qu'Olympe n'était pas l'auteure de ses textes... Dès son premier article, *Lettre au peuple*, rédigé en septembre 1788, elle propose que tous les ordres du royaume s'acquittent d'un impôt volontaire, y compris la noblesse d'épée, alors traditionnellement exemptée de fiscalité. Cette initiative, ancêtre de l'impôt sur le revenu, qui ne sera instauré qu'au XXᵉ siècle, est saluée par le *Journal général de France*. Trois mois plus tard, la brillante essayiste récidive dans *Remarques patriotiques*, où elle suggère, ni plus ni moins, la création d'un impôt sur les signes extérieurs de richesse – sorte de futur impôt sur les grandes fortunes – et demande, chose impensable à l'époque, l'ouverture d'ateliers publics pour lutter contre le chômage.

Il va sans dire qu'Olympe, qui aime bousculer l'ordre établi, accueille avec enthousiasme la révolution de 1789. Elle est tellement exaltée par ce soulèvement populaire qu'elle va jusqu'à réclamer le commandement d'une garde nationale de femmes ! Intransigeante et idéaliste, elle fustige le départ des émigrés et la fuite supposée du

Parmi les grandes figures de la Révolution, seul Mirabeau trouve grâce à ses yeux.

roi à Varennes, tout en s'indignant contre les bavures du 6 octobre 1789, lorsque des révolutionnaires pénétrant dans Versailles pour ramener la famille royale à Paris lynchent violemment deux gardes du corps de Marie-Antoinette. Parmi les grandes figures de la Révolution, seul Mirabeau – unique député de l'Assemblée à l'avoir encouragée dans l'écriture de ses pièces – trouve grâce à ses yeux. Après la mort de ce dernier, Olympe écrira une pièce à sa gloire, *Mirabeau aux Champs-Élysées*. Il n'en demeure pas moins qu'elle est fort vite déçue par les avancées révolutionnaires de ses contemporains : le statut de citoyen n'a finalement pas été accordé aux femmes, en dépit des requêtes du philosophe Condorcet auprès de l'Assemblée. Celles-ci n'ont la possibilité, ni de voter, ni d'être élue, ni même d'accéder à certains emplois publics. Pour Olympe, le projet révolutionnaire gardera un vilain goût d'inachevé tant que les femmes ne se seront pas totalement émancipées des hommes.

La militante fait alors entendre sa voix en écrivant de poignants articles polémiques, tous relayés dans les journaux, et en diffusant des pétitions, brochures ou affiches colorées, où son nom apparaît en grand format. Olympe lutte pour le droit au divorce, elle qui a connu quelques déboires conjugaux, et verra son vœu exaucé le 20 septembre 1792. Cependant, son écrit le plus fameux reste sans aucun doute sa *Déclaration des droits de la femme et de la citoyenne*, rédigé en septembre 1791 et considéré comme le premier manifeste féministe de l'Histoire. Dédié à la reine et suivie d'un très long postambule, ce texte parodie la Déclaration des droits de l'homme et du citoyen de 1789 et exige que les femmes jouissent des mêmes droits naturels que les hommes. Olympe illustre son propos par cette

Sa Déclaration des droits de la femme et de la citoyenne *est considérée comme le premier manifeste féministe de l'Histoire.*

phrase mordante, qui se révélera sinistrement prémonitoire : « La femme a le droit de monter à l'échafaud, elle doit avoir également le droit de monter à la tribune. » Outre l'égalité civile et politique, le texte réclame la possibilité de faire des recherches en paternité, la prise en charge de l'éducation des filles ou la création de maternités. Perçu comme une simple provocation, le manifeste ne rencontre que peu d'échos, d'autant qu'il est publié au moment même où Louis XVI s'apprête à ratifier la première Constitution de 1791, transférant la souveraineté du roi à la nation.

Dédaignées par l'Assemblée, les revendications d'Olympe tombent rapidement dans l'oubli, même si l'auteure reçoit quelques soutiens, notamment de la part de Condorcet qui, comme on l'a vu, plaide dès 1790 pour l'émancipation des femmes. Mais, comme souvent, ses ennemis s'avèrent plus nombreux et plus offensifs que ses amis. Cela n'empêche pas Olympe de Gouges de persévérer en dénonçant cette fois la corruption à laquelle se livrent certains révolutionnaires influents. Sa témérité lui attire les foudres du club des Jacobins, qui l'accuse de menées contre-révolutionnaires. Hostile à la peine de mort, elle compose contre ses deux plus grands ennemis, Marat et Robespierre, de violents pamphlets condamnant leur radicalisme. Durant le procès de Louis XVI, elle défraie à nouveau la chronique en demandant à être désignée avocate officieuse de l'ex-roi de France, qu'elle juge fautif comme roi mais non comme homme. Elle restera d'ailleurs toujours partisane d'une monarchie parlementaire sur le modèle britannique. Isolée et sans liens avec les autres femmes révolutionnaires, Olympe de Gouges soutient le fédéralisme prôné par les députés Girondins. Lorsque ceux-ci sont arrêtés le 2 juin 1793, sous la pression des sans-culottes parisiens, elle les défend avec un courage exceptionnel. Une prise de position qui lui sera fatale.

Décidés à bâillonner Olympe et à l'écarter définitivement de la scène publique, les Montagnards menés par Robespierre prennent prétexte de la publication d'une affiche, intitulée *Les Trois Urnes*, dans laquelle elle plaide pour que les Français puissent choisir par référendum entre trois gouvernements : républicain, fédéraliste ou monarchique. Un exemplaire a été préalablement envoyé au Comité de salut public, et il n'a reçu aucun avis favorable ou défavorable. Aussi Olympe choisit-elle de passer outre son autorisation et d'en faire placarder un millier d'exemplaires dans Paris. Trahie par son imprimeur, elle est immédiatement arrêtée le 20 juillet 1793, tandis qu'elle regagne son domicile en compagnie de son éditeur et de son afficheur. Accusée d'avoir contrevenu à la loi sur la répression des écrits contre-révolutionnaires, Olympe de Gouges est aussitôt emprisonnée.

Au prétexte qu'elle possède assez d'esprit pour se défendre elle-même, le Tribunal révolutionnaire lui refuse l'assistance d'un avocat. Avec force, Olympe fait alors face aux accusations, faisant valoir sa bonne foi et la pureté de ses intentions. Pour obtenir une grâce, elle va jusqu'à prétendre être enceinte. Toutefois, elle ne parvient pas à échapper à la sentence ultime : la peine de mort. Le 3 novembre 1793, Olympe écrit une lettre bouleversante à son fils Pierre, juste avant de rejoindre l'échafaud. En montant les marches,

Accusée d'avoir contrevenu à la loi, Olympe est emprisonnée le 20 juillet 1793.

elle s'écrie : « Enfants de la patrie, vous vengerez ma mort ! » Il est 16 heures lorsque le bourreau exécute Olympe de Gouges. Un badaud aurait paraît-il glissé à

X.

Nul ne doit être inquiété pour ses **opinions** mêmes fondamentales, la femme a le **droit** de monter sur **l'échafaud** ; elle doit avoir également celui de monter à la **Tribune** ; pourvu que ses manifestations ne troublent pas **l'ordre public** établi par la Loi.

Olympe de Gouges

La tapisserie qui rend hommage à Olympe de Gouges sera dévoilée le 3 novembre 2014, à l'occasion de l'anniversaire de sa mort.

son voisin, parmi la foule massée place de la Révolution : « Une place où l'on a bien tué de l'esprit et où l'on en tuera encore... » Nul doute qu'Olympe devait payer cher ses idées, tellement plus modernes et novatrices que celles des plus grands révolutionnaires de son temps !

LA TENTURE « OLYMPE DE GOUGES »

La tapisserie d'Aubusson, savoir-faire unique né dans le Limousin, a été inscrite au Patrimoine immatériel de l'Unesco en 2009. À cette occasion, l'artiste-concepteur Jacques Fadat a décidé de rendre hommage à Olympe de Gouges et à sa fameuse *Déclaration des droits de la femme et de la citoyenne*, par une tenture monumentale composée de 17 tapisseries, suivant le nombre d'articles compris dans le texte.

Le Cercle de la Tapisserie d'Aubusson, qui a pour but de mettre en avant cet art d'une haute technicité, soutient l'entreprise avec enthousiasme. Les tapisseries mesurent 2,30 m x 2,30 m et seront chacune réalisées par les meilleurs maîtres lissiers de la région. L'originalité et la force de ce projet éminemment ambitieux tient au fait que chaque article de la déclaration est illustré par des femmes d'exception qui, à l'instar d'Olympe, ont fait l'Histoire en contribuant à libérer et à valoriser la femme, chacune à sa manière : de Lucie Aubrac à Simone Signoret, en passant par Berthe Morisot, Camille Claudel ou Joséphine Baker, et tout aussi légitimes comme « marraines » des droits de la femme, telles qu'Élisabeth Badinter, Hélène Carrère d'Encausse, Claudie Haigneré ou encore Françoise Chandernagor.

« Un légitime hommage posthume à une femme libre, passionnée et visionnaire, oubliée par ses contemporains du siècle des lumières et guillotinée pour ses idées. » Il faudra néanmoins patienter encore quelque temps avant de voir l'ensemble achevé. Mais on peut déjà admirer le premier article mis en valeur par la grande Joséphine Baker, dans un subtil jeu d'ombres et de lumières, qui a nécessité pas moins de 550 heures de travail. La tapisserie qui rend hommage à Olympe de Gouges sera dévoilée le 3 novembre 2014, à l'occasion de l'anniversaire de sa mort...

DANTON :
AUX ARMES CITOYENS

Depuis deux siècles, une véritable légende s'est tissée autour de Danton, popularisé dans les années 1980 par le film d'Andrzej Wajda avec Gérard Depardieu. Par opposition à l'intransigeant et austère Robespierre, il apparaît comme un révolutionnaire raisonnable et pragmatique qui, avec la campagne des Indulgents, aurait tenté de sauver la Révolution en voulant mettre fin à la Terreur. D'un autre côté, ses détracteurs lui reprochent sa vénalité, voire sa corruption, l'accusant même d'avoir été un agent à la solde de l'Angleterre.

L'exceptionnelle personnalité de Danton recèle de nombreux paradoxes : attaché au bien public, il n'hésita pas à cautionner de véritables massacres ; épris de justice sociale, il se compromit pourtant dans des malversations financières ; républicain convaincu, il s'engagea dans des tractations secrètes avec le roi Louis XVI. Ce formidable tribun était aussi un réformateur inspiré, prônant par exemple une instruction publique, gratuite et obligatoire. Harcelé par ses ennemis, il fut condamné à mort sur la base d'un faux document commandité par Robespierre.

Quel rôle véritable Danton joua-t-il dans la Révolution française ? Comment usa-t-il de ses talents de tribun populaire pour orienter le cours des événements ? Pourquoi a-t-on voulu l'éliminer ?

Républicain convaincu et raisonnable, Danton paiera de sa vie ses idées jugées trop modérées.

Lorsque se crée le club des Cordeliers, Danton y adhère aussitôt.

Fils d'un procureur d'ascendance paysanne et originaire d'Arcis-sur-Aube, Danton est admis à l'âge de 13 ans au petit séminaire de Troyes. Mais il abandonne rapidement la voie religieuse et trouve en 1780 un emploi de clerc chez un procureur de Paris. Son diplôme de droit de la faculté de Reims en poche, le jeune homme regagne Paris en tant qu'avocat stagiaire. En 1787, à 28 ans, il rachète un cabinet parisien. Jusqu'aux événements de 1789, rien ne laisse présager un futur révolutionnaire. Discret, presque taciturne, il se révèle la veille de la prise de la Bastille en ameutant, juché sur une table, les habitants de son quartier. Dans la nuit du 15 au 16 juillet, il réalise son premier coup d'éclat avec l'enlèvement du gouverneur provisoire de la Bastille. Orateur magistral, Danton s'impose comme agitateur des foules, ce qui lui vaut d'être élu et réélu à l'unanimité président de son district, aux côtés de son ami d'enfance Jules-François Paré (futur ministre de l'Intérieur) et du poète Fabre d'Églantine (à qui l'on doit la célèbre chanson *Il pleut bergère*).

À la tête de ce district, il mène une lutte acharnée contre le pouvoir despotique de la Commune de Paris. Favorisé par sa stature impressionnante, son tempérament jovial et sa verve théâtrale – et malgré un visage bouffi et disgracieux qui lui vaut d'être surnommé par ses ennemis le « Mirabeau de la canaille » – Danton affine chaque jour un peu plus ce prodigieux talent de tribun qui ne le quittera jamais. Lorsqu'en 1790, se crée le club des Cordeliers, ses amis et lui y adhèrent aussitôt, au même titre que Camille Desmoulins, Jean-Paul Marat, Jacques-René Hébert et Pierre Choderlos de Laclos (l'auteur des fameuses *Liaisons dangereuses*). Danton fréquente aussi l'autre grand club politique parisien des Jacobins, plus élitiste, animé par Mirabeau et surtout Robespierre, son futur rival. De 1789 à 1791, son rôle reste marginal : son élection au conseil général de la Commune a été invalidée et il doit se contenter de siéger sans éclat comme administrateur du département.

À la suite de l'arrestation de Louis XVI à Varennes, Danton, avec le club des Cordeliers, plaide en faveur de la déposition du roi et l'instauration de la République. L'Assemblée constituante demeurant hostile à l'abolition de la monarchie, il rédige, pour le compte du club des Jacobins, une pétition qui rejette le rétablissement du roi. Le 16 juillet 1791, il la présente au Champ-de-Mars où a été célébrée l'année précédente la spectaculaire fête de la Fédération. Des milliers de Parisiens font la queue pour venir la signer. Redoutant une insurrection, l'Assemblée ordonne dès le lendemain à la Garde nationale de disperser la foule, mais la confrontation dégénère et l'émeute est réprimée dans un bain de sang. Menacé d'arrestation, Danton s'enfuit en Angleterre. Il ne rentrera en France qu'en septembre 1791, grâce au vote d'une loi d'amnistie.

Prétendant en vain au titre de député de la nouvelle Assemblée législative, Danton se rabat sur la fonction de second substitut du procureur de la Commune de Paris. Il liquide son office parisien et acquiert à Arcis-sur-Aube de nombreux biens nationaux qu'il paie comptant. Comment ? L'origine mystérieuse de ses liquidités alimentera de

La République n'est pas encore officiellement proclamée que l'Assemblée législative propulse Danton au poste de ministre de la Justice.

nombreuses rumeurs de corruption. À la Commune, Danton se montre mesuré, s'efforçant de ne pas s'impliquer dans l'opposition naissante entre Montagnards et Girondins. Antimonarchiste convaincu, il participe aux préparatifs de la prise des Tuileries du 10 août 1792. Cette journée historique le transforme : de simple meneur de quartier, il passe au rang d'un des chefs de la Révolution. La République n'est pas encore proclamée que l'Assemblée législative le propulse à la place de ministre de la Justice. Seul Montagnard dans un gouvernement de Girondins, Danton s'adjoint les services de ses amis Desmoulins et Fabre d'Églantine, et propose à Robespierre d'entrer dans son comité judiciaire. Blessé dans son orgueil, ce dernier refuse le poste et il gardera de cette offre indigne une rancœur certaine à l'égard de Danton.

Le corps de l'ancienne confidente de Marie-Antoinette, Marie-Thérèse de Lamballe, est mis en lambeaux et sa tête promenée au bout d'une pique.

Au même moment, profitant de la chute de la monarchie, la Prusse – à laquelle la France a déclaré la guerre quelques mois plus tôt – envahit l'est du pays. À Paris, le bruit court que dans les prisons se trame un véritable complot contre-révolutionnaire, dont les Prussiens pourraient prendre avantage. À l'instigation de Marat, des centaines de sans-culottes font irruption dans les geôles parisiennes, les 2 et 3 septembre 1792, et assassinent plus d'un millier de personnes : des prisonniers politiques (aristocrates et prêtres réfractaires) comme de simples condamnés de droit commun, ainsi que des femmes. C'est le cas de la malheureuse princesse Marie-Thérèse de Lamballe, ancienne confidente de Marie-Antoinette, dont le corps est mis en lambeaux et la tête promenée au bout d'une pique.

Si Danton n'a pas organisé ces effroyables massacres, il en porte néanmoins en grande partie la responsabilité. N'a-il pas, à la tribune de l'Assemblée législative, souligné l'existence de 30 000 traîtres dans le pays ? En tant

que ministre de la Justice, il n'a rien fait non plus pour empêcher ces exactions. Pire encore, il les a cautionnées : « Cette exécution était nécessaire pour apaiser le peuple de Paris. C'est un sacrifice indispensable. » Parallèlement, Danton s'ingère dans les affaires du ministère de la Guerre. S'élevant contre un repli derrière la Loire, il prononce à la tribune de l'Assemblée un vibrant discours qui entraîne un sursaut patriotique : « Pour les vaincre, il nous faut de l'audace, encore de l'audace, toujours de l'audace, et la France est sauvée. » Il arrange ainsi une levée de 300 000 hommes, permettant à l'armée française – alors dans un état pitoyable et privée de la moitié de ses officiers –, de dérouter l'armée prussienne, le 20 septembre 1792, à Valmy. Cette victoire historique, résultat possible de tractations entre Danton et le duc de Brunswick, commandant des troupes prussiennes, met un terme à l'invasion. Incarnation de l'unité nationale et le sauveur de la Révolution, Danton obtient brillamment un siège de député de la Convention. Il démissionne de son ministère, tout en conservant de l'influence dans les domaines de la Défense nationale et des Affaires étrangères.

À la Convention, Danton devient la cible d'attaques lancées par la majorité girondine quant à son rôle dans les massacres de septembre et sa comptabilité ministérielle. Lui multiplie les appels à l'union nationale et n'hésite pas à défendre son rival Marat, allant jusqu'à déclarer : « Je suis prêt à mourir plutôt que d'être la cause d'un déchirement dans la République. » N'en déplaise à ses détracteurs, ses interventions à la tribune jouent un rôle considérable dans la politique du pays. Par exemple, son refus de créer des gardes départementales est à l'origine du décret de la Convention stipulant que « la République Française est une et indivisible ». C'est également à la suite d'une de ses propositions qu'à partir du

*Ce gouvernement révolutionnaire provisoire,
le Comité de salut public, est fondé le 6 avril 1793.*

22 septembre 1792, les documents officiels sont datés de l'An 1. De même, tandis que la victoire à Jemmapes face aux Autrichiens, le 6 novembre 1792, ouvre aux Français la conquête de la Belgique et de la rive gauche du Rhin, Danton ébauche déjà la théorie des frontières naturelles de la France, qu'il fixe à quatre endroits identifiables géographiquement : l'océan Atlantique, les Pyrénées, les Alpes et le Rhin. Durant l'hiver 1792-1793, il se rend régulièrement en Belgique pour orchestrer la réorganisation du pays pris par le général Dumouriez. Empêché par ses missions de s'immiscer dans le procès de Louis XVI, il prend tout de même part au vote et s'exprime en faveur de la condamnation à mort du souverain, sans sursis.

En mars 1793, le général Dumouriez, chargé de remporter la Hollande, est défait à Neerwinden, puis passe du côté
autrichien : Danton, qui lui vouait une confiance aveugle,
fait de nouveau l'objet de virulentes attaques de la part des
Girondins. Alors qu'il s'est évertué jusque-là à assurer la
réconciliation entre les deux clans de l'Assemblée, il se voit
cette fois dans l'obligation de rompre avec les Girondins,
une décision qui sera accueillie avec enthousiasme par
leurs rivaux. Deux mois plus tard, les députés girondins sont
arrêtés et exterminés par les Montagnards : c'est le début
de la Terreur. Le club des Cordeliers reprochera toujours à
Danton de ne pas avoir soulevé un tollé à ce moment-là.

Au printemps 1793, son action devient déterminante. Pour
résister au retour des armées coalisées qui menacent
le pays, il soutient, contre les modérés, les mesures de
défense nationale et appelle les députés à se rendre
dans les sections parisiennes afin d'activer le recrutement. Cette initiative a pour effet d'accélérer la levée de
300 000 hommes. Comprenant que, pour sauver la France
des périls intérieurs et extérieurs, il faut stabiliser la
Révolution, Danton œuvre au renforcement de l'autorité
gouvernementale. Pour ce faire, il réinstaure le Tribunal
révolutionnaire et parraine la création d'un gouvernement
provisoire fort et restreint, dont les ministres, élus par la
Convention, seront responsables de leurs décisions devant
l'Assemblée. Par cette disposition, Danton peut apparaître
comme l'inventeur du régime parlementaire à la française,
avec un gouvernement distinct de l'Assemblée, mais doté
de vrais pouvoirs. Ce gouvernement révolutionnaire provisoire, le Comité de salut public, est fondé le 6 avril 1793.
Danton y est élu par l'Assemblée et intervient principale-
ment pour les Affaires étrangères. Cherchant à rompre
avec l'interventionnisme français, il tente d'obtenir la
paix avec les autres puissances européennes, notamment

l'Angleterre, contre l'avis de Robespierre. L'échec des négociations et l'insurrection vendéenne l'empêchent d'intégrer une nouvelle fois le Comité, où il doit laisser sa place à Robespierre qui va bientôt soumettre cette institution à son pouvoir dictatorial.

La popularité de Danton est en berne : accusé de corruption et soupçonné de double jeu avec les puissances étrangères, c'est à grand-peine qu'il parvient à rester président de la Convention, le 25 juillet. Il en profite pour faire voter une deuxième levée de 400 000 nouvelles recrues et lance le projet d'une instruction publique, obligatoire et gratuite. Puis, après avoir refusé de réintégrer le Comité, il prend congé de l'Assemblée le 12 octobre et se retire durant plus d'un mois à Arcis-sur-Aube, pour se reposer et passer du bon temps avec sa jeune épouse, Louise Gély, âgée d'à peine 16 ans. Cet éloignement lui sera

Danton se retire à Arcis-sur-Aube, pour se reposer et passer du bon temps avec sa nouvelle épouse, Louise Gély, à peine âgée de 16 ans.

fatal. Robespierre exploite son absence pour ruiner définitivement son prestige, l'accusant de se détourner de la Révolution et de mener une vie de jouissance grâce à l'argent qu'il a malhonnêtement acquis.

Ces soupçons sont-ils justifiés ? Il est indiscutable que Danton s'est enrichi durant la Révolution et sa vénalité n'est pas une légende. Document accablant, une lettre de Mirabeau le confond : il aurait touché de l'argent de la cour, peut-être pour sauver Louis XVI ? Il est aussi possible que Danton, au moment de la pétition du Champ-de-Mars, ait été en rapport avec le duc d'Orléans, futur Philippe-Égalité, à qui la déposition de son cousin Louis XVI aurait permis de monter sur le trône de France. Il est soupçonné en outre d'avoir reçu des subsides de l'étranger lors de nombreuses tractations. Et il s'est trouvé à plusieurs reprises dans l'incapacité de justifier des trous aussi suspects que conséquents dans les comptes publics, invoquant simplement des dépenses imprévues.

Vilipendé, Danton revient en toute hâte dans la capitale, au moment même où la liquidation de la Compagnie des Indes provoque un véritable scandale politico-financier sans précédent dans lequel plusieurs de ses proches sont impliqués. C'est aussi l'époque où la Terreur s'en prend violemment à la religion chrétienne et envoie à la guillotine les prêtres réfractaires. À la fois hostile à cette politique antichrétienne et aux massacres des Vendéens, Danton s'emploie à détourner Robespierre des éléments les plus radicaux, appuyé par son ami Camille Desmoulins qui lance alors le journal *Le Vieux Cordelier*, dans lequel il pose la question de l'utilité de la Terreur. Robespierre se rend compte que le radicalisme des hébertistes (les « Enragés ») fait le jeu des contre-révolutionnaires, mais il conserve en ligne de mire Danton et Desmoulins, surnommés les « Indulgents », dont la modération excessive lui semble tout aussi préjudiciable à la Révolution. Aussi, après s'être débarrassé des extrémistes, cherche-t-il à les éliminer à leur tour, fort du soutien des Jacobins. À ceux qui l'enjoignent de

*L'éloquence de Danton ébranle le tribunal révolutionnaire,
pourtant acquis aux partisans de Robespierre.*

quitter le pays, Danton répliquera cette fameuse phrase :
« On n'emporte pas sa patrie à la semelle de ses
souliers. » Sur la base d'un rapport truqué commandité
par Robespierre et rédigé par Saint-Just, qui le désigne
comme un ennemi de la Révolution, Danton est arrêté dans
la nuit du 29 au 30 mars 1794 en compagnie de plusieurs
de ses amis, dont Camille Desmoulins, Fabre d'Églantine
et Pierre Philippeaux, dénonciateur des crimes de Vendée.

En chemin vers l'échafaud, alors qu'il passe devant la maison de Robespierre, Danton lance : « Robespierre, tu me suis ! Ta maison sera rasée ! On y sèmera du sel ! »

Durant son procès, l'éloquence de Danton ébranle le Tribunal révolutionnaire, pourtant acquis aux partisans de Robespierre. Ainsi, quand le procureur Fouquier-Tinville le prie de confirmer son nom et son adresse, Danton rétorque stoïquement : « Ma demeure ? Demain dans le néant. Mon nom ? Bientôt au Panthéon ! » Le révolutionnaire réfute avec tant de brio toutes les allégations portées contre lui que Saint-Just est contraint de faire voter en toute hâte un décret stipulant que tout prévenu accusé de conspiration et coupable d'insulte à la Justice se verra exclu des débats. C'est donc en l'absence de l'inculpé et de tous les témoins à décharge que s'achève, dans une agitation extrême, le procès de Danton. Sans surprise, celui-ci est condamné à mort, le 5 avril 1794.

En chemin vers l'échafaud, alors qu'il passe devant la maison de Robespierre, Danton lance cette prophétie : « Robespierre, tu me suis ! Ta maison sera rasée ! On y sèmera du sel ! » Sur l'échafaud, ses dernières paroles seront pour le bourreau : « N'oublie pas de montrer ma tête au peuple : elle est bonne à voir. » Était-il un homme d'État visionnaire, ardent et démocrate, patriote assidu et brillant orateur, ou un politicien corrompu et démagogue, vénal et opportuniste, qui plus est traître à la nation ? Si l'historiographie du XIXᵉ siècle s'est chargée de sa réhabilitation – jusqu'à l'admiration – nul conteste que ce personnage était plus complexe que ses détracteurs ou adulateurs l'ont laissé entendre. Il était sans doute tout cela à la fois, un grand homme d'État en des temps chahutés.

ON A VOLÉ LES JOYAUX DE LA COURONNE !

C'est peu dire que la Couronne de France s'est enrichie avec les siècles, au gré des règnes successifs. Anne de Bretagne, Mazarin, Louis XIV... Tous ont apporté leurs « pierres » à l'édifice.

Citons notamment le Régent, un diamant de plus de 140 carats, certainement le plus admirable de la collection ; le Sancy, un diamant d'au moins 55 carats, transmis par Mazarin ; ou encore le diamant bleu de la Couronne de France, splendeur venue d'Inde et taillée sous Louis XIV. Autant de joyaux qui ont suscité moult convoitises, surtout au lendemain de la Révolution, lorsque ces trésors ont été rapportés de Versailles pour être remisés au Garde-meuble de la Couronne, à Paris.

Or, durant les nuits du 11 au 16 septembre 1792, les bijoux vont disparaître ! Les voleurs ont profité de la confusion générale et de la désorganisation de la République balbutiante. Tant et si bien que plus de 9 000 pierres précieuses se sont littéralement évanouies dans la nature. Les plus belles pièces, comme le Régent ou le Sancy, réapparaîtront curieusement durant le procès de Danton. Était-il pour autant impliqué dans ces vols ? Le rapprochement, certes aisé, n'est pas établi. Reste que la légende est tenace à ce sujet. La plupart des bijoux ont finalement été récupérés. Ils sont aujourd'hui conservés – et bien gardés – au musée du Louvre, pour la plus grande joie des visiteurs.

CHARETTE,
LE POURFENDEUR DU GÉNOCIDE VENDÉEN

Les guerres de Vendée s'inscrivent comme l'un des épisodes les plus meurtriers de la Révolution française. Luttant aux côtés des insurgés, François Charette en fut le héros tragique. Tandis que l'assemblée de la Convention mobilise des milliers d'hommes pour repousser les armées de la coalition européenne, une région se lève comme un seul homme pour dire non à cette nouvelle autorité qu'elle exècre. Des éleveurs, des laboureurs, des artisans prennent les armes et défient un pouvoir central qui, face à la menace des pays voisins, ne peut laisser germer une rébellion intérieure.

Déclarant leur attachement à la royauté, les insurgés vendéens se tournent vers le seul soutien capable d'organiser leur révolte : la noblesse. C'est ainsi qu'entre en scène François Athanase Charette de La Contrie, que ses ennemis surnommeront par dérision le « Roi de la Vendée », mais que Napoléon saluera plus tard comme un chef de guerre qui « laisse percer du génie ». Si les historiens débattent encore sur la notion de génocide vendéen, la volonté implacable du pouvoir en place de détruire les villages et de massacrer tout une population civile – sans ménagement pour les femmes et les jeunes enfants – renvoient immanquablement aux pires heures de l'histoire de l'humanité.

Luttant aux côtés des insurgés, François Charette fut le héros tragique de la Révolution française.

Comment la France a-t-elle pu connaître une telle escalade dans la violence et ces massacres de masse ? Pourquoi, malgré la fin de la Terreur, aucune initiative pacifique n'a abouti ? Comment Charette, cet aristocrate orgueilleux et impulsif, ce dandy volage et séducteur impénitent, a-t-il su se révéler un impressionnant chef de guerre, résolu au sacrifice ultime ?

Nous sommes au début du mois de mars 1793. Depuis que la Convention a annoncé la levée de 300 000 hommes dans tout le pays pour grossir les rangs de l'armée révolutionnaire, une partie de l'ouest de la France est en proie à une vive agitation. Dans cette région rurale catholique, où la noblesse ne vit pas des redevances ni des droits féodaux, mais du revenu de la terre, la Révolution n'a pas profité à la masse paysanne, qui ne dispose pas des moyens d'acquérir les biens nationaux – domaines et possessions de l'Église. L'insurrection se développe au sud de la Loire, en Vendée, ainsi que dans les actuels départements de Loire-Atlantique, du Maine-et-Loire et des Deux-Sèvres, car les gardes nationaux y sont moins nombreux qu'ailleurs. Dans toute la région, des bandes de jeunes gens hostiles à l'enrôlement malmènent les forces républicaines et se rendent maîtresses, en quelques jours, de plusieurs villes. Cependant, ces révoltés ne sont pour l'essentiel que des paysans et, pour que leur mouvement puisse déboucher sur un vrai soulèvement régional, il leur faut s'entourer de chefs incontestés, ayant une expérience militaire, autrement dit des nobles. C'est à ce moment-là que commence l'incroyable épopée de François Athanase Charette de la Contrie.

Le 14 mars 1793, un groupe de paysans en révolte se rend au manoir de Fonteclose – dans l'actuelle commune de La Garnache – pour y trouver Charette. Celui-ci n'a pas encore 30 ans, mais il appartient à une illustre famille bretonne, qui a fourni pas moins de sept maires à la ville de Nantes,

Début mars 1793, une partie de l'ouest de la France est en proie à une vive agitation.

ainsi que de nombreux sénéchaux de Bretagne. Officier, il a passé plus de dix ans dans la marine royale et a participé à la défense des Tuileries, le 10 août 1792. Après la chute de la monarchie, il a regagné son manoir vendéen pour y couler une vie paisible. Si son ascendance, ses connaissances militaires et ses convictions monarchiques semblent le désigner comme l'homme de la situation, c'est presque malgré lui que Charette quitte son manoir et se retrouve, avec d'autres nobles, à la tête des insurgés. Avec l'entrée en jeu de la noblesse, la révolte vendéenne, qui était à l'origine sociale, prend une coloration politique et religieuse : elle est désormais royaliste et catholique, et s'oppose à la République qui a guillotiné Louis XVI deux mois plus tôt.

La rébellion s'organise en deux armées principales. La plus importante, appelée « grande armée royale catholique », dispose de 40 000 hommes, emmenés par Jacques Cathelineau, et tient l'Anjou et le Haut-Poitou. La seconde armée, forte de 20 000 volontaires, se concentre sur le Bas-Poitou, au nord de l'actuelle Vendée et au sud de la Loire-Atlantique. Victor Hugo décrira parfaitement cette division dans son roman *Quatre-vingt-treize* : « Il y eut deux Vendées, la Grande qui faisait la guerre des forêts, la Petite qui faisait la guerre des buissons ; là est la nuance qui sépare Charette de Jean Chouan. La Petite Vendée était naïve, la Grande était corrompue ; la Petite valait mieux. » C'est dans cette dernière que Charette va s'imposer.

Charette vit entouré d'intrépides amazones.

Charismatique, l'homme est autoritaire, peu loquace, communiquant surtout par sentences. Grand et mince, toujours fort élégant, il porte des vêtements de soie verte galonnés d'argent, une cravate en dentelle et un haut chapeau noir à plumes blanches. Il établit son quartier général dans la ville de Legé, où il mène une existence faste, faite de bals et de fêtes. Ce grand séducteur vivra entouré, durant toute la guerre, d'un essaim de jolies et intrépides amazones qui lutteront héroïquement pour la cause vendéenne, jusqu'à payer de leur vie leur engagement. La plus illustre de ces guerrières, la jolie comtesse de La Rochefoucauld, Marie-Adélaïde de La Touche-Limouzinière, porte à sa ceinture, dit-on, un couteau de chasse et un pistolet. Charette, quant à lui, arbore fièrement l'écharpe fleurdelisée offerte par la belle. Mais la guerre féroce qui les mobilise tous deux n'a rien d'un bal galant.

En dépit d'une absence totale d'organisation dans leurs différentes opérations, les deux armées vendéennes remportent au début du mois de juin 1793 des victoires décisives : celle de Cathelineau à Saumur et celle de Charette à Manchecoul. Lorsqu'il analysera plus tard la guerre de Vendée, Napoléon fera ce commentaire : « Si profitant de leurs étonnants succès, Charette et Cathelineau eussent réuni toutes leurs forces pour marcher sur la capitale après l'affaire de Machecoul, c'en était fini de la République. » Il en sera autrement. Au lieu de foncer vers Paris, les armées royalistes, aux commandes d'un vaste territoire, nomment Cathelineau généralissime et s'entendent pour prendre la plus importante ville de la région : Nantes. Le 29 juin 1793 se joue la bataille qui va sceller le sort de la contre-révolution vendéenne. Au cours de l'affrontement entre les forces royalistes et républicaines, Cathelineau est atteint d'une balle qui le blesse grièvement. Le moral de ses troupes sombre et elles choisissent de battre en retraite. Le généralissime décédera de ses blessures quelques jours plus tard. Si les royalistes ont été vaincus, Charette, demeuré au sud de la ville, n'a pas pris part aux événements. Aussi, ne se sent-il guère responsable de la défaite. Il se replie dans ses quartiers, sans que son prestige soit entamé.

Forte de son succès à Nantes, la République décide de lancer une importante contre-offensive. En septembre, elle envoie en Vendée le général Kléber et sa prestigieuse armée de Mayence, constituée des soldats de l'armée du Rhin, soit une troupe de 16 000 hommes. Les républicains remportent une série de victoires, quand l'une des avant-gardes est arrêtée le 19 septembre à Torfou par les troupes vendéennes, qui ironisent en surnommant l'armée de Mayence « l'armée de faïence ». Les Vendéens décident d'exploiter leur avantage en poursuivant l'ennemi. Mais Charette, déçu de ne pas avoir été élu généralissime en remplacement de Cathelineau et s'estimant lésé par les autres chefs, refuse de les accompagner, préférant prolonger la lutte sur son territoire en prenant l'île de Noirmoutier. Après avoir subi une importante défaite à Chollet le 17 octobre, la grande armée royale catholique traverse la Loire pour atteindre le port normand de Granville, où elle espère recevoir des renforts anglais. Surnommée « Virée de Galerne », cette expédition se révèle un échec complet et se termine par la désastreuse bataille de Savarnay, le 23 décembre 1793.

Si la grande armée catholique vendéenne n'existe plus, celle de Charette demeure intacte et poursuit la lutte. À Paris, la Terreur bat son plein et le gouvernement révolutionnaire charge le général Turreau de réprimer le soulèvement vendéen. Douze colonnes incendiaires sillonnent

la Vendée dans le but affiché d'en faire, selon les propres termes du pouvoir en place, « un cimetière national ». De janvier à mai 1794, les massacres perpétrés par ces « colonnes infernales » dépassent l'entendement : toute la population est visée – hommes, femmes, enfants, vieillards. Les civils sont assassinés par les moyens les plus atroces, la plupart sont noyés dans la Loire. On dénombrera près de 100 000 disparus dans l'ensemble des quatre départements, soit un huitième de la population vendéenne, et jusqu'à un quart dans certaines zones. Ces effroyables tueries de masse – que certains historiens osent qualifier de génocide – ont pour effet d'intensifier la rébellion conduite par Charette.

Avec l'énergie du désespoir, celui dont la devise est « Combattu souvent, battu parfois, abattu jamais » mène en représailles une véritable guérilla contre les sinistres colonnes de l'armée républicaine, leur infligeant de lourdes pertes. Pour l'aider, il bénéficie de la complicité de la population locale, qui connaît les moindres recoins de la campagne et du bocage vendéen. Grâce à son incroyable mobilité, Charette harcèle les forces républicaines et paraît insaisissable. Un jour, battant en retraite après un dur accrochage avec une colonne près de Machecoul, il parvient à semer l'ennemi au terme d'une course-poursuite d'une dizaine de kilomètres. Si ses deux principales bases sont à Legé et à Belleville, c'est dans les forêts de Grasla et de Touvois que, durant l'hiver 1793-1794, Charette se cache avec les insurgés pour échapper aux massacres. Dans les profondeurs de ces forêts, accessibles par des sentiers connus des seuls braconniers, les Vendéens ont aménagé des huttes de fortune et célèbrent la messe en plein air. À Paris, Charette fait figure d'ennemi public numéro un de la Convention.

À Nantes, le 29 juin 1793, se joue la bataille qui va sceller le sort de la contre-révolution vendéenne.

Mais s'il a acquis en Vendée un immense prestige, il sait qu'il doit maintenant mettre de côté son orgueil et coordonner ses efforts avec les trois autres principaux chefs vendéens qui luttent en Anjou et dans le Haut-Poitou : Stofflet, Sapinaud et Marigny.

En avril 1794, les quatre hommes conviennent d'un accord à La Boulaye, près des Treize-Vents, où ils jurent d'agir dorénavant de concert, sous peine de mort. L'engagement n'est pas pris à la légère : quelques semaines plus tard, pour avoir rompu le pacte en refusant de marcher avec ses alliés contre une colonne infernale, Marigny est condamné à mort par un conseil de guerre vendéen et exécuté. Cependant, cette décision impitoyable produit l'inverse de l'effet escompté. Déjà si fragile, l'alliance vendéenne vole en éclats en raison de la forte rivalité qui oppose Stofflet et Charette et qui les conduit tous deux à mener la guerre chacun de leur côté. Pendant ce temps, à Paris, les événements prennent une autre tournure. Après la chute de Robespierre, en juillet 1794, la Terreur prend fin. La Convention propose de négocier avec les Vendéens pour mettre un terme à l'insurrection. Décembre voit les premiers signes d'apaisement, avec la proclamation de l'amnistie et surtout la condamnation à mort du sinistre Jean-Baptiste Carrier – envoyé par la Convention à Nantes à la fin de l'année 1793, c'est lui qui avait orchestré les noyades de milliers de Vendéens. Quelques jours plus tard, un traité de paix est présenté à Charette.

À l'issue d'une longue concertation avec ses lieutenants, Charette accepte une entrevue avec les représentants de la Convention. La rencontre historique a lieu le 12 février 1795 dans le château de La Jaunaye, près de Nantes. Charette y retrouve le général républicain Canclaux, victorieux du siège de Nantes en juin 1793, qu'il embrasse

PACIFICATION DE LA VENDÉE, LE PREMIER FLORÉAL,
An 3ème de la République.

*Charette accepte de rencontrer les représentants de la Convention,
le 12 février 1795, au château de la Jaunaye, près de Nantes.*

fraternellement. Après plusieurs jours de négociations, un accord est enfin obtenu le 17 février. Charette se soumet à la République, mais obtient en contrepartie la liberté de culte, la confirmation de l'amnistie, la restitution de tous les biens confisqués, le droit d'entretenir sur son territoire une armée de 2 000 hommes et surtout la dispense du service militaire pour les Vendéens. Le 26 février, Charette fait une entrée triomphale à Nantes, paré des emblèmes de la monarchie. À ses côtés se tient le général Canclaux, décoré quant à lui des symboles républicains. Tous deux sont acclamés par une foule enthousiaste, aux cris de « Vive la paix ! »

La Vendée est pacifiée. Mais le 24 juin 1795, Charette va déclencher à nouveau les hostilités. À Belleville, puis aux Essarts, il attaque les troupes républicaines et fait de nombreux prisonniers. Comment expliquer cette volte-face ? Selon les historiens, lors des négociations du traité de

Charette est informé de l'imminence d'un débarquement anglais qui apporterait avec lui le comte d'Artois, futur Charles X.

La Jaunaye, une clause secrète avait été signée entre Charette et Albert Ruelle, le représentant de la Convention. Ce dernier aurait promis au chef vendéen de lui envoyer, dès la fin du mois de juin, le jeune Louis XVII (fils de Louis XVI), âgé de 10 ans et retenu à la prison du Temple, afin de le placer sous sa protection. Or, le 8 juin 1795, le jeune dauphin meurt dans des circonstances mystérieuses. Cette nouvelle aurait donc décidé Charette à reprendre les armes, d'autant qu'au même moment, les agents royalistes de Paris et de Londres organisent le débarquement de plusieurs milliers d'émigrés sur la presqu'île bretonne de Quiberon. Malheureusement, la tentative est un échec et se solde par l'exécution d'une grande partie des prisonniers vendéens, à qui l'on avait pourtant promis la vie sauve. En représailles à cette sanglante répression, n'écoutant que sa rage et sa soif de vengeance, Charette fait fusiller sur-le-champ 300 prisonniers républicains internés à Belleville.

Malgré le forfait de l'expédition de Quiberon, Charette apparaît comme le plus solide allié des Anglais et des émigrés qui veulent effectuer une nouvelle tentative. Depuis un an, sa gloire dépasse les frontières de l'Hexagone et lui vaut d'être surnommé à Vienne comme à Saint-Pétersbourg

« le second fondateur de la monarchie ». Le comte de Provence – futur Louis XVIII – lui fait même parvenir le grand cordon de Saint-Louis et le nomme général en chef de l'armée royale. C'est alors qu'un émissaire informe Charette de l'imminence d'un débarquement anglais sur les côtes vendéennes, qui apporterait avec lui le comte d'Artois, futur Charles X : « Me voici enfin près de vous, Monsieur, et si le ciel le permet, notre réunion va combler nos désirs mutuels. » La nouvelle enthousiasme le chef vendéen, qui commence à espérer une reconquête du pays par les royalistes. Tandis que la flotte anglaise quitte Portsmouth à la fin de l'été, Charette rassemble tous les hommes sur lesquels il peut compter à La Tranche-sur-Mer, lieu choisi pour l'arrivée d'un contingent comprenant 800 émigrés et 5 000 Anglais. Le 2 octobre, les Anglais s'emparent de l'île d'Yeu : les renforts tant espérés approchent. Et pourtant, le débarquement n'aura jamais lieu. Le gouvernement britannique estime l'opération trop risquée, compte tenu des conditions climatiques et du faible nombre de volontaires réunis. L'escadre repart. C'est une terrible désillusion pour Charette, qui n'a pas oublié ses années de jeunesse passées en mer à combattre l'ennemi anglais. Et sans le soutien de ces mêmes Anglais, la cause vendéenne est condamnée. Il refuse néanmoins d'abandonner ses troupes et choisit de combattre jusqu'au bout. L'arrestation puis l'exécution de Stofflet le 25 février 1796 entraînent la fin de l'insurrection en Haute-Vendée. Seule la Basse-Vendée reste encore à soumettre. Or Charette ne dispose plus que de quelques centaines d'hommes...

Chargé de la pacification de l'ouest, le général Hoche propose au Vendéen de se rendre et promet en échange de lui laisser la vie sauve. Il pourra alors s'exiler en Suisse ou en Angleterre, où il continuera à percevoir le revenu de ses propriétés. Nullement dupe de la manœuvre, Charette s'y

Le 29 mars 1796, le héros de la résistance vendéenne est conduit sur la place Viarme, où il commande lui-même sa mise à mort.

refuse, bien décidé à mourir, les armes à la main. Pour le mettre hors d'état de nuire, le général Hoche va utiliser les moyens les plus inattendus. Connaissant l'attrait de Charette pour la gent féminine, il lui envoie secrètement sa maîtresse, la marquise Louise du Grégo, indicatrice mandatée pour fournir de précieux renseignements au général. Grâce à elle, l'incroyable épopée de Charette s'interrompt le 23 mars 1796.

Ce jour-là, avec ses 32 hommes, Charette livre un ultime combat face à une centaine de grenadiers républicains, près de Saint-Sulpice-le-Verdon. Au moment de la retraite, il est blessé à la tête par un coup de feu, tandis qu'un sabre lui sectionne trois doigts. Pour tromper l'ennemi et lui laisser le temps de s'enfuir, son valet, Pfeiffer, s'empare de son célèbre chapeau et s'en coiffe. Il est abattu. Ce sacrifice n'empêche pas Charette d'être arrêté un peu plus loin, dans les bois de La Chabotterie, après s'être évanoui de souffrance. Il comparaît aussitôt à Nantes devant un conseil de guerre extraordinaire, sans la moindre illusion sur son sort. Condamné à mort, il est conduit le 29 mars sur la place Viarme. Devant les 18 chasseurs basques qui composent son peloton d'exécution, le héros de la résistance vendéenne commandera lui-même sa mise à mort, après avoir placé sa main sous son cœur, en s'écriant d'une voix claire : « Ajustez bien, c'est ici qu'il faut frapper un brave ! » Avec la mort de Charette prend fin la guerre de Vendée qui aura duré trois ans.

JE NE CÈDE JAMAIS

En 1795, les ultimes chances d'un rétablissement de la royauté reposent sur les épaules de Charette. Alors que ce dernier attend en Vendée l'arrivée du comte d'Artois (futur Charles X) en plus du débarquement de renforts britanniques depuis l'île d'Yeu, où les navires anglais mouillent en nombre, le noble téméraire voit ses espoirs s'effondrer avec l'irruption du marquis de Grignon, seigneur de Pouzauges, porteur d'une sinistre nouvelle. L'aide de camp du comte d'Artois lui annonce que les Anglais attendent un moment plus opportun pour débarquer et que le prince, empêché par ces derniers, ne peut pas le rejoindre pour le moment, à son plus grand regret. Charette comprend que tout est joué : le débarquement anglais n'aura pas lieu. Il l'ignore, mais le comte d'Artois a quitté l'île d'Yeu pour rallier l'Angleterre.
En guise de remerciement et pour récompenser les efforts fournis par Charette, Grignon lui remet néanmoins de la part du prince un magnifique sabre sur la lame duquel est gravée cette devise prémonitoire : « Je ne cède jamais. » Un cadeau empoisonné auquel Charette ne pourra s'empêcher de répondre : « Dites au prince qu'il m'envoie l'arrêt de ma mort. Il m'ôte tout moyen de le servir. Vous me voyez aujourd'hui avec 15 000 hommes, demain je n'en pourrai pas rassembler 300. Je n'ai plus qu'à me cacher, ou périr les armes à la main ; je périrai. »

HORTENSE DE BEAUHARNAIS,
UNE VIE DE COMPROMIS

Fille d'une impératrice et d'un héros de la Révolution, devenue reine consort de Hollande et mère d'un empereur,
Hortense de Beauharnais reste un personnage méconnu de
l'Histoire. À la fois belle-sœur et belle-fille de Napoléon, elle
restera mariée durant plus de trente ans à un homme avec
lequel elle ne vivra pratiquement jamais. Sa vie sera une succession de compromis, tant pour conserver son rang à la cour
impériale, que pour ne pas être séparée de ses trois enfants,
qui sont sa raison de vivre.

Née dans une famille d'aristocrates originaires de la
Martinique – Alexandre de Beauharnais et Marie Josèphe
Rose Tascher de La Pagerie, la future impératrice
Joséphine –, Hortense entretient une relation fusionnelle
avec son frère Eugène, de deux ans son aîné. Entre les
Antilles et la métropole, leur enfance se déroulera au
gré des soubresauts de la Révolution. Le couple paren-
tal, désuni depuis la naissance prématurée d'Hortense, ne
résistera pas aux incartades conjugales des deux conjoints,
ni au train de vie fastueux du vicomte, qui dilapide sans
gêne la fortune de son épouse. L'arrivée dans leur vie de
l'ambitieux général Bonaparte, après la tragique exécution
de leur père en juillet 1794 sous le couperet révolutionnaire, va bouleverser leur destin.

Fille d'une impératrice et d'un héros de la Révolution,
à la fois belle-sœur et belle-fille de Napoléon, Hortense de Beauharnais
reste un personnage méconnu de l'Histoire.

Impuissante et docile, Hortense subira longtemps le parcours chaotique de ses parents, ne pouvant rien refuser à
sa mère ou à son illustre beau-père (et beau-frère). Belle et
intelligente, elle éclairera la cour et des salons de renom, se
mêlant parfois de politique au hasard de prestigieuses rencontres. Élevant ses fils dans une atmosphère de nostalgie
impériale – qui expliquera peut-être l'avenir politique de l'un
d'eux – nul doute que cette femme de tête et d'esprit était
plus complexe qu'il n'y paraît.

*Était-elle si naïve et influençable qu'on a pu le penser ? N'a-
t-elle été qu'un jouet au service de l'Empereur ? Ou bien
s'est-elle savamment arrangée, dans une époque chahutée
par six changements politiques, pour garantir une existence de choix à ses fils ? Retour sur une personnalité aussi
méconnue qu'attachante.*

Hortense naît le 10 avril 1783 à Paris, dans une famille
acquise aux idées révolutionnaires. Alexandre de
Beauharnais, son père, mène une brillante carrière militaire avant de s'engager en politique. D'abord député, il est
propulsé en 1791 président de l'Assemblée constituante.
Deux ans plus tard, il est nommé chef de l'armée du Rhin,
mais refuse le poste de ministre de la Guerre proposé par
la Convention. C'est alors que son destin bascule. Jugé
responsable de la prise de Mayence par les Prussiens et
les Autrichiens, le père d'Hortense comparaît pour trahison devant le Tribunal révolutionnaire ; il est guillotiné le
23 juillet 1794, quatre jours seulement avant la chute de
Robespierre. Emprisonnée elle aussi, son épouse échappe
de peu à la peine capitale. Une fois libérée, son charme et
sa beauté font d'elle la maîtresse du nouvel homme fort
du Directoire, Barras. Grâce à lui, et contre toute attente,
Marie Josèphe de Beauharnais va bénéficier de l'héritage
de son mari déchu.

*Jugé responsable de la prise de Mayence par les Prussiens et les Autrichiens,
le père d'Hortense est guillotiné le 23 juillet 1794.*

Hortense, dont l'éducation avait été jusque-là négligée, est envoyée à Saint-Germain, dans le pensionnat réputé de Mme Campan, ancienne femme de chambre de Marie-Antoinette. La jeune fille y est fort appréciée. Mais sa vie va prendre un nouveau tour, grâce aux amours de sa mère. En janvier 1796, par l'intermédiaire de Barras, Marie Josèphe fait la connaissance d'un jeune général corse qui s'est illustré quelques mois plus tôt en écrasant l'émeute royaliste du 13 vendémiaire : Napoléon Bonaparte. Immédiatement épris de la veuve Beauharnais, ce dernier ne

Traumatisés par la disparition tragique de leur père, les enfants adoptent vite Napoléon qui leur témoigne une affection réelle et sincère.

tarde pas à changer le prénom de Josèphe en Joséphine avant de l'épouser deux mois plus tard. La jeune Hortense se montre réservée face à ce beau-père. Mais l'admiration supplante bientôt la défiance. Traumatisés par la disparition tragique de leur père, les enfants adoptent vite Napoléon qui leur témoigne une affection réelle et sincère. Hortense confiera plus tard, dans ses *Mémoires* : « Il m'accueillit avec toute la tendresse d'un père. »

Tandis que Bonaparte part mener campagne en Égypte, Joséphine cherche à consolider sa position sociale. Aussi tente-t-elle de marier sa fille au fils de Jean-François Reubell, un homme politique influent du Directoire. Mais Hortense, qui a de qui tenir, n'entend pas céder si facilement aux injonctions maternelles. En dépit de ses 15 ans, elle tient tête à sa mère et fait échouer le projet matrimonial. Après la prise de pouvoir de Bonaparte lors du coup d'État du 18 brumaire, la famille du Premier Consul s'installe dans le château de Malmaison, propriété de Joséphine. Là-bas, les courtisans sont subjugués par le charme d'Hortense, son élégance naturelle, son intelligence, son âme d'artiste et son tempérament enjoué. À la veille de ses 20 ans, la jeune femme représente le plus beau parti du pays. Un parti si avantageux que, aux yeux de son beau-père, seul un Bonaparte serait digne de l'épouser !

C'est ainsi que le Consul, en bonne intelligence avec son ambitieuse épouse, propose de marier Hortense à son frère cadet, Louis. Quand il était jeune officier, Napoléon a en partie élevé Louis et lui est très attaché. Mais le prétendant désigné ne se montre guère enthousiaste. Il faut se souvenir que, quelques années plus tôt, il a succombé aux charmes de la cousine d'Hortense, Émilie de Beauharnais ! De son côté, Hortense trouve le jeune homme sans allure. D'autant

En bonne intelligence avec son ambitieuse épouse, Bonaparte propose de marier Hortense à son frère cadet, Louis.

qu'elle aussi a jeté son dévolu sur une autre personne : l'homme de confiance de Bonaparte, Michel Duroc (futur duc de Frioul), qu'elle aime sincèrement et fréquente tout l'hiver 1800-1801. La famille est en pleine confusion sentimentale ! Mais amour et politique font rarement bon ménage...

Finalement, au bout de plusieurs mois de pression, Hortense et Louis se résolvent à accepter cette union arrangée. Si le cœur a ses raisons, la raison dynastique est la plus forte ! Le mariage est célébré le 2 janvier 1802. Et il se révèle rapidement un échec, tant les époux sont mal assortis. Homme terne, d'un caractère complexe et difficile, Louis se montre incapable d'apprécier les qualités

En dépit de relations de couple distendues, un premier fils, Napoléon-Charles, voit le jour en octobre 1802.

de son épouse. Certes, il développe une certaine tendresse pour elle, mais devenu hypocondriaque à la suite d'une maladie vénérienne contractée en Italie, il est obsédé par sa santé. À la fréquentation d'Hortense, il préfère prendre les eaux et enchaîne les séjours thérapeutiques en station thermale. Leur mariage est pourtant consommé : un premier fils, Napoléon-Charles, voit le jour en octobre 1802. Et, comme si l'atmosphère n'était pas assez lourde, cette naissance va considérablement dégrader les relations entre Louis et son aîné. En effet, Napoléon n'a pas d'héritier – Joséphine étant devenue stérile avec l'âge. Le Consul envisage alors de faire de son neveu son héritier. Ce qui froisse Louis au plus haut point.

Dès lors, Hortense et son mari font l'acquisition du château de Saint-Leu. Ils partagent leur vie entre cette demeure et leur hôtel parisien de la rue Cerutti (future rue Laffitte). Leur union demeure chancelante, puisque les époux vivent séparés la majeure partie du temps. Durant les cinq premières années de leur mariage, ils n'auront vécu ensemble que quatre mois. Ce qui n'empêche pas, en octobre 1804, la naissance de leur second fils, Napoléon-Louis. Hortense s'accordant – à l'instar de son mari – plusieurs liaisons extraconjugales, la question de l'identité du père de ses deux enfants donne lieu à un cortège de médisances. Le nom de Napoléon, son propre beau-père, sera même avancé !

Avec la proclamation de l'Empire, le couple est gratifié de nombreux titres. Louis est fait connétable d'Empire, puis devient l'année suivante général en chef de l'Armée du Nord. Et, malgré ses frasques adultérines qui le contrarient, l'Empereur tient à mettre en avant Hortense lors des parades militaires. Sa belle-fille se tient à ses côtés durant les grandes manœuvres organisées à Boulogne en vue de la guerre qui se prépare contre l'Angleterre, en 1805. L'année suivante, Hortense est à son tour honorée du plus prestigieux des titres. Décidé à mettre fin à la République batave instaurée en 1795, Napoléon désigne Louis pour monter sur le trône de Hollande. Hortense accompagne son mari à La Haye et devient la « reine Hortense », titre qui lui restera associé pour la postérité. Conscient des difficultés du ménage, Napoléon leur adresse une lettre demeurée célèbre, le 2 mai 1807, leur rappelant à chacun les mérites de l'autre : « Vous avez la meilleure femme et vous la rendez malheureuse », écrit-il à son frère. « Louis est un homme juste quoi qu'il ait des idées extraordinaires », dit-il à Hortense. Maladroit, Louis essaie de sauver son mariage en proposant à sa femme de signer un traité de bonne conduite. Ce qui aura pour conséquence d'envenimer la situation et d'éloigner rapidement Hortense des Pays-Bas.

Cependant, un drame familial va favoriser le rapprochement des époux. Leur fils aîné, Napoléon-Charles, âgé de 5 ans, est emporté par le croup, en mai 1807. Hortense, qui l'a veillé plusieurs nuits, sort anéantie de cette épreuve. Durant une brève période, pensant sans doute y trouver un certain réconfort, elle renoue avec son mari, lui aussi très affecté par la perte de son héritier. C'est au cours de cette trêve, unis par leur douleur commune, qu'est conçu leur troisième enfant : (Charles) Louis-Napoléon (futur Napoléon III). La notoriété publique des infidélités d'Hortense, conduira à attribuer cette paternité à un tiers, un amiral hollandais nommé Verhuel. La mort de Napoléon-Charles a terriblement affligé l'Empereur. Elle ravive chez Bonaparte la nécessité d'avoir un héritier légitime. Cette urgence est à l'origine, deux ans plus tard, de son divorce avec Joséphine, qui ne peut plus enfanter. Après la séparation de sa mère et de l'Empereur, Hortense va choisir de conserver une attitude digne, restant en excellents termes avec les deux, mais également avec la nouvelle impératrice, la jeune Marie-Louise, qu'elle traitera toujours avec de rares égards.

Si la politique a uni Hortense et Louis, elle s'emploie désormais à les séparer. Sur le trône hollandais, Louis prend régulièrement parti pour ses sujets, contre l'intérêt de l'Empire, ce qui attise l'exaspération de son frère. Pour éviter que son époux n'entre en conflit ouvert avec Napoléon, Hortense tente une médiation. Mais, en juillet 1810, Louis préfère abdiquer en faveur de son fils, Napoléon-Louis. L'enfant n'ayant pas encore 6 ans, il désigne Hortense comme régente. Furieux, Napoléon annule cette décision et annexe les Pays-Bas. C'est la fin de l'éphémère royaume de Hollande ! De retour en France, Hortense se voit concéder le droit de posséder sa propre maison. Entourée de seize officiers, elle va résider seule dans son château de Saint-Leu. C'est à cette époque qu'elle rencontre celui qui sera le grand amour de sa vie : le baron Charles de Flahaut, un homme charmant et distingué, fils naturel de Talleyrand et d'Adélaïde de Souza. Hortense obtient de l'Empereur que son amant soit nommé « grand écuyer de la reine ». Afin de garder secrète leur liaison, ou du moins pour sauver les apparences, le titre du favori ne figurera jamais dans l'annuaire officiel de l'Empire. La situation va se compliquer en 1811, quand Hortense accouche secrètement en Suisse d'un enfant de Charles.

Hortense rencontre le grand amour de sa vie : le baron Charles de Flahaut, fils naturel de Talleyrand.

Seul son frère Eugène est mis dans la confidence. Pour protéger cette naissance illégitime, Flahaut confie le nouveau-né à sa mère, Adélaïde de Souza. Cette dernière le fait adopter par les Demorny, un couple de propriétaires de Saint-Domingue, amis de Joséphine. Demi-frère de Napoléon III, ce bâtard royal deviendra par la suite duc de Morny et occupera une place de premier ordre durant le second Empire.

En 1813, deux nouveaux deuils viennent ébranler Hortense : Duroc, dont elle était autrefois éprise, tombe au champ d'honneur à la bataille de Bautzen, tandis que sa meilleure amie, la baronne Adèle de Broc, qu'elle avait connue en pension chez Mme Campan, se noie sous ses yeux lors d'une promenade dans les gorges du Sierroz, non loin d'Aix-les-Bains. Hortense demeurera inconsolable.

L'année suivante, lorsque les coalisés entrent dans Paris, Hortense refuse de quitter la France et de suivre sa belle-famille en exil, car elle ne veut pas revoir son mari. Si le couple est officiellement séparé depuis plusieurs années, Hortense n'a cependant jamais demandé le divorce, moins pour conserver son rang à la cour que pour pouvoir continuer à veiller sur ses enfants. En dépit ou en raison du contexte politique et familial périlleux, Louis se montre affectueux et exprime ouvertement le désir de reprendre la vie commune avec elle. Redoutant davantage son retour que l'occupation du pays par les Prussiens et les Russes, Hortense rejoint Joséphine à Malmaison, où cette dernière s'éteint quelques mois plus tard, le 29 mai 1814. C'est dans cette maison qu'Hortense reçoit de nombreuses visites d'Alexandre Ier, tsar de toutes les Russies, avec qui elle a noué une véritable amitié. Lui témoignant une vive admiration, Alexandre sollicite la bienveillance de Louis XVIII à son égard. Ce dernier accepte d'honorer Hortense du titre de duchesse de Saint-Leu et de lui offrir une pension annuelle de 400 000 francs.

Ce rapprochement avec les Bourbons la place dans une position délicate lorsque l'Empereur revient de l'île d'Elbe. Pour la première fois, elle essuie la colère de Napoléon qui se sent légitimement trahi : n'a-t-il pas, par le passé, toujours mis son veto aux demandes de divorce formulées par Louis, et même octroyé à sa belle-fille et belle-sœur une généreuse pension lui assurant l'indépendance ? Si Hortense évite la disgrâce, c'est parce que Napoléon a besoin de ses enfants pour stimuler l'élan patriotique du pays, et aussi parce que, depuis le départ de Marie-Louise, il lui faut une femme capable d'animer la cour. Hortense est parfaite dans ce rôle. Sans doute encouragée par ce statut semi-officiel, la jeune femme se pique alors de politique.

Dès 1807, Hortense a composé la mélolie de « Partant pour la Syrie », un cri de ralliement des Bonapartistes durant la Restauration, qui deviendra une sorte d'hymne national du Second Empire, joué à chaque cérémonie officielle. Elle écrit par ailleurs à son frère Eugène afin que celui-ci intervienne auprès de son ami le tsar pour l'empêcher de prendre les armes contre Napoléon. Malheureusement, la lettre est interceptée et tombe aux mains des coalisés, mettant le tsar en porte-à-faux. Une maladresse dont Alexandre lui tiendra rigueur.

Hortense qui se pique de politique écrit à son frère Eugène afin qu'il intervienne auprès du tsar en faveur de Napoléon.

Ces manœuvres désespérées n'empêcheront en rien la seconde abdication de Napoléon. À la veille de son départ pour Sainte-Hélène, Hortense lui remet en cadeau d'adieu ce qu'elle a de plus précieux : un collier de diamants d'une valeur de 500 000 francs. Avant de subir elle aussi les retournements de l'Histoire. « Quand on partage l'élévation d'une famille, on doit en partager les malheurs », lui a rappelé l'Empereur. Ignorée par le tsar à cause de son attitude durant les Cent-Jours, Hortense est cette fois tout autant suspecte que les autres membres du clan Bonaparte et à son tour frappée par la loi d'exil. Elle part se réfugier en Suisse alémanique pour y élever ses deux fils.

Entourée de quelques fidèles, elle s'établit en 1817 près du lac de Constance, dans le canton de Thurgovie. Elle y achète le château d'Arenenberg, malgré l'opposition du gouvernement français, qui ne le trouve pas assez éloigné de l'Hexagone. Toujours très proche de son frère Eugène, elle va également continuer d'entretenir des rapports étroits avec sa belle-famille.

Dans sa propriété d'Arenenberg, Hortense mène enfin une vie paisible, où elle convie son ancienne éducatrice, Mme Campan.

Dans sa propriété, Hortense mène enfin une vie paisible. Elle y convie, plusieurs mois durant, son ancienne éducatrice, Mme Campan. Sous l'Empire, celle-ci est devenue directrice de la fameuse Maison impériale d'Écouen, où sont élevées les filles des officiers de la Légion d'honneur – un institut prestigieux dont Hortense a été nommée protectrice. Napoléon-Louis ayant rejoint son père à Rome, Hortense demeure seule avec son benjamin, Louis-Napoléon, auquel son précepteur enseigne l'art de la guerre, le culte de l'Empereur et la certitude qu'il a un rôle important à jouer dans la dynastie. Il faut aussi faire face à Louis qui, lassé de l'indépendance d'Hortense, demande à nouveau le divorce (il sera débouté de ses droits par le Saint-Siège en 1819) et se bat auprès des tribunaux du roi pour récupérer la garde de ses fils.

En 1821, la nouvelle de la mort de Napoléon incite Hortense, bouleversée et désormais sans appuis, à écrire de nombreuses lettres à la mère de l'empereur défunt, Letizia, exilée en Italie. Le 21 février 1824, c'est au tour de son frère adoré, Eugène, de disparaître, victime d'une attaque d'apoplexie. À la suite de cette mort qui l'atteint cruellement, Hortense décide de quitter Arenenberg pour l'Italie, où vivent la plupart des membres de sa belle-famille. En 1831, ses deux fils, Napoléon-Louis et Louis-Napoléon, participent activement à l'insurrection italienne, prélude à l'unification. Au cours des événements en Romagne, Napoléon-Louis perd la vie, victime de la rougeole. Avec un courage et une détermination extraordinaires, Hortense parvient à rejoindre son dernier fils Louis-Napoléon et à l'exfiltrer vers Paris, alors même que sa tête est mise à prix par les Autrichiens. Elle rencontre le nouveau roi des Français, Louis-Philippe. Mais celui-ci redoute que la présence d'un neveu de Napoléon à Paris ne ravive des nostalgiques du bonapartisme : il refuse d'autoriser Hortense et son fils à demeurer en France.

Sommée de quitter le pays, Hortense embarque pour l'Angleterre, avant de rentrer à Arenenberg trois mois plus tard. Sa maison devient vite un lieu réputé. Elle organise dans cette nouvelle Malmaison une petite vie de cour où elle cultive la nostalgie impériale d'antan. Sa joie de vivre y fait le bonheur d'anciens bonapartistes comme d'artistes renommés – parmi lesquels Alexandre Dumas ou Mme Récamier. C'est là que la maîtresse des lieux va rédiger ses précieux mémoires. En juillet 1832, la mort de l'Aiglon, fils unique de Napoléon, fait de Louis-Napoléon le premier prétendant au trône impérial. « Il est des noms magiques qui peuvent avoir une grande influence sur les événements. [Mais] s'ils fomentent des troubles, ils auront le sort des aventuriers », annonçait-elle dans une lettre pro-

Le 5 octobre 1837, Hortense décède des suites d'un cancer inopérable, dans les bras de son fils.

phétique à ses fils. Sans doute leurs ambitions politiques étaient-elles prématurées ? Toujours est-il que lorsque ce dernier fils vivant, fort de sa légitimité, fomente un coup d'État militaire quatre ans plus tard, en tentant de soulever la garnison de Strasbourg à la tête d'une poignée de partisans, l'opération tourne au fiasco. Hortense, qui n'avait pas été informée de son périlleux projet, est furieuse. Toute la famille Bonaparte condamne l'attitude de l'imprudent. Plaidant l'indulgence, Hortense obtient néanmoins de Louis-Philippe que son fils soit exilé aux États-Unis. Il est déjà trop tard pour elle : malade, elle ne pourra jamais l'y rejoindre.

Dans une dernière lettre adressée à son fils, elle lui annonce qu'elle se prépare à subir une opération de la dernière chance. Louis-Napoléon la rejoint en Suisse, en août 1837, mais le cancer qui la ronge est inopérable. Le 5 octobre, Hortense décède dans ses bras, à l'âge de 54 ans. Jusqu'à la fin de ses jours, celui qui allait devenir Napoléon III gardera dans son portefeuille l'ultime courrier reçu de sa chère mère, la si discrète reine Hortense.

ARENENBERG, LA DERNIÈRE ADRESSE

C'est à Salenstein, sur les bords du lac de Constance, en Suisse allemande, que s'élève la dernière demeure d'Hortense de Beauharnais. Bâtie au XVIᵉ siècle et investie par l'ancienne reine de Hollande dès 1818, cette bâtisse de facture simple relève davantage de l'élégante demeure de campagne que du palais grandiose. Et pourtant, elle recèle de véritables trésors. À commencer par le salon et la chambre à coucher de la reine Hortense, récemment rénovés, et la salle à manger, bien que modeste, où la table est toujours dressée.

Dans ce château qui abrite aujourd'hui un musée consacré à Napoléon III, la visite vaut surtout pour les somptueux décors et le mobilier hérités du premier Empire, qui rappellent l'enfance du futur empereur ou ses convives renommés, comme Alexandre Dumas et Franz Liszt. Remarquables sont les bustes de Carpeaux et les portraits de Winterhalter consacrés à la famille impériale dans le salon privé de l'impératrice Eugénie, ou encore le papier peint à rayures verticales, disposées en toile de tente militaire, qui perpétue le souvenir de l'illustre aïeul sur les champs de bataille.

À la mort de sa belle-mère, l'impératrice Eugénie poursuit l'aménagement du lieu, tant elle aime y résider. C'est d'ailleurs elle qui le rachète en cachette de son époux, en 1855, et y passe tous les étés en compagnie de son fils. N'est-ce pas là le plus bel hommage rendu à cette ville suisse qui osa accueillir, en des temps chahutés, la cour en exil ? Chaque année ces vénérables hôtes sont célébrés par des messes de requiem dans la chapelle néogothique voisine : le 9 janvier en mémoire de Napoléon III, le 1ᵉʳ juin pour le Prince impérial, le 11 juillet pour l'impératrice Eugénie et le 15 octobre enfin, en l'honneur de la reine Hortense. Nul doute qu'elle veille toujours sur cette dernière adresse si chère à son cœur, à l'ombre d'une élégante statue de Lorenzo Bartolini qui lui rend grâce...

VIDOCQ :
LE REPENTIR D'UN BAGNARD
DEVENU CHEF DE LA SÛRETÉ NATIONALE

Quel destin singulier que celui de François Vidocq ! Cet ancien bagnard, roi de l'évasion, fut durant presque deux décennies chef de la Sûreté à Paris, en charge de la lutte contre la délinquance dans la capitale ! Parfois surnommé « le Napoléon de la police », ce personnage haut en couleur a marqué la culture populaire et on ne compte plus les adaptations de sa vie au cinéma ou à la télévision. Héros romanesque par excellence, Vidocq inspirera à Balzac le personnage de Vautrin dans *La Comédie humaine* ; pour Victor Hugo, il sera à la fois Jean Valjean et son ennemi juré Javert, auquel l'auteur des *Misérables* a donné la même date de naissance que Vidocq.

Tour à tour brigand, aventurier, bagnard, policier, puis entrepreneur et pour finir écrivain, Vidocq n'a eu de cesse d'enflammer l'imagination collective. Il n'a pas seulement fasciné le public et inauguré un genre littéraire, il a aussi initié de nouvelles méthodes d'investigation policière. Cependant, de nombreux éléments de sa vie demeurent obscurs et il est difficile de démêler la part de légende de la réalité historique. Il faut reconnaître que l'intéressé était passé maître dans l'art de la manipulation.

Cet ancien bagnard, roi de l'évasion,
fut durant presque deux décennies chef de la Sûreté à Paris.

*Qui était ce repris de justice devenu le plus célèbre poli-
cier de l'Empire et de la Restauration ? Quels chemins le
menèrent à cette forme de rédemption ? D'ailleurs, était-il
ce qu'on appellerait aujourd'hui « un repenti » ? Retour sur
un parcours aussi atypique qu'iconoclaste.*

*Vidocq voit le jour en 1775, année de
la « guerre des farines » Un comble
pour un fils de boulanger !*

C'est dans la ville d'Arras qu'Eugène-François Vidocq voit le jour en 1775, année de la « guerre des farines ». Un comble pour un fils de boulanger ! Suite à une inflation du prix du blé, et donc du pain, une vague d'émeutes secoue la majeure partie du royaume de France : les boulangeries et dépôts de farine sont attaqués et pillés. Est-ce à cette occasion que son penchant pour la rébellion s'immisce en Vidocq ? Toujours est-il que celui dont l'avenir semblait déjà tracé – reprendre la boutique familiale – va connaître un tout autre destin. Dès l'adolescence, le jeune François se révèle indiscipliné, turbulent et réfractaire à l'autorité. À commencer par celle de ses parents ! Ils seront d'ailleurs ses premières victimes, puisque l'adolescent s'enfuit du domicile avec la somme rondelette de 2 000 francs en poche et le projet d'embarquer à Ostende pour l'Amérique. Or, il se fait détrousser à son tour et, après avoir nettoyé les cages d'une ménagerie ambulante pendant quelques semaines, il préfère rentrer à Arras.

Ce caractère fort a besoin d'un cadre. Il n'a que 16 ans, mais son père accepte de le laisser rejoindre l'armée révolutionnaire. François Vidocq sert dans plusieurs régiments. En 1792, il participe aux glorieuses batailles de Valmy et de Jemmapes, avant de déserter pour vivre d'expédients et de menus larcins. On ne se refait pas ! La Belgique ayant été conquise par les armées de la Révolution, le jeune homme profite de cette période troublée pour rallier « l'armée roulante ». Véritable école du crime, celle-ci est composée d'environ 2 000 vrais-faux soldats qui écument la Belgique et le nord de la France. Confondus avec l'armée régulière, ces hommes vivent au crochet des habitants, s'adonnant aux jeux d'argent et semant le trouble au rythme de leurs beuveries, bagarres et diverses rapines. Au cours de ces années de débauche, Vidocq s'essaie à quantité de petits métiers, plus ou moins recommandables. S'il n'est pas évident de retracer son chemin, on raconte

Vidocq aurait côtoyé les terribles « Chauffeurs du Nord », une bande de pillards qui terrorisaient le nord du pays.

qu'il aurait tenté de s'engager comme marin sur un navire corsaire de Dunkerque et qu'il aurait même côtoyé les terribles « Chauffeurs du Nord », une bande de pillards qui terrorisaient le nord du pays et dont la marque de fabrique consistait à brûler les pieds de leurs victimes sur des braises de cheminée pour leur faire avouer où ils avaient caché leurs économies.

Avec un tel parcours, qui démontre une habileté certaine dans l'exercice des malversations, Vidocq ne pouvait pas passer plus longtemps entre les mailles du filet judiciaire. En 1796, il se voit condamné à huit ans de travaux forcés par le tribunal de Douai, pour faux en écriture. Il passe plusieurs mois dans la célèbre prison parisienne de Bicêtre. Et n'y perd pas son temps, puisque c'est entre ces sinistres murs qu'il apprend la technique de la savate, un sport de combat proche de la boxe où l'on fait usage des pieds et des poings. Bien que de taille moyenne, Vidocq est une vraie force de la nature et il aura souvent l'occasion de le démontrer. Une première évasion à son actif, il est repris dans la forêt de Compiègne, puis transféré à Brest en janvier 1798. Là-bas, il cherche une nouvelle fois à se faire la belle, mais se foule les deux chevilles en sautant d'un mur d'enceinte. Un mois plus tard, sa troisième tentative sera la bonne.

C'est en se déguisant en marin – un vieux subterfuge de galérien – que Vidocq parvient à fausser compagnie à ses gardiens et à s'échapper du bagne de Brest. Il fait preuve, pour la circonstance, d'une audace qui contribuera à bâtir sa légende. Au moment de passer devant la dernière sentinelle, un certain Lachique, réputé expert pour repérer les fugitifs, Vidocq pose la cruche qu'il portait à l'épaule afin de camoufler son visage, s'avance vers Lachique et lui demande crânement du feu. Le garde-chiourme s'exécute machinalement et partage même quelques bouffées de tabac avec Vidocq, sans le reconnaître ! Reprenant aussitôt ses exploits criminels, le fuyard est de nouveau arrêté en 1799 et envoyé au bagne de Toulon. Peu enclin à rester captif longtemps, l'année suivante, il réitère son évasion, en se mêlant cette fois au cortège d'un enterrement.

Ce roi de l'évasion ne manque, pour ainsi dire, ni d'aplomb, ni de malice. Il se murmure même que, durant l'une de ses nombreuses cavales, il se serait métamorphosé en religieuse ! S'il semble s'être établi à Paris ensuite, on perd alors sa trace pendant près de dix ans. Nul ne sait ce qu'il a bien pu advenir pendant cette période. Vidocq réapparaît soudain en 1809. Désireux de monnayer son expérience de malfaiteur, il contacte la police parisienne pour proposer ses services en qualité d'indicateur. Déjà

C'est en se déguisant en marin que Vidocq parvient à fausser compagnie à ses gardiens et à s'échapper du bagne de Brest.

en vogue à l'époque, cette pratique n'est pas sans risque pour le « mouchard », devenu l'homme à abattre pour ses complices. Qu'importe ! Prenant son nouveau rôle très au sérieux, Vidocq rédige un rapport sur la situation de la pègre parisienne. Pointant du doigt le manque de résultats dans la traque classique des délinquants, il avance une idée novatrice, à la fois simple et audacieuse : pour appréhender les criminels, il faut les connaître, et pour cela, quoi de plus efficace que d'en avoir été un soi-même ? Henry, le chef de division de la préfecture affecté aux crimes de droit commun se montre sensible à cet argument. Pressentant d'instinct, chez l'ancien forçat, un homme aux ressources multiples, Henry - que ses ennemis de la pègre ont baptisé « l'ange malin » - décide de soumettre cette candidature au préfet de police Dubois. Lequel n'y voit aucune objection. Pas plus que le ministre de la Police de Napoléon et successeur de Fouché, le duc de Rovigo. Toutefois, une autre version, moins flatteuse, circule : ce serait Henry qui aurait approché Vidocq, alors en détention, lui offrant une place d'indicateur en échange de sa libération anticipée.

Le ministre de la Police de Napoléon, le duc de Rovigo, ne voit aucune objection à la candidature de Vidocq comme indicateur.

Intégré dans une unité secrète de la police, Vidocq
séjourne d'abord à la prison de La Force, où les
conditions de détention
sont plutôt clémentes. Il
y passe vingt-deux mois,
au cours desquels il s'emploie à mettre en confiance
ses codétenus et néan-
moins futures victimes.
Afin d'exercer ses nou-
velles fonctions, il suit une
formation complémentaire
pour parfaire sa « couverture ». Après cette préparation, Vidocq s'évade avec
la complicité des forces de
l'ordre. Pour mener à bien
ses premières missions

En 1811, Vidocq est propulsé par le préfet
Pasquier à la tête d'une nouvelle équipe :
la brigade de Sûreté.

officieuses d'« indic », il ne dispose pour l'assister que de
deux vieux compagnons de bagne. Mieux vaut limiter les
risques de dénonciation ! Cependant, l'homme profite de
ses nombreux atouts, aussi bien physiques que psycholo-
giques. Tout au long de sa vie, Vidocq a si patiemment étudié la physionomie, les habitudes et les codes des truands
qu'il les détecte au premier coup d'œil, battant sur ce terrain les plus fins limiers. Son incroyable sens de l'obser-
vation et sa parfaite connaissance du milieu criminel vont
ainsi permettre à la police d'assainir peu à peu la capitale.

La collaboration de notre homme avec la police est une si
belle réussite qu'en 1811, Vidocq est propulsé par le préfet Pasquier à la tête d'une équipe inédite : la brigade de
Sûreté. Installée dans un bureau rue Sainte-Anne, cette
unité a comme objectif de s'immiscer dans les réseaux

mafieux et de traquer les auteurs présumés de meurtres, vols, faux-monnayage et escroqueries en tout genre. Pour l'occasion, Vidocq recrute deux nouveaux collaborateurs, des repris de justice ayant comme lui décidé de se « ranger ». Capable d'infiltrer les milieux interlopes, Vidocq surveille les prisonniers fraîchement libérés et pourchasse mieux que quiconque les criminels en cavale. Son plus grand talent réside dans son don pour le camouflage, qui lui permet de se fondre dans n'importe quelle situation. Doté d'une mémoire quasi photographique, le chef de la Sûreté n'oublie jamais un visage, même s'il ne l'a observé qu'une fraction de seconde, et peut en un coup d'œil démasquer les truands même grimés.

De jour comme de nuit, Vidocq mène ses enquêtes partout et sans relâche. Rien ne lui échappe de ce qui se trame dans la pègre parisienne et sa brigade démantèle, les uns après les autres, tous les réseaux de malfaiteurs. De son impressionnant tableau de chasse, citons l'arrestation, après une battue épique, du redoutable faux-monnayeur Watrin, spécialiste de la transformation, ou encore celle du forçat Pierre-Prosper Guillaume, qui s'est illustré comme tueur en série avant même la qualification de ce profil criminel. Mais la plus grande fierté de Vidocq reste sans conteste d'avoir confondu en 1818 un bagnard, Pierre Coignard, devenu proche de Louis XVIII sous le nom de comte de Sainte-Hélène !

Moult truands haïssent Vidocq, autant qu'ils le redoutent. Ils l'accusent d'être un renégat et surnomment son équipe « la Rousse », allusion ironique à Judas qui était roux. En 1817, la brigade de Sûreté compte dix-sept policiers, tous débauchés par Vidocq parmi des repentis. Sept ans plus tard, ils seront vingt-huit. Unique intermédiaire entre ses hommes et l'administration, Vidocq fixe lui-même

Rien ne lui échappe de ce qui se trame dans la pègre parisienne et sa brigade démantèle, les uns après les autres, tous les réseaux de malfaiteurs.

les rémunérations à partir de fonds secrets remis par les autorités. Non commissionnés, ces agents auxiliaires attendent leurs ordres de mission dans un café de la rue Boileau. Parmi eux, Marie-Barthélemy Lacour, dit « Coco », un simple cambrioleur reconverti, adroit et ambitieux, qui s'impose comme l'adjoint de Vidocq. Bien qu'approchant de la cinquantaine, le chef de la Sûreté conserve un œil de lynx et un corps aussi svelte qu'aguerri. Durant plusieurs années, Vidocq continue de battre tous les records : la liste des affaires qu'il élucide est trois fois supérieure à celle de l'ensemble de ses collègues. Il ira même jusqu'à procéder à 500 arrestations en une seule année !

Un tel succès n'est pas sans susciter de vives jalousies. D'autant que l'ancien captif pèche par orgueil, ne résistant guère à l'envie de faire parler de lui dans la capitale. Or, ses excellents résultats dissimulent mal des méthodes à la limite de la légalité, de moins en moins tolérées par l'administration. Et pour accroître ses statistiques, Vidocq n'hésite pas à monter des affaires de toutes pièces, y compris des conjurations politiques, payant ou manipulant des malfrats pour qu'ils passent à l'action. Alimentée par des fonds obscurs, sa fortune personnelle est, elle aussi, sujette à suspicions de corruption ou malversations. Avec l'arrivée au pouvoir, en 1824, du très conservateur Charles X et des « ultras », ces partisans d'un pouvoir royal autoritaire, Vidocq n'est plus en odeur de sainteté dans la police.

Avec l'arrivée au pouvoir, en 1824, du conservateur Charles X, Vidocq n'est plus en odeur de sainteté dans la police.

Une trop grande réussite sans doute, mais

aussi trop de petits arrangements. Tout en lui devient suspect aux yeux de ce nouveau régime, réactionnaire et cléricaliste : bien que royaliste, l'iconoclaste chef de la Sûreté n'assiste jamais à la messe. Le nouveau chef Duplessis, ami du préfet Delaveau, est décidé à se débarrasser de lui. Après avoir diligenté une enquête sur sa fortune, il organise un coup monté qui sera fatal à Vidocq, l'obligeant à démissionner en juin 1827. Son adjoint, « Coco », prend la direction de la brigade.

À la suite de son limogeage, Vidocq a la brillante idée de faire commerce de ses souvenirs et publie ses Mémoires.

À la suite de son limogeage, Vidocq a la brillante idée de faire commerce de ses souvenirs et publie ses *Mémoires*. Rédigés en 1828 et 1829 par deux « teinturiers » – c'est -à-dire des écrivains chargés de retranscrire ses abondantes notes –, les textes comportent certaines contradictions, rendant leur véracité plus que discutable. Vidocq lui-même sera contraint de désavouer le livre, en prétextant que ses propos ont été dénaturés et largement romancés. Les *Mémoires* de Vidocq n'en constituent pas moins un témoignage précieux sur les mœurs de l'époque. Leur succès est considérable, l'ouvrage se vendant même au-delà des frontières hexagonales. Doué d'un remarquable sens du commerce et d'un réel esprit de précurseur, Vidocq entend profiter de sa nouvelle notoriété pour se lancer dans les affaires. Véritable touche-à-tout, il crée à Saint-Mandé une usine de pâte à papier et cherche à mettre au point le premier papier infalsifiable, projet qui l'obsédera toute sa vie, comme la pierre philosophale obsédait les alchimistes du Moyen Âge. Cette entreprise innovante est un échec et le conduira à la banqueroute.

À Paris, le climat social s'est dégradé après l'abdication de Charles X en 1830. Au début du règne de Louis-Philippe, des émeutes républicaines sanglantes éclatent dans la capitale, réprimées par l'armée sur ordre du nouveau préfet de police Gisquet. C'est dans ce contexte agité, à la demande du président du Conseil, Casimir Perier, que Vidocq est rappelé à la tête de la Sûreté générale en mars 1832, avec une trentaine d'hommes à sa disposition. Trois mois plus tard, il affronte les émeutes de juin, et fait liquider plusieurs barricades tenues par les insurgés. Cette répression brutale est mal vécue par le peuple. Dans la foulée, pour marquer d'un grand coup son retour aux affaires, Vidocq, fidèle à ses méthodes, manipule une bande de petits truands en vue de monter un audacieux cambriolage à la barrière de Fontainebleau. Ceux-ci ne comprendront la machination qu'au moment de leur arrestation. Trois d'entre eux écoperont de vingt ans de bagne. Lorsque le pot aux roses est découvert, révélé quelques mois plus tard par un journaliste, Gisquet, furieux, renvoie aussitôt Vidocq. Le préfet publie alors un décret pour le moins radical interdisant à tout individu ayant été pénalement condamné d'entrer dans la police. Cette décision historique met fin à l'ancêtre de la police judiciaire moderne, créée par Vidocq et née de sa collaboration avec les malfrats.

L'administration judiciaire veut désormais s'attirer la confiance de la population et prôner la transparence. En guise de reconversion, Vidocq fonde la première police privée française : le Bureau de renseignements universels. Cette agence de détectives, dont le slogan est « Haine aux fripons, dévouement sans faille au commerce », propose aux entreprises des enquêtes d'ordre commercial en effectuant des missions d'espionnage chez leurs concurrents et clients potentiels afin de parer à toute escroquerie. Le Bureau gère également d'autres tâches d'ordre privé, comme les filatures d'époux infidèles. Il va sans dire que cette

C'est à la demande du président du Conseil, Casimir Perier, que Vidocq est rappelé à la tête de la Sûreté générale en mars 1832.

concurrence indispose les services officiels et, durant des années, plusieurs procès vont opposer l'agence de Vidocq à la préfecture de police. Les autorités tentent par tous les moyens de faire fermer cette société de surveillance, considérée comme déloyale. Vidocq est même arrêté à deux reprises, en 1838 et 1842, et à chaque fois voit ses dossiers saisis. Incarcéré pendant un an, il sortira blanchi de toutes les charges retenues contre lui, ce qui renforcera encore son immense popularité.

Fort du succès incontesté de ses *Mémoires*, le bagnard reconverti publie de nouveaux livres : *Les Voleurs*, une des premières études complètes sur ce milieu, un *Dictionnaire de l'argot*, des *Considérations sur les prisons, le bagne et la peine de mort*, ou encore *Les Chauffeurs du Nord*, souvenirs de ses mauvaises fréquentations de jeunesse. On peut voir dans les récits de Vidocq, dont les meilleures enquêtes firent le tour du monde, les prémices du roman policier. Eugène Sue s'appuya par exemple sur ces célèbres *Mémoires* pour écrire entre 1842 et 1843 *Les Mystères de Paris* (en

Eugène Sue s'appuya sur les Mémoires de Vidocq *pour écrire, entre 1842 et 1843,* Les Mystères de Paris.

réaction, Vidocq fera paraître l'année suivante *Les Vrais Mystères de Paris* !) et Edgar Allan Poe se serait inspiré de Vidocq pour créer le personnage d'Auguste Dupin, héros de la première nouvelle policière de l'histoire de la littérature : *Double assassinat dans la rue Morgue*.

Au crépuscule de sa vie, Vidocq se lie d'amitié avec le poète Lamartine, auquel il aurait sauvé la vie en 1848. Un an plus tard, l'ancien forçat reprend du service, à 74 ans, comme indicateur au service des bonapartistes : infatigable, il se fait incarcérer à la Conciergerie afin d'infiltrer les meneurs de l'insurrection du 15 mai 1848. Le 11 mai 1857, le repenti s'éteint à Paris, victime d'une foudroyante épidémie de choléra. Toutes ses astuces et manigances n'auront rien pu contre l'âge et la maladie. Comme pour entretenir le mystère sur son personnage, son lieu de sépulture est demeuré secret. Cette énigme signera l'ultime pirouette d'un personnage qui, entre « flic et voyou », n'aura eu de cesse de passionner le public.

UNE TOMBE POUR DEUX

Dans le cimetière nord de Saint-Mandé, à l'est de Paris, se trouve une tombe, fort modeste, surmontée d'un petit édicule de pierre, où ne subsiste plus qu'une simple gravure à moitié effacée qui fait encore débat : « Vidocq 18 ».

Est-ce là l'ultime demeure du célèbre personnage ? Le mystère reste entier.

Une chose est sûre cependant : cette sépulture abrite la dépouille de son amour éternel, Fleuride-Albertine Maniez, une de ses cousines née en 1793. La jeune femme (de dix-huit ans sa cadette) était devenue son épouse le 28 janvier 1830. Et lorsque celle-ci mourut d'une tumeur maligne de l'utérus, après dix-sept ans de mariage, l'ex-bagnard ne s'en remit jamais. Il n'est pas prouvé aujourd'hui que les époux soient réunis ici-bas pour l'éternité. Fleuride serait officiellement la seule occupante des lieux. Alors où est Vidocq ?

La gravure « Vidocq 18 », dont les deux derniers chiffres sont absents, alimente le suspense. Les hypothèses les plus folles circulent. L'hommel reposerait pourtant au Père-Lachaise... Même mort, Vidocq demeure insaisissable !

MARIE-AMÉLIE D'ORLÉANS,

DERNIÈRE REINE DE PORTUGAL

Injustement méconnue du grand public, Marie-Amélie d'Orléans fut pourtant la dernière princesse française à monter sur un trône européen. Arrière-petite-fille de Louis-Philippe, le roi des Français, elle épouse à 21 ans le jovial duc de Bragance, héritier du royaume de Portugal. La vie semble lui sourire, puisqu'elle accède au trône trois ans après son mariage. À l'aube du xxᵉ siècle, le destin de la reine Amélie va toutefois se révéler l'un des plus tragiques de l'histoire des monarchies européennes.

Son mariage n'est pas heureux, elle perd une fille à la naissance, son époux et son fils aîné sont victimes d'un attentat auquel elle-même survit par miracle, elle est bannie de son pays d'adoption. Son existence ne sera ainsi qu'une succession d'épreuves personnelles et publiques qui ne terniront en rien son image... Même au Portugal en 1910, Marie-Amélie d'Orléans continue, après l'instauration de la république, d'être chérie sous le nom familier de « Dona Amelia » par le peuple portugais.

Dernière princesse française à monter sur un trône européen, Marie-Amélie d'Orléans épouse à 21 ans le jovial duc de Bragance, héritier du royaume de Portugal.

Comment cette princesse de France, harcelée par un destin funeste, parvint-elle à conquérir l'indéfectible respect de sa patrie d'adoption ? Par quelle force de caractère réussit-elle à surmonter cette succession de deuils et d'exils ? Comment fit-elle pour traverser deux guerres mondiales et survivre à l'abolition de la monarchie ?

Elle est la fille aînée du prince Philippe, comte de Paris, et de sa cousine, l'infante Maria Isabella d'Espagne.

Descendante d'un roi français, Marie-Amélie voit le jour à Twickenham, dans la banlieue de Londres, le 28 septembre 1865. Sa famille s'y est réfugiée après l'abdication de son arrière-grand-père Louis-Philippe Ier, en 1848. Elle est la fille aînée du prince Philippe, comte de Paris, et de sa cousine, l'infante Maria Isabella d'Espagne. Celle que l'on surnomme tendrement « Amélie » grandit en Angleterre, jusqu'à l'un de ces retournements dont seule l'Histoire a le secret : en 1871, l'Assemblée nationale de la Troisième République, alors à majorité monarchiste, lève la loi d'exil frappant les Orléans, qui sont enfin autorisés à vivre en terre de France. Dans la propriété familiale du château d'Eu, en Normandie, entre une mère autoritaire et un frère turbulent, la douce Amélie apprend à supporter patiemment l'injustice. Abusant de sa bienveillance, ses sept frères et sœurs la baptisent « le grand tampon ». En 1883, lorsque meurt le comte de Chambord (petit-fils de Charles X), le père d'Amélie devient le premier prétendant au trône de

France. Appelé Philippe VII par ses partisans, il va rompre avec l'héritage libéral de son grand-père Louis-Philippe Iᵉʳ et prendre des positions plus conservatrices qui inquiéteront les républicains. Longtemps ignorée, Amélie devient aussitôt l'une des princesses les plus convoitées d'Europe ! Dès lors, sa grand-tante, l'ambitieuse Clémentine d'Orléans, ne rêve que d'une chose : lui trouver un époux royal.

Après un premier échec à Vienne, Amélie est présentée en janvier 1886, au cours d'une partie de chasse dans le domaine de Chantilly, au neveu par alliance de son aïeule Clémentine : Dom Carlos de Bragance, l'héritier du trône de Portugal, fils du roi Luiz et de la reine Maria Pia de Savoie. Bien que tous deux nés un 28 septembre, les jeunes gens sont mal assortis : Dom Carlos est rondouillard et nettement plus petit que la princesse française qui mesure plus d'un mètre quatre-vingts. Une passion

Les fiançailles sont fêtées, le 6 mars 1886, au cours d'une cérémonie au faste tapageur dans l'hôtel particulier de la duchesse de Galliera.

commune pour la peinture, cependant, les rapproche. Et moins d'un mois plus tard, leurs fiançailles sont annoncées avant d'être fêtées, le 6 mars 1886, au cours d'une cérémonie au faste tapageur dans l'hôtel particulier de la duchesse de Galliera, l'actuel hôtel Matignon. Réunissant, dit-on, plus de 4 000 invités, l'événement fait tant de bruit dans la presse royaliste que l'Assemblée, craignant la popularité grandissante du prétendant au trône de France, vote trois mois plus tard une nouvelle loi d'exil. Le comte de Paris et son fils aîné sont contraints de retourner en Angleterre. Amélie, quant à elle, est en route pour le Portugal. Si elle n'est pas directement concernée par cette loi, qui ne touche que les prétendants au trône et leurs fils aînés, la future reine ne cessera de se sentir « coupable » toute sa vie durant de ce nouveau bannissement imposé à sa famille.

Amélie donne rapidement naissance à deux garçons, Louis-Philippe (en 1887) et Manuel (en 1889).

C'est sous ces tristes auspices qu'est célébré, le 22 mai 1886 à Lisbonne, le mariage d'Amélie et de Dom Carlos. Pour l'occasion, de somptueuses fêtes sont organisées dans la capitale portugaise, avec courses de chevaux et feux d'artifice sur le Tage. En cette fin de XIXe siècle, la famille royale est l'héritière d'une histoire millénaire. À la tête de l'un des pays les plus pauvres d'Europe, elle réside dans des palais exubérants, tous plus fastueux les uns que les autres. Installée avec son époux au palais de Belém (actuelle résidence de la présidence de la République portugaise), Amélie donne naissance à deux garçons, Louis-Philippe (en 1887) et Manuel (en 1889). Une petite fille, Marie-Anne, est décédée en décembre 1887, à la suite d'un accouchement prématuré sans doute déclenché par un incendie au château.

Le 19 octobre 1889, le roi Luiz Ier décède. Dom Carlos lui succède sur le trône de Portugal, et Amélie devient reine consort. Pour ne pas déloger sa mère du palais royal d'Ajuda, il décide de s'installer dans le Palais des Nécessités où il fait aménager un pavillon pour son épouse – qui l'utilisera pour s'adonner à sa plus grande passion : la peinture. Le couple séjourne aussi régulièrement dans le palais de Pena, premier palais romantique d'Europe, situé sur les hauteurs de la petite ville de Sintra, ainsi que dans celui de Vila Viçosa, au sud du pays, demeure de la maison de Bragance, dont le souverain est issu.

Le nouveau roi de Portugal est très populaire parmi les cours européennes. Il multiplie les visites officielles et reçoit comme il se doit les autres chefs d'État. Mais, grand amateur de femmes, Carlos Ier dissimule mal ses infidélités. À l'instar d'Édouard VII d'Angleterre, il est un client régulier de la célèbre maison close parisienne, le Chabanais. Déçue par l'inconstance de son époux, Amélie consacre son temps et son énergie à l'assistance aux plus démunis. Elle fonde ainsi des instituts consacrés aux naufragés ou aux malades de la tuberculose, le fléau de l'époque. En 1892, elle développe les méthodes de Pasteur en créant l'Institut bactériologique de Lisbonne. Passionnée par les arts, la reine s'engage dans le domaine culturel. Aussi, lorsque le 22 mai 1894 est inauguré le nouveau théâtre de Lisbonne (l'actuel théâtre São Luiz), celui-ci est baptisé « Dona Amelia » en son honneur. Son œuvre la plus célèbre reste le Musée national des carrosses, installé malgré les réserves émises par son mari, dans le manège équestre du palais de Belém et inauguré en 1904. Pour s'occuper, Amélie reçoit aussi à plusieurs reprises la visite de son frère, le duc d'Orléans, toujours frappé par la loi d'exil. Les relations entre les deux beaux-frères sont excellentes : partageant la même passion pour la chasse,

Depuis son accession au trône, Carlos Iᵉʳ de Portugal doit affronter une situation internationale des plus délicates.

le duc et le roi se livrent, dans ce domaine du moins, à une amicale mais ardente compétition.

Depuis son accession au trône, Carlos Iᵉʳ de Portugal affronte une situation internationale des plus délicates. Amputé du Brésil au début du XIXᵉ siècle, le petit royaume de Portugal demeure encore un vaste empire. C'est sur les côtes africaines que se trouvent ses deux plus importantes colonies : l'Angola (sur la façade atlantique) et le Mozambique (sur le littoral de l'océan Indien). Quand ils se lancent dans l'exploration de l'Afrique intérieure, les Portugais espèrent pouvoir relier ces deux territoires en un immense bloc homogène. Or ce projet, baptisé « la Carte rose », nécessite d'annexer des territoires correspondant aux actuels Zambie et Zimbabwe, contrariant ainsi les desseins des Britanniques qui, eux, entendent relier l'Afrique selon un axe nord-sud, du Caire au Cap. Après plusieurs escarmouches, les Anglais adressent un ultimatum au Portugal, le 11 janvier 1890, leur ordonnant de quitter l'Afrique centrale. N'étant pas en mesure de rivaliser, Carlos Ier renonce à ses ambitions, en échange de quelques compensations territoriales.

Cet accord va cependant avoir de lourdes répercussions sur sa politique intérieure. Le roi est accusé d'avoir trahi les intérêts nationaux en se soumettant si docilement aux exigences britanniques. Le prestige de la monarchie portugaise s'en trouve affecté. L'opposition républicaine profite de la colère patriotique pour dénoncer les origines étrangères de la dynastie régnante, les Saxe-Cobourg, famille cousine de la monarchie britannique. Présent depuis longtemps au Portugal, le courant républicain s'est développé dans les années 1870, lorsque la France et, pour une brève période, l'Espagne sont devenues des républiques. En 1876 est ainsi né le PRP (Parti républicain portugais) qui, deux ans plus tard, obtenait son premier élu au Parlement. L'abandon par Carlos Ier du projet de la Carte rose permet alors aux républicains de gagner de nombreux sympathisants au sein du peuple et de l'armée.

Le 31 janvier 1891 éclate à Porto, deuxième ville du Portugal, une première émeute républicaine. Trop précipitée, l'insurrection échoue, non sans avoir ébranlé une paix intérieure qui durait depuis quatre décennies. Le pays plonge dans une atmosphère de guerre civile. Le royaume portugais est une monarchie parlementaire, mais la pression des républicains accroît les dissensions entre les partis royalistes, majoritaires à l'Assemblée, et provoque une véritable instabilité gouvernementale :

les coalitions se font et se défont, paralysant toute la vie politique. Pour mettre fin à cette quasi-anarchie, Carlos Iᵉʳ tente alors d'instaurer un pouvoir fort. En mai 1906, il nomme à la tête du gouvernement un homme à poigne : João Franco. Dans un premier temps, celui-ci gouverne « à l'anglaise », avec le concours de l'Assemblée. Mais progressivement, Franco se montre de plus en plus autoritaire. Le moment est venu pour le roi de dissoudre l'Assemblée, sans que de nouvelles élections soient organisées, laissant le pouvoir entre les seules mains du ministre.

Cette décision aura des conséquences désastreuses pour le régime monarchique. Car l'écrasante majorité des forces du pays se dresse désormais contre ce pouvoir dictatorial et impopulaire, grossissant sans cesse les rangs de l'opposition républicaine. Pour protester contre la suppression des libertés publiques, de nombreuses grèves sont organisées, la plus importante menée par les étudiants de Coimbra. Empêtrée dans ses contradictions, la monarchie portugaise n'exerce plus aucun attrait sur les jeunes générations, qui reprochent à Carlos Iᵉʳ son arrogance et voient en Amélie une reine dévote. La famille royale est encore plus discréditée après la révélation publique de la dette qu'elle a contractée auprès de l'État. Des sommes faramineuses ont été avancées aux époux royaux par tous les gouvernements successifs, sous prétexte que leur dotation officielle était insuffisante. Et cette dette resurgit dans un contexte économique particulièrement difficile, le Portugal étant, depuis 1892, dans une situation de quasi-banqueroute. C'est alors qu'une violente campagne anti-monarchique va secouer le royaume.

En janvier 1908, un nouveau scandale touche la famille royale, avec la publication du roman *Le Marquis de Bacalhôa*, d'António de Albuquerque. Les personnages principaux, à savoir le marquis et sa femme, font clairement référence à Dom Carlos (dont la silhouette est d'ailleurs représentée en couverture) et à Amélie. Outre les allusions aux multiples relations extraconjugales du roi, la reine y est dépeinte comme une femme aux mœurs dissolues, coupable de relations lesbiennes et même d'une aventure avec un personnage identifié à Joaquim Augusto Mouzinho de Albuquerque, un héros de la pacification du Mozambique, qui fut l'instructeur du prince héritier

Une émeute républicaine éclate à Porto. Trop précipitée, l'insurrection échoue, mais le pays plonge dans une atmosphère de guerre civile.

Louis-Philippe. Reposant sur un tissu de mensonges, l'ouvrage va jusqu'à prétendre que Mouzinho se serait donné la mort en 1902 par dépit amoureux ! Le livre se vend à plus de 6 000 exemplaires avant d'être interdit, mais il continue à être diffusé clandestinement. Amélie est anéantie par cet ouvrage infamant qui jette l'opprobre sur elle-même et sa famille. En 1923, l'auteur, saisi de remords, écrira à la reine pour lui présenter ses excuses de l'avoir ainsi calomniée, regrettant tous les torts qu'il a pu lui causer. Clémente comme à son habitude, Amélie fera preuve d'indulgence et lui accordera son pardon.

Amélie réagit avec un courage incroyable : elle se lève pour faire de son corps un rempart et frappe l'un des assaillants avec le bouquet de fleurs.

À la fin du mois de janvier 1908, les républicains déclenchent une révolution, étouffée dans l'œuf par João Franco. Ses instigateurs sont immédiatement arrêtés et Franco obtient un décret punissant de bannissement dans les colonies africaines (sanction alors perçue comme une véritable condamnation à mort) tous les auteurs de crimes politiques. La riposte des républicains ne se fait pas attendre. Le 1ᵉʳ février 1908, après un séjour dans le château de Vila Viçosa, Amélie rentre à Lisbonne, accompagnée du roi Carlos Iᵉʳ portant l'uniforme et une gerbe de fleurs, et des deux jeunes princes, Louis-Philippe et Manuel. À leur arrivée, un carrosse les attend pour les conduire à pas lents vers le palais royal, au milieu d'une foule curieuse et presque accueillante. Mais alors que le véhicule vient d'atteindre la place du Commerce, deux terroristes républicains ouvrent le feu. Le roi et son fils aîné sont mortellement touchés. Amélie réagit avec un courage incroyable : elle se lève pour faire de son corps un rempart à Manuel, et frappe l'un des assaillants avec le bouquet de fleurs. Elle réchappe par miracle à cet assaut, et réussit à sauver son cadet qui est seulement blessé.

À peine âgé de 18 ans, Manuel succède aussitôt à son père, sous le nom de Manuel II. Meurtrie par le chagrin, Amélie se retire dans son palais de Pena, à Sintra, ne se montrant que rarement en public, et toujours pour soutenir son fils dans ses obligations royales. Avec cette intronisation, la monarchie portugaise joue sa dernière carte. Dès son accession au trône, le jeune roi renvoie Franco et rétablit les libertés publiques. En signe d'apaisement, il nomme un gouvernement d'union nationale – sans les républicains, qu'il juge responsables du double assassinat de son père et de son frère. Mais les partis monarchistes restent eux-mêmes divisés et la situation économique du royaume se dégrade encore, facilitant la progression des républicains. Après avoir gagné la mairie de Lisbonne, ceux-ci obtiennent la majorité des sièges de députés dans la capitale aux élections de 1910. La disparition du régime monarchique n'est plus qu'une question de mois... Du 3 au 5 octobre 1910, une nouvelle révolte républicaine appuyée par l'armée pousse Manuel II au départ. Il est chassé avec sa mère du palais des Nécessités. C'est la fin de la monarchie portugaise, déconsidérée par les scandales successifs et l'immobilisme.

Après la Suisse et la France, le Portugal devient la troisième république d'Europe. Frappée par une loi d'exil, la famille royale ne peut prétendre à demeurer au Portugal. Une dernière nuit à Mafra, et mère et fils embarquent à Ericeira pour Gibraltar, puis l'Angleterre, où ils rejoignent le duc d'Orléans qui, toujours interdit de séjour en France, facilite leur installation. Amélie ne s'attarde pourtant pas au Royaume-Uni. En 1913, son fils épouse la princesse allemande Augusta Victoria de Hohenzollern-Sigmaringen (la nièce d'Élisabeth d'Autriche). Et au lendemain de la Première Guerre mondiale, elle choisit de s'installer en France, où elle fait l'acquisition

En 1913, son fils épouse la princesse allemande Augusta Victoria de Hohenzollern-Sigmaringen (la nièce d'Élisabeth d'Autriche).

en 1921 du château de Bellevue, au Chesnay, près de Versailles. Comme à son habitude, la reine déchue consacre son temps à des œuvres de bienfaisance. Elle soutient les malades à l'hôpital de Versailles et rend visite aux prostituées emprisonnées à Saint-Lazare.

Ses épreuves ne sont pas terminées pour autant. En 1932, son fils bien-aimé, Manuel II, décède à Twickenham, sans descendance, après avoir consacré la majeure partie de sa vie d'exil à de brillantes recherches sur la culture littéraire portugaise. Réconcilié dix ans plus tôt avec son cousin Édouard (branche miguéliste des Bragance), qu'il a désigné comme son successeur, il est enterré au « panthéon des Bragance », l'église de São Vincente de Fora, à Lisbonne.

Désormais veuve et sans enfant, Amélie se trouve en France lorsque la Seconde Guerre mondiale éclate. Le château de Bellevue ayant été réquisitionné par les Allemands, l'Espagne propose à l'ancienne reine d'organiser son retour au Portugal, où Salazar semble prêt à l'accueillir. Amélie refuse, préférant vivre sous le régime de l'Occupation et se montrer fidèle et loyale envers sa patrie d'adoption : « La France m'a généreusement donné l'hospitalité à des moments particulièrement pénibles pour moi et je ne saurai abandonner mon pays en ce moment d'épreuves. » Salazar obtient néanmoins que le château de Bellevue soit temporairement considéré comme une annexe du territoire portugais, lui conférant un statut de neutralité, à l'instar d'une ambassade. L'étendard portugais est hissé sur le château. Amélie y résidera jusqu'à la fin du conflit, demeurant sous la protection étroite des représentants diplomatiques missionnés par Lisbonne, mais n'hésitant pas à se mettre au service de la Croix-Rouge. La guerre terminée, elle peut enfin rentrer au Portugal, en qualité d'invitée officielle de Salazar, trente-cinq ans après avoir quitté le pays.

Selon la légende, à son arrivée, le 8 juin 1945, Amélie aurait pris soin de poser d'abord le pied droit sur le sol portugais. Elle se souvenait avoir foulé le sol du pied gauche en 1886 – un symbole qu'elle interprétera par superstition et rétrospectivement comme ayant été à l'origine de ses malheurs. Elle est accueillie avec enthousiasme par la population. Il faut dire que son engagement et son action en faveur des plus démunis, au temps du règne de son époux, lui ont valu une popularité certaine. L'ancienne reine se rend d'abord à Fatima, célèbre lieu d'apparition de la Vierge, ainsi qu'au cloître de São Vincente de Fora, à Lisbonne, pour se recueillir devant les tombes de son mari et de ses deux fils. Durant deux mois, elle retourne en

Après 2 mois de pèlerinage, la reine de Portugal rentre en France, désormais en paix, définitivement réconciliée avec son ancien royaume.

pèlerinage sur les lieux jadis fréquentés, à l'exception de la Vila Viçosa, où les souvenirs heureux sont trop cruels à affronter... Puis elle rentre en France, désormais en paix, réconciliée avec son ancien royaume. Le 25 octobre 1951, la dernière reine de Portugal s'éteint dans son château de Bellevue. Un an plus tôt, la loi d'exil de 1886 frappant les Orléans avait enfin été levée. On raconte que la reine en était apaisée. Miséricordieuse, elle aurait ainsi confié sur son lit de mort : « Je ne souhaite que du bien à tous les Portugais, même à tous ceux qui m'ont blessée. »

Son cercueil, rapatrié au Portugal, est accueilli à Lisbonne par 21 coups de canon. Des funérailles nationales sont organisées, ainsi qu'un deuil de trois jours, durant lesquels des milliers de personnes rendent hommage à la dernière reine de Portugal. Elle repose pour toujours auprès de son mari et de ses fils. Aujourd'hui encore, le peuple portugais conserve avec respect le souvenir d'une reine qui sut rester digne et généreuse, en dépit de toutes les épreuves qu'elle eut à subir.

LA CORBEILLE DE LA MARIÉE

Lors de son mariage avec le futur roi Carlos Ier, Marie-Amélie d'Orléans reçut plusieurs bijoux signés du légendaire bijoutier portugais Leitão & Irmão. La tradition voulait que chacun des membres de la famille royale offre un bijou au nouvel arrivant. Le roi Luiz, son beau-père, lui donna une tiare de 800 diamants montés sur or et argent, le « diadème de dom Luiz », qui symbolisa son règne. La reine Maria Pia lui céda un collier de 500 diamants montés sur or et argent. Le futur marié opta pour un « simple » collier composé de diamants – 300 tout de même – et de 23 saphirs. Quant à la future belle-sœur de Marie-Amélie, elle lui fit cadeau de jumelles d'opéra en écailles de tortue et diamants. Enfin, son beau-frère s'acquitta d'une broche en or. La tiare, qui revint à sa mort au duc de Bragance, son filleul, a récemment été aperçue sur la tête de sa charmante épouse, Isabel de Herédia, le jour de leurs noces, célébrées en grande pompe le 13 mai 1995 au monastère des Hiéronymites de Lisbonne.

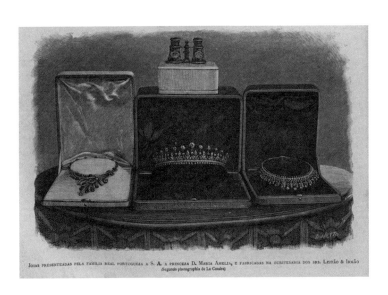

JOIAS PRESENTEADAS PELA FAMILIA REAL PORTUGUEZA A S. A. A PRINCEZA D. MARIA AMELIA, E FABRICADAS NA OURIVESARIA DOS SRS. LEITÃO & IRMÃO
(Segundo photographia de La Cmdre)

CONSUELO VANDERBILT,
DUCHESSE DU NOUVEAU MONDE

Personne ne décrit mieux que l'écrivain Scott Fitzgerald, en 1925, le caractère frivole des milliardaires américains. Dans *Gatsby le Magnifique*, roman souvent adapté au cinéma, le héros incarne la fortune insolente et le vague à l'âme d'une nouvelle génération née de la guerre de Sécession. Bien sûr, Gatsby n'est qu'une invention littéraire. Pourtant, les grandes figures qui ont inspiré Fitzgerald ont bel et bien existé. Et la réalité dépasse de loin la fiction.

L'histoire des États-Unis d'Amérique s'est construite grâce à de grands hommes, ambitieux, puissants, passionnés, excentriques voire égocentriques. À la fois génies et démons du capitalisme. Ils ont pour noms Rockefeller, Vanderbilt, Carnegie, Astor ou Morgan. Ils sont les rois de l'acier, du pétrole, des chemins de fer ou de l'électricité. Et même si la crise de 1929 fait vaciller leurs trônes, ils incarnent à jamais le rêve américain.

Mais ces « malfaiteurs de grande fortune », comme les appelait Theodore Roosevelt, demeurent aussi de formidables philanthropes, mécènes, collectionneurs et bâtisseurs de demeures insensées.

Le mariage de Consuelo Vanderbilt, duchesse d'un empire dédié au travail et à l'argent, annonce à lui seul le triomphe du Nouveau Monde sur une Europe vieillissante.

Des personnalités extraordinaires qui témoignent de l'insouciance et de l'art de vivre d'une société en fête, dans un pays de tous les possibles. Mais qu'en est-il de l'envers du décor ? Et si les femmes de ces grandes dynasties avaient, elles aussi, fait montre d'une audace et d'une détermination sans pareilles, leur offrant un rôle majeur dans ces empires tentaculaires… Voyage dans les coulisses d'un univers où tout semble permis, sur les pas de personnalités à l'ambition sans limites qui vont révolutionner leur temps.

Alva Vanderbilt, volontaire et implacable, ne serait-elle pas le versant féminin de ces entrepreneurs géniaux et sans scrupules qui ont bâti l'Amérique ? Et si le mariage de sa fille Consuelo, duchesse d'un empire dédié au travail et à l'argent, annonçait à lui seul le triomphe de ce Nouveau Monde sur une Europe vieillissante, que le xxᵉ siècle va tant éprouver ?

Newport, Rhode Island, 1895. Dans l'un des manoirs les plus extravagants de cette ville de la côte est des États-Unis, lieu de villégiature de la haute société new-yorkaise, une demoiselle d'à peine 18 ans se morfond au milieu des fastes de sa chambre damassée. Cela fait plusieurs mois que Consuelo Vanderbilt – l'arrière-petite-fille de Cornelius Vanderbilt, magnat du rail américain – est confinée dans sa chambre, engagée dans un féroce bras de fer avec sa pétulante mère, Alva. Cette dernière a de grands desseins pour sa progéniture et pour sa famille tout entière. Alva, née Erskine Smith, est en effet bien décidée à faire briller le nom de Vanderbilt au firmament de l'élite mondiale.

Voilà des années qu'elle s'est lancée dans une course à l'ascension sociale, qu'elle n'a certainement pas l'intention d'interrompre pour satisfaire les caprices de sa fille. Née en 1855 dans ce milieu de notables du sud des États-Unis qui a bâti sa fortune sur le travail des esclaves, elle est l'héritière d'un négociant en coton, et porte, bien ancré en elle, le sentiment d'appartenir à la caste qui a construit les États-Unis. La guerre de Sécession oblige pourtant la famille à fuir les assauts des Yankees jusqu'en Europe ; Alva et les siens passent donc les années de guerre civile à Paris, et, de retour au pays, ne retrouvent pas grand-chose de la société qu'ils ont quittée. Installés désormais à New York, ils ont perdu leur rang, mais Alva n'a rien perdu de son orgueil ! Dans cette ville en pleine expansion, où les affaires commandent déjà la vie mondaine, elle possède une alliée de poids : l'héri-

Alva porte en elle le sentiment d'appartenir à la caste qui a construit les États-Unis.

tière cubaine Consuelo Yznaga, son amie d'enfance, qui lui ouvre les portes de la bonne société puritaine et austère de la côte est. C'est elle qui l'introduit auprès des Vanderbilt, héritiers de l'empire naval et ferroviaire érigé au cours du siècle par leur aïeul, Cornelius.

D'origine hollandaise, les Vanderbilt font partie de ces familles protestantes arrivées dès la fin du XVIIe siècle dans un Nouveau Monde où tout était à construire. En foulant cette terre vierge – c'est du moins ainsi qu'on se plaît à la représenter au XIXe siècle, tout en continuant à repousser les Indiens d'Amérique toujours plus à l'ouest –, ces pionniers puritains avaient pour ambition d'établir une nouvelle société fondée sur le travail et la morale. Les Vanderbilt ont ainsi créé l'une de ces dynasties qui façonnera l'Amérique moderne durant la seconde moitié du XIXe siècle, le *Gilded Age*, l'Âge d'Or, celui des mythes fondateurs de l'ère industrielle américaine.

William Kissam Vanderbilt, le petit-fils de Cornelius, n'est pas le plus charismatique des héritiers du patriarche.

Au moment où Alva fait sa connaissance, William Kissam Vanderbilt, le petit-fils de Cornelius, n'est sans doute pas le plus charismatique des héritiers du patriarche – son frère Cornelius II étant considéré comme le membre prééminent de la famille –, mais il est tout de même à la tête d'une partie de la plus grande fortune des États-Unis. William est doux, séduisant, et s'intéresse surtout à ses chevaux ; Alva, qui n'a aucune considération pour lui, réussit toutefois à se faire conduire à l'autel en 1875, moins d'un an après leur rencontre. La première née du couple devra en toute logique son prénom exotique à l'amie fidèle qui a permis d'arranger ce mariage fructueux. Car William découvre bientôt en son énergique épouse une véritable matriarche, qui n'entend pas se contenter d'avoir épousé l'un des héritiers de la plus grosse fortune d'Amérique.

Elle s'adonne très vite à ce qui semble être la vraie passion des Vanderbilt : la folie des grandeurs immobilières, les membres de la famille se livrant entre eux à une féroce compétition, pour édifier des demeures toujours plus vastes et plus luxueuses.

En 1888, Alva fait construire le somptueux manoir de Marble House à Newport, en souvenir des séjours qu'elle passait là-bas enfant, avec ses parents, à l'époque de la splendeur familiale : 50 pièces équipées des toutes dernières innovations et d'un confort inouï, 14 000 mètres cubes de marbre. Cette propriété en bord de mer coûtera la bagatelle de 11 millions de dollars de l'époque, soit 260 millions actuels ! Quant à sa maison de la 5ᵉ Avenue, c'est avec pas moins de 1 200 convives qu'elle l'a inaugurée quelques années plus tôt, en 1882, lors d'un fastueux bal dont son amie de toujours, Consuelo, devenue Lady Mandeville, était l'invitée d'honneur, et qui l'a lancée définitivement dans les mondanités new-yorkaises. L'édifice de Newport, surnommé « le Petit Château », a été conçu par l'architecte Richard Morris Hunt qui s'est inspiré du Petit Trianon de Versailles. Quelle meilleure caution de bon goût et de savoir-vivre que les charmes de la vieille Europe ?

Ce luxe tapageur n'est pourtant pas apprécié de tous, et en particulier de la frange la plus puritaine des grandes familles. C'est notamment le cas des Astor, l'une des plus anciennes dynasties new-yorkaises. Le fondateur, John Jacob Astor, un immigrant allemand originaire d'Heidelberg, a bâti sa fortune à la fin du XVIIIᵉ siècle grâce au commerce des fourrures. Prévoyant l'importance que prendrait New York, il en a placé une grande partie dans l'achat de terrains alentour, notamment sur l'île de Manhattan. C'est d'ailleurs de son nom que l'on baptise l'un des nouveaux quartiers du Queens adjacent,

« Astoria », contre la promesse d'y investir au moins 2 000 dollars. Il n'en déboursera finalement que 500 et n'y mettra probablement jamais les pieds.

Caroline Astor est la garante des bienséances de la bonne société new-yorkaise.

À la fin du XIXᵉ siècle, les Astor se considèrent toujours comme plus ou moins propriétaires de la métropole. Et Caroline Astor, épouse du petit-fils de Jacob, comme la garante des bienséances de la bonne société new-yorkaise. Scandalisée par les excès ostentatoires de ceux qu'elle regarde comme des nouveaux riches, elle dépense une énergie remarquable à verrouiller l'accès à ce petit monde privilégié qui, depuis quelques générations, s'est mué en une véritable aristocratie. Certes, son ancienneté est toute relative vue du Vieux Continent, mais déjà considérable dans ce pays qui accueille alors une vague d'immigration venue d'Europe sans précédent. Cette inflexible arbitre des élégances – qui n'est pas sans rappeler l'implacable Louise van der Luyden du roman *Le Temps de l'innocence* d'Edith Wharton, publié en 1920 – ne voit guère d'un bon œil l'arrivée des Vanderbilt dans les plus hauts cercles de la société. Mais, fort habilement, Alva réussit à pousser sa fille Consuelo auprès de Carrie Astor, celle de Caroline. Les deux demoiselles deviennent amies et, devant l'insistance constante de Carrie, Caroline finit par accepter de recevoir les Vanderbilt. La victoire d'Alva est complète : membre de la famille la plus riche d'Amérique, propriétaire des plus belles demeures de la côte est, elle fait désormais pleinement partie de ce milieu exclusif et sélectif, cette aristocratie paradoxalement fondée sur le travail et l'argent.

Car à l'ère industrielle, ce n'est ni par la terre ni par la guerre que l'on gagne ses lettres de noblesse : c'est en devenant entrepreneur. La légende des grandes familles de cette nation toute neuve se bâtit toujours autour du récit fondateur de l'ascension d'un aïeul. C'est ainsi qu'en construisant l'Amérique moderne, ces dynasties en inventent également les mythes : celui du *self-made-man*, celui du destin qui mène un individu des guenilles à la fortune (*from rags to riches*), pour faire de lui un homme d'affaires puissant à la tête d'un empire représentant des milliards de dollars.

Le plus emblématique de ces empereurs de l'industrie est assurément John Davison Rockefeller, magnat du pétrole dont la fortune est désormais proverbiale. Même si les origines de sa dynastie sont modestes, voire douteuses : le père de John, Bill, subvenait aux besoins de sa femme et de ses six enfants en se déplaçant de ville en ville pour vendre potions miraculeuses et élixirs de longue vie, à grand renfort de démonstrations spectaculaires et de publicité mensongère. Une occupation assez peu honorable, pour un homme qui ne l'est d'ailleurs pas davantage : entre deux arnaques, il s'occupe plus volontiers à engendrer des enfants illégitimes qu'à retourner auprès de sa famille, allant même jusqu'à épouser une autre femme que la sienne. Il inculque néanmoins à son fils un solide sens du commerce.

Le plus emblématique des empereurs de l'industrie est John Davison Rockefeller, magnat du pétrole dont la fortune est proverbiale.

John Davison commence à travailler dès l'âge de 16 ans dans une entreprise de courtage. Bien vite, il trouve un partenaire et crée sa propre société, ce qui lui permet rapidement de gagner assez d'argent pour prendre son indépendance. Mais c'est en 1863, alors qu'il n'a encore que 24 ans, qu'il réalise son premier coup de génie : il fait l'acquisition d'une raffinerie de pétrole. En pleine ère du charbon, l'exploitation du pétrole n'en est qu'à ses balbutiements. Pour l'instant, l'huile noire extraite du sol sert surtout à remplacer l'huile de baleine, un combustible qui se raréfie. Or Rockefeller a senti d'instinct le potentiel de cette nouvelle matière première : il rachète leurs parts à ses associés et, avec son frère, emprunte des sommes considérables afin d'acquérir de nouvelles raffineries. Réinvestissant pratiquement l'intégralité de ses gains à chaque nouvelle opération, il prend d'énormes risques. Mais c'est à ce prix qu'il parvient à construire son empire. En 1870, à 31 ans, il fonde à Cleveland la Standard Oil, la machine de guerre qui lui permettra d'absorber tous ses concurrents et de se retrouver à la tête d'un véritable monopole. Les lois antitrust, que le Congrès fait voter en 1890, n'y feront rien : Rockefeller, qui ajoute à une politique industrielle agressive une grande habileté dans le contournement de la loi, est, littéralement, le roi du pétrole.

L'arrière-grand-père de Consuelo, Cornelius Vanderbilt, en fournissant les moyens de transport nécessaires, va accompagner l'expansion du pays.

De l'ambition, des méthodes de voyou, mais aussi un regard visionnaire : tels sont les ingrédients de la réussite de ces barons des affaires, dont l'histoire se mêle intimement à celle de leur pays. Car ces influents industriels ne se contentent pas d'amasser de l'argent : ils participent, chacun à leur manière, à l'édification de la nation. Ainsi, l'arrière-grand-père de Consuelo, Cornelius Vanderbilt, en fournissant les moyens de transport qui ont fait sa puissance, va à son tour accompagner l'expansion des États-Unis. C'est en fondant une compagnie de ferry – il a quitté l'école à 11 ans pour travailler sur les docks de la jeune ville de New York – qu'il commence à bâtir son empire personnel. Sa première ligne fait la navette entre Manhattan et Staten Island, selon un trajet qui est encore aujourd'hui celui du fameux *Staten Island Ferry* qu'empruntent chaque année 21 millions de passagers. Peu à peu, l'ambitieux

Cornelius parvient à acquérir un véritable monopole sur le transport fluvial dans la vallée de l'Hudson. À partir des années 1840, la ruée vers l'or et l'afflux d'immigrants désireux de trouver fortune dans la lointaine Californie lui inspirent une nouvelle initiative : il s'équipe alors d'une importante flotte de bateaux à vapeur capables de relier la côte est à Panama, lieu stratégique à partir duquel les chercheurs d'or rejoignent la côte pacifique à dos de mules.

L'expansion de son empire maritime lui vaut bien vite le surnom de *Commodore*. Pourtant, il ne compte pas en rester là. C'est désormais par le rail qu'il entend conquérir le continent, et il se livre à une bataille féroce avec ses concurrents pour la construction des infrastructures ferroviaires. Il est entre autres à l'origine de l'édification de la gare de Grand Central, en plein cœur de New York, une véritable cathédrale cristallisant l'avènement de l'ère ferroviaire qui fera l'unité du vaste territoire américain. De son côté, John Jacob Astor, l'aïeul de la terrifiante Caroline Astor, est le premier négociant américain à s'établir, dès 1812, sur la côte pacifique (soit six ans à peine après l'expédition de Lewis et Clark) et à oser y installer un comptoir, la future ville d'Astoria. Établissement emblématique, s'il en est, de cette conquête de l'Ouest qui occupera la première moitié du XIX siècle américain.

De succès en prise de risques et de génération en génération, ces grandes familles accumulent des fortunes considérables, et deviennent en même temps des symboles de l'histoire américaine, dans toutes ses dimensions. La folle prodigalité des Vanderbilt et leur égale capacité à gagner beaucoup d'argent et à le dépenser évoquent les débuts du consumérisme. Le colonel John Jacob Astor IV, descendant du patriarche, s'illustre dans la guerre hispano-américaine, avant de périr dans le naufrage

Le colonel John Jacob Astor IV s'illustre dans la guerre hispano-américaine avant de périr dans le naufrage du Titanic le 14 avril 1912.

du *Titanic*, durant lequel il aurait fait preuve, selon les témoignages, d'un courage et d'une noblesse d'âme admirables : considéré comme le passager le plus important du navire, et par conséquent la personnalité à évacuer en priorité, il préféra laisser sa place dans le canot de sauvetage afin de permettre aux enfants et aux femmes d'embarquer en premier.

John D. Rockefeller, quant à lui, en dépit de son incontestable âpreté commerciale, considère depuis toujours qu'il est de son devoir de partager les bénéfices de son immense fortune en finançant plusieurs activités philanthropiques, ainsi que la recherche scientifique. Si ses premiers gains sont largement consacrés à soutenir le Nord durant la guerre de Sécession, il financera également, et ce, dès 1884, la première université à accueillir des femmes afro-américaines. Précurseur d'un Bill Gates ou d'un Warren Buffet, il favorisera en outre, grâce à ses subsides, l'essor d'universités prestigieuses comme Yale ou John Hopkins.

De fait, la seule chose qui semble manquer à ces riches familles américaines qui rêvent de former une aristocratie à part entière, ce sont justement des titres de noblesse. Et c'est exactement ce qui se joue dans l'affrontement qui oppose Consuelo Vanderbilt et sa mère Alva. Cette dernière est en train de parachever son grand œuvre, qui lui permettra d'entériner sa position sociale : le mariage de sa fille. Il faut dire que les prétendants se pressent pour obtenir la main de l'héritière. Mais, pour Alva, ce mariage est avant tout l'occasion d'intégrer par procuration l'une des plus anciennes et honorables familles du Vieux Continent.

C'est d'abord au prince Franz-Joseph de Battenberg, héritier des grands-Ducs de Hesse et frère du prince de Bulgarie, qu'elle désire unir Consuelo. Celle-ci éprouve cependant une aversion immédiate et totale pour le prince. Il est vrai qu'il est son aîné de seize ans et qu'il ne se distingue pas par son charisme. Soit. Alva consent à trouver à sa fille un époux tout aussi noble, mais plus énergique. La tâche n'est pas si difficile qu'il y paraît, car qui oserait refuser la main de celle qui sera un jour la plus riche femme d'Amérique ? Le choix d'Alva se porte sur Charles Spencer-Churchill, 9e représentant de la prestigieuse lignée des ducs de Marlborough. Las, Consuelo s'entête et refuse catégoriquement d'épouser celui qu'on surnomme « Sunny ». Il faut dire qu'elle s'est secrètement fiancée à Winthrop Rutherfurd, rejeton de la bonne société new-yorkaise et descendant en droite ligne de Peter Stuyvesant,

*Le 6 novembre 1895, Consuelo épouse Charles Spencer-Churchill,
9ᵉ représentant de la prestigieuse lignée des ducs de Marlborough.*

le dernier gouverneur général néerlandais de la ville. Mais
ce pedigree honorable ne convainc pas Alva : c'est bien à
la conquête de l'aristocratie européenne qu'elle s'est lancée, et rien ne saurait l'en détourner, surtout pas de sottes

La fabuleuse dot qu'elle apporte permet à son mari, déjà fort riche,
de rénover le palais de Blenheim, ancestrale demeure des ducs de Marlborough.

histoires d'amour. Sans aucun scrupule, elle décide donc d'enfermer sa fille à Marble House, jusqu'à ce que cette dernière cède à la volonté maternelle. Et lorsque Consuelo s'avance finalement vers l'autel, le 6 novembre 1895, tout New York bruit encore du terrible affrontement auquel se sont livrées la mère et la fille.

Partie pour l'Angleterre, la jeune mariée y séduit immédiatement la vieille aristocratie britannique, pourtant prompte à moquer ces riches héritières américaines sans manières que l'on épouse pour leur fortune. Mais le charme et la grâce de Consuelo lui valent l'admiration du beau monde et la loyauté de ceux qui vivent sur les vastes domaines de sa nouvelle famille. La fabuleuse dot qu'elle apporte permet en outre à son mari, déjà fort riche, de rénover le fameux palais de Blenheim, célèbre et ancestrale demeure des ducs de Marlborough, où Winston Churchill – son cousin, qui n'est alors qu'un jeune homme empressé de chercher l'aventure dans les guerres coloniales de l'Empire britannique – a vu le jour. Entre l'héritière et le futur Premier ministre, dont la mère est également américaine, une profonde amitié se noue, qui offre un peu de réconfort à la jeune femme. Car si deux fils naissent de son union avec Charles, son mariage reste malheureux. Assez vite, les époux prennent leurs distances et mènent une vie séparée : Consuelo s'amourache d'un des cousins de son mari, Reginald Fellowes, tandis que Charles tombe éperdument amoureux d'une autre Américaine, la spirituelle Gladys Marie Deacon.

Le couple finit par divorcer en 1921, et parvient même à faire annuler son mariage par le Vatican. On peut y voir la volonté du Saint-Siège de faciliter la conversion du duc anglican au catholicisme romain, mais il ne faut sans doute pas négliger non plus le poids de la déclaration faite par Alva dans la décision d'annulation. En droit canon, pour qu'un mariage puisse être annulé, il faut pouvoir établir que le consentement des époux a été vicié. Or Alva reconnaît sans détour qu'elle a forcé la main à sa fille. Un retournement de situation qui n'est pas très surprenant en réalité : Alva a en effet elle-même divorcé pour épouser Oliver Belmont qui, même si sa fortune ne s'élève pas à celle de William Kissam Vanderbilt, n'en est pas moins considérablement riche. Elle est aussi, contre toute attente, devenue une ardente supportrice des droits des femmes aux côtés des suffragettes.

En dépit de leurs heurts passés, c'est auprès de Consuelo qu'Alva passera la fin de sa vie, en France, où elle possède de nombreuses demeures et qui est la patrie de son nouveau gendre, Jacques Balsan, un célèbre aviateur français. C'est à Paris, sur ce Vieux Continent à la conquête duquel elle avait sacrifié le bonheur de sa fille, qu'elle s'éteint en 1933. À la mort accidentelle de son second époux, en 1956, Consuelo choisira cependant de retourner en Floride, dans ce Sud qui avait été le berceau d'Alva. En digne Vanderbilt, elle s'installera dans une immense demeure construite en 1935, qu'elle décorera avec goût, dans le pur style européen, et baptisera élégamment la « Casa Alva », en hommage à cette mère aussi tyrannique qu'aimante.

C'est en France, auprès de Consuelo et de son nouveau mari, le célèbre aviateur français Jacques Balsan, qu'Alva passera la fin de sa vie.

LA CASA ALVA, UNE DEMEURE D'EXCEPTION

Tout commence en 1929, lorsque Harold Stirling Vanderbilt se fait construire un lodge cossu, tout près de la célèbre station balnéaire de Palm Beach, y installant sa résidence d'été face à l'océan, pour la coquette somme de 75 000 dollars. Sa sœur Consuelo, qui préfère la vue sur la lagune, fait bâtir sa propre demeure qu'elle baptise « Casa Alva » en l'honneur de sa mère. Après son remariage avec l'aviateur français Jacques Balsan, la décoration se fait plus européenne, grâce au talent de l'architecte Maurice Fatio. L'un des atouts de la propriété : ses inestimables panneaux de bois des XVIIIe et XIXe siècles finement sculptés, récupérés dans des églises et châteaux français avant la Seconde Guerre mondiale. Dans la salle rose et verte du *dining room*, des lustres en provenance du palais de Blenheim, achetés en Angleterre, éblouissent la table. L'autre particularité du lieu tient dans la liste de ses prestigieux convives, à l'instar de Winston Churchill, ami de la famille et cousin du premier mari de Consuelo. On rapporte qu'à l'occasion d'un séjour en 1946 (avant de s'exprimer au Westminster College voisin, à propos du « rideau de fer »), l'ancien Premier ministre britannique s'est installé sous les palmiers pour peindre ce fabuleux décor. L'œuvre, qui cerne la magie du lieu et le charme désuet du jardin et de sa piscine, est conservée en Angleterre à Chartwell, dans sa demeure transformée depuis en musée. En 1957, la Casa Alva est vendue et devient un club très huppé de la côte est. Comme aux grandes heures de la famille Vanderbilt, on y joue au bridge, au golf ou au piano, entre gens de bonne compagnie. Le club ferme finalement en 1976, les propriétaires s'y établissant à plein temps, avec tout le confort moderne, mais sans rien changer aux si précieux décors français. En 2008, la Casa Alva est à nouveau mise en vente, mais cette fois pour une somme toute aussi folle que ses années de gloire : 6,8 millions de dollars.

QUI APPELAIT-ON LES
« GRANDES HORIZONTALES » ?

On les surnommait les *grandes horizontales*, ou encore *cocottes*, *demi-mondaines*, *amazones*, plus sobrement *courtisanes*. Du Second Empire à la Première Guerre mondiale, ces aventurières sont arrivées de toute l'Europe, pour devenir les reines de Paris, vivant de galanteries auprès du gotha mondain. Sulfureuses de profession, elles savaient remarquablement cultiver leur image, assumaient leur statut de femmes entretenues et vivaient comme des vedettes avant l'heure.

Le phénomène émergea au XIXe siècle, dès la fin de la monarchie de Juillet, avec la courtisane Marie Duplessis, qui inspira à Alexandre Dumas fils la célèbre *Dame aux camélias*. Mais l'âge d'or des grandes horizontales correspond à la Belle Époque. Avec ses deux millions d'âmes, Paris connaît alors une période d'effervescence. Redessinée par le baron Haussmann, la capitale française devient le lieu de villégiature privilégié d'une élite européenne fortunée. Adepte du libertinage, celle-ci profite de la nuit pour s'encanailler dans les brasseries, cafés et autres guinguettes de la capitale, arpentant inlassablement les Grands Boulevards à la recherche de femmes légères.

Celles qu'on appelait les grandes horizontales, *mais aussi* cocottes, demi-mondaines, amazones *ou plus sobrement* courtisanes, *vivaient de galanteries auprès du gotha mondain.*

Quelle est l'histoire de ces « grandes horizontales » qui défrayèrent la chronique de la Belle Époque ? Comment la Castiglione, la Belle Otero, Liane de Pougy et les autres parvinrent-elles à se hisser au sommet d'une société en pleine mutation et à laisser leur nom dans l'Histoire ?

La plus célèbre de ces héroïnes est sans conteste la Castiglione.

La plus célèbre de ces héroïnes est sans conteste la Castiglione. De son vrai nom Virginia Oldoïni, elle est née à Florence en 1837, d'un père marquis et diplomate. Élevée par son grand-père, elle révèle très tôt d'étonnantes capacités d'assimilation, apprenant par exemple à parler couramment anglais en seulement quelques semaines. Virginia n'a que 16 ans lorsqu'elle épouse le comte de Castiglione, écuyer du roi de Piémont-Sardaigne, Victor-Emmanuel II. Après la naissance de leur premier enfant, la jeune mère se lasse vite de son mari et le trompe avec deux de ses cousins. Fin 1855, l'un de ses parents, le comte de Cavour, président du Conseil du royaume de Piémont-

Sardaigne, la charge d'une importante mission politique à Paris. Il s'agit de séduire l'empereur Napoléon III, dont le goût pour les femmes est proverbial, afin d'obtenir son soutien dans la lutte pour l'unification italienne menée par le roi de Piémont-Sardaigne. Virginia quitte aussitôt l'Italie et emménage avec son mari dans un appartement face au palais des Tuileries, rue... de Castiglione !

Grâce à Mathilde Bonaparte, une cousine de Napoléon III qui est aussi une de ses relations d'enfance, l'espionne italienne obtient ses entrées dans les réceptions et les bals officiels. Remarquée pour son incroyable beauté (on la baptise « la plus belle femme de son siècle »), Virginia subjugue immédiatement l'empereur volage, qui profite de la grossesse de l'impératrice Eugénie pour lui faire une cour effrénée. C'est à l'occasion d'une fête nocturne organisée par le couple impérial dans leur domaine de Villeneuve-l'Étang le 27 juin 1856, à l'issue d'une romantique promenade en barque sur le lac, que la belle Italienne devient la maîtresse de Napoléon III. Leur relation, que Virginia ne cherche guère à dissimuler, provoque un scandale, qui se conclut par la séparation du couple Castiglione. Tandis que ses amours avec l'empereur des Français alimentent les conversations du Tout-Paris, la Castiglione se voit ouvrir les portes des plus grands salons de l'époque, où elle rencontre des personnalités illustres, qu'elle charme tout autant.

Subjugué par sa maîtresse, Napoléon III lui offre la plus belle émeraude du monde, estimée alors à plus de 100 000 francs, ne soupçonnant pas un instant qu'elle le manipule dans l'intérêt de l'unification italienne. Régulièrement, à la nuit tombée, conduit par un cocher de confiance et escorté d'un simple policier en civil, l'empereur rejoint sa maîtresse dans l'hôtel particulier de la rue Montaigne où elle

Subjugué par sa maîtresse, Napoléon III lui offre la plus belle émeraude du monde, ne soupçonnant pas qu'elle le manipule.

s'est installée. En avril 1857, lors d'une de ces visites nocturnes, il échappe de peu à une tentative d'assassinat commanditée par le républicain italien Giuseppe Mazzini, avec le soutien de socialistes français exilés à Londres. Même si la Castiglione est étrangère à cet attentat, la rumeur publique, qui la considère déjà comme hautaine et dédaigneuse, la désigne dès lors comme une intrigante. Elle devient gênante et dangereuse pour la politique de l'Empire et pour l'empereur lui-même : celui-ci rompt tout contact avec elle à la fin de l'année 1857, après presque deux ans de liaison.

Disgraciée, la Castiglione rentre en Italie, satisfaite d'avoir honoré la mission confiée par Cavour. Quatre ans plus tard, âgée de 24 ans, elle choisit de revenir s'installer à Paris à la demande du baron de Rothschild, qui a un faible pour elle, et du prince Joseph Poniatowski, qui la persuade qu'elle peut reconquérir l'empereur. Ses tentatives demeurant vaines, elle collectionne les amants riches et célèbres, comme le diplomate Henri de La Tour d'Auvergne, les banquiers Ignace Bauer et Charles Laffitte. Dans ses derniers soupirants figurent Robert d'Orléans (le duc de Chartres) et le député et journaliste Paul Cassagnac. La Castiglione connaîtra une fin de vie sordide : abandonnée de tous, vivant seule et recluse nuit et jour dans sa chambre. Elle perd peu à peu la raison et meurt d'une hémorragie cérébrale en 1899, à l'âge de 62 ans. Nostalgie romantique ou simple souvenir de ses heures de gloire : dans son testament, elle a fait notifier qu'elle souhaitait être inhumée dans la chemise de nuit qu'elle portait à l'époque de sa liaison avec l'empereur…

Parmi les autres courtisanes, le destin le plus incroyable est sans nul doute celui de la Belle Otero. Agustina Otero naît en 1868 en Galice, au nord-ouest de l'Espagne, d'une mère célibataire qui se prostitue pour survivre. La jeune Agustina doit d'abord se contenter de vivre d'expédients dans la miséreuse Espagne du XIXe siècle, vendant des pommes de pin et mendiant quelques pièces dans la rue. Son enfance est marquée par un terrible drame : à l'âge de 11 ans, elle est victime d'un viol, qui restera impuni. Durant une dizaine d'années, elle aurait mené une vie d'errance, sillonnant les cabarets sordides de la péninsule Ibérique, de Lisbonne à Barcelone, où elle subsiste grâce à la danse. Enceinte de son compagnon du moment, elle avorte chez une faiseuse d'ange, qui la laissera stérile.

En 1888, troquant son prénom d'Agustina pour celui de Caroline, elle connaît ses premiers succès de danseuse lors de l'Exposition universelle de Barcelone. Ses gains dilapidés en quelques semaines dans les casinos moné-gasques, elle choisit au printemps 1889 de rejoindre Paris, où se tient une nouvelle exposition internationale. Dans la capitale, Caroline Otero décroche un contrat de trois mois au Cirque d'été, au sein d'une troupe de musiciens et de danseurs spécialisés dans les espagnolades. Âgée de 20 ans, onduleuse et longiligne, elle envoûte le public par ses prestations de flamenco lascives, en robe à volants colorée et castagnettes. Avec sa bouche sensuelle, son regard de braise et sa chevelure noire qui contraste admirablement avec sa peau claire, elle gagne le surnom de « Belle Otero ». L'année suivante, elle rencontre un immense succès lors d'une tournée à New York. Mais, poursuivie par le démon du jeu, elle perd une nouvelle fois l'ensemble de ses gains au casino. Elle décide alors de profiter de sa notoriété pour devenir prostituée de luxe.

Avec sa bouche sensuelle et son regard de braise, Caroline Otero gagne le surnom de « Belle Otero ».

Le premier client de la Belle Otero est un banquier allemand, le baron Ollestreder, qui la couvre de bijoux. Il lui offre notamment un collier légendaire, graal de toutes les cocottes de Paris : constitué de cinq rangées de perles fines, il fut porté par Marie-Antoinette avant que le duc d'Aumale ne l'offre à une célèbre courtisane du Second Empire, Léonide Leblanc, surnommée « Mademoiselle Maximum » tant elle exigeait de preuves d'affection de la part de ses amants.

Si les grandes horizontales attachent autant d'importance aux bijoux, c'est qu'ils constituent le moyen le plus évident d'afficher leur talent et leur réputation, et donc leur prix. Une anecdote savoureuse illustre d'ailleurs cette « guerre des bijoux ». En février 1897, à Monaco, la Belle Otero est informée que sa grande rivale, Liane de Pougy, s'apprête à faire son entrée au casino, somptueusement parée. L'Espagnole conçoit alors une formidable parade en se rendant dans la salle des jeux, vêtue d'une robe magnifique, sans arborer le moindre bijou – c'est à la soubrette qui la suit qu'elle a malicieusement confié l'honneur de porter ses plus belles pièces de joaillerie !

Léonide Leblanc, surnommée « Mademoiselle Maximum » tant elle exigeait de preuves d'affection de la part de ses amants.

En quelques années, la Belle Otero collectionne les amants prestigieux. Parmi eux : le richissime Américain William Kissam Vanderbilt (qui lui offre un collier de l'impératrice Eugénie), Édouard VII d'Angleterre, le roi d'Espagne Alphonse XIII, le kaiser Guillaume II, le tsar Nicolas II, le prince Albert Ier de Monaco, l'empereur du Japon, ou encore le président du Conseil français, Aristide Briand. Quant au roi de Belgique, Léopold II, il l'aurait gagnée aux enchères pour 20 000 francs – « À ce prix, j'offre le petit déjeuner », se serait exclamée l'intéressée ! À l'origine de nombreux duels et d'au moins six suicides, la Belle Otero devient en 1898 la première vedette du cinéma, filmée par Félix Mesguich en train de danser avec un officier du tsar, ce qui provoquera un scandale en Russie. Ses relations galantes ayant fait sa fortune, la danseuse tente d'élargir son répertoire en se lançant, à partir de 1900, dans la pantomime – Guillaume II lui en écrira une, qu'elle jouera à Berlin. Mais c'est en tant que cantatrice qu'elle obtient son plus grand succès, lorsque, en juin 1912, elle interprète un acte de *Carmen* de Bizet au Théâtre des Variétés. En 1919, craignant de ne plus être au niveau, la Belle Otero abandonne la scène et s'installe sous le soleil de Nice, où elle s'adonne à sa passion du jeu. Elle y décède seule, en 1965, à l'âge canonique de 97 ans, après avoir connu de nouveaux revers de fortune.

La plus illustre demi-mondaine de la Belle Époque est Liane de Pougy.

Parmi les grandes horizontales, les Françaises ne sont pas en reste. La plus illustre d'entre elles est Liane de Pougy. Née Anne-Marie Chassaigne, elle voit le jour en 1869 et grandit à Lorient dans une famille modeste et pieuse. À l'âge de 9 ans, elle est placée dans un couvent, où elle acquiert une bonne éducation, avant d'être renvoyée pour un baiser échangé avec un apprenti jardinier. À 17 ans, elle épouse Armand Pourpe, un officier de marine, de sept ans son aîné. Le couple s'installe à Marseille, où elle donne naissance l'année suivante à un garçon. Or, durant les longues absences de son mari, la jeune femme se distrait avec diverses relations extraconjugales. Un jour, la surprenant avec un autre, son mari la blesse d'un coup de pistolet dans le derrière. Lorsqu'elle s'enquiert auprès du médecin si sa cicatrice se verra beaucoup, celui-ci lui répond taquin : « Ah, ma petite dame, cela ne dépendra que de vous ! »

Aussitôt, le divorce est prononcé. Après avoir laissé son fils à son mari, Anne-Marie décide de tenter sa chance à Paris, rêvant de devenir la nouvelle Sarah Bernhardt. À 20 ans, la jeune femme dispose de solides atouts physiques : mince, presque androgyne, le regard ingénu, le front lisse et la peau diaphane. Pour intégrer le petit monde de la galanterie parisienne, elle bénéficie des précieux conseils d'une experte du Second Empire : Valtesse de La Bigne (dont le prénom est la contraction de « Votre Altesse »). Cette belle rousse, qui aurait séduit Napoléon III, la prend sous son aile. En quelques années, sa protégée se réinvente ainsi en demi-mondaine, sous le nom de Liane de Pougy, un prénom inspiré par sa silhouette. Ses premiers protecteurs sont Charles de Mac-Mahon, neveu de l'ancien président de la République, et l'égyptologue anglais Lord Carnarvon, futur découvreur de la tombe de Toutankhamon. Malgré des débuts prometteurs dans le demi-monde, Liane rêve de briller sur les planches. Suivant les conseils de Sarah Bernhardt qui lui a suggéré de mettre en avant son physique, Liane fait ses premiers pas sur scène dans un numéro de magicienne aux Folies-Bergère en avril 1894, en présence du prince de Galles, le futur Édouard VII.

Experte de la galanterie parisienne, Valtesse de La Bigne, aurait séduit Napoléon III.

Durant plusieurs années, la Française va ainsi se produire à travers l'Europe, dans des spectacles de music-hall éclairant sa plastique. Son tableau de chasse n'a rien à envier à celui de la Belle Otero : Édouard VII, Léopold II, Alphonse de Bragance (frère du roi de Portugal Charles Ier), le maharadjah de Kapurthala (qui lui propose de devenir l'une de ses épouses), le marquis de Mac-Mahon (qu'elle mettra sur la paille), le richissime éleveur de chevaux Evremond de Saint-Alary, l'auteur Henri Meilhac (qui lui offre 80 000 francs rien que pour la voir nue et gagner le droit de l'appeler « mon bébé rose »), ou bien encore le comte russe Wladimir Miatlef. Impuissant et masochiste, ce dernier dépense une fortune pour le seul plaisir d'être cravaché par la belle. Liane parviendra même à séduire pour une nuit le compositeur Reynaldo Hahn, pourtant amant attitré de Marcel Proust !

À l'instar des plus célèbres cocottes, ses frasques et péripéties font les choux gras de la presse française et même internationale. Entre autres un impressionnant accident de voiture ou encore le vol d'un bijou inestimable...

Recherchant sans cesse la notoriété, Liane de Pougy met en scène de fausses tentatives de suicide, que la Belle Otero raillera sous le terme de « purges au laudanum ». Après avoir acheté un hôtel particulier rue de la Neva, aménagé en un temple dédié à sa personne, elle met fin à sa vie de courtisane en épousant en 1910 le prince roumain Georges Ghika, de quinze ans son cadet, rencontré dans une clinique après une énième vraie-fausse tentative de suicide. Leur idylle tourne vite court et l'ex-demi-mondaine, déçue par les hommes, ne s'adonnera désormais plus qu'à des amours lesbiennes. Mystique à la fin de sa vie, sa quête religieuse la conduit en 1943 à intégrer l'ordre de saint Dominique. Après s'être successivement appelée Anne-Marie Chassaigne, Anne-Marie Pourpe, Liane de Pougy puis princesse Ghika, c'est sous le nom de sœur Anne-Marie de la Pénitence que l'une des plus célèbres cocottes terminera sa vie. Elle décède en 1950, au lendemain de Noël, à 81 ans.

La Britannique Cora Pearl est à l'origine du surnom de « grande horizontale ».

Cléo de Mérode fut la première femme à voir sa photo reproduite dans le monde entier.

D'autres demi-mondaines illustres mériteraient d'être évoquées. À commencer par la Britannique Cora Pearl, à l'origine du surnom de « grande horizontale » et qui séduisit sous le Second Empire le duc de Morny, Jérôme Bonaparte et Napoléon III. Citons aussi la danseuse irlandaise Lola Montez, favorite de Louis Ier de Bavière et maîtresse de Franz Liszt et d'Alexandre Dumas fils : lors d'un spectacle en Australie en 1855, elle créa la « danse de l'araignée » consistant à lever ses jupons pour révéler son absence de sous-vêtement. La cantatrice française Hortense Schneider, muse d'Offenbach, fut surnommée « le Passage des Princes », puis « la Matrone des Fez » à la suite de sa liaison avec le vice-roi d'Égypte, Ismaïl Pacha. Blanche d'Antigny aurait inspiré à Zola le célèbre personnage de Nana et le chansonnier Jean-Baptiste Clément lui dédicaça initialement la chanson *Le Temps des cerises*. La Montmartroise Émilienne d'Alençon, vedette des Folies-Bergère, publia en 1918 ses truculents mémoires sous forme de poésie dans un ouvrage intitulé *Sous le masque*. Cléo de Mérode, véritable reine de beauté, fut la première femme à voir sa photo reproduite dans le monde entier : maîtresse de l'ingénieur Fulgence Bienvenüe, père du métro parisien, c'est elle qui le mit en contact avec un autre de ses clients, le roi Léopold II, afin de convaincre les dirigeants français d'accepter son projet. Impossible de ne pas citer également la danseuse exotique hollandaise Mata Hari, qui finira fusillée, accusée à tort d'espionnage en 1917.

La danseuse exotique hollandaise Mata Hari qui finira fusillée, accusée à tort d'espionnage en 1917.

Enfin, n'oublions pas la célèbre courtisane parisienne Marguerite Steinheil, épouse du peintre Adolphe Steinheil, maîtresse du roi Sisowath du Cambodge et du président de la République Félix Faure, qui expira entre ses bras à l'Élysée en 1899 !

Difficile de dresser la liste exhaustive de ces enjôleuses, qui rêvaient autant de gloire et de bijoux que de senti-ments, et mettaient leurs talents artistiques (souvent) et physiques (toujours) au service d'une quête illusoire : celle de l'indépendance financière et du pouvoir, dans une société où les femmes disposaient de bien peu de droits. La lucide Ninon de Lenclos, qui défraya la chronique durant le Grand Siècle, n'avait-elle pas délivré, à la veille de sa mort, un précieux conseil aux femmes : « Ce n'est pas assez d'être sage, il faut plaire. »

L'HÔTEL DE LA PAÏVA

Cette Moscovite d'origine juive polonaise, nom-mée Esther Lachmann, est née dans la misère en 1819. Après avoir épousé à 16 ans un modeste tailleur français, la jeune femme s'enfuit pour tenter de faire fortune à Paris. Dans la capitale, cette rousse flamboyante loue ses charmes et séduit le compositeur Henri Herz, puis le duc de Gramont (Antoine X) qui l'introduisent dans le milieu de la galante-rie alors en pleine expansion à la veille du Second Empire. Devenue une demi-mondaine de haute volée, elle parvient à entrer dans la haute noblesse en épousant en 1851, en secondes noces, le marquis portugais Aranjo de Païva, qu'elle abandonne rapidement pour reprendre sa vie galante, avec son précieux titre de marquise. Elle fréquente alors les frères Goncourt, Richard Wagner, Eugène Delacroix,

Ernest Renan, Adolphe Thiers, Charles Baudelaire, Théophile Gautier, Jules Grévy, Sainte-Beuve et Léon Gambetta, pour les plus célèbres. Après le suicide de son mari, « la Païva », comme on l'appelle désormais, se remarie avec un aristocrate allemand richissime, cousin de Bismarck et de onze ans son cadet : Guido Henckel von Donnersmarck, nommé préfet de Moselle après la défaite française de 1871. Quelques années plus tôt, celui-ci avait offert à sa maîtresse l'hôtel particulier de ses rêves, avenue des Champs-Élysées, au luxe indécent et tapageur et qu'elle voulait être la plus belle résidence de Paris. D'un style « Renaissance italienne », l'hôtel de la Païva possède un jardin suspendu, un immense escalier en onyx jaune, unique au monde, et une robinetterie en or. Son coût fut estimé à 10 millions de francs. En découvrant la propriété peu avant son inauguration en 1867, Alexandre Dumas fils aurait fait ce cinglant mais irrésistible commentaire : « C'est presque terminé. Il ne manque plus qu'à mettre en place le trottoir ! »

L'HOTEL DE PAÏVA
Vue prise des Champs-Elysées

FRANÇOIS-FERDINAND
OU LA FIN DU MONDE

Pourquoi la Première Guerre mondiale a-t-elle eu lieu ? Depuis près d'un siècle, cette question divise les historiens, bien que plusieurs explications aient été avancées. D'aucuns incriminent les rivalités économiques : l'Allemagne se targuant d'être la première force navale se devait de s'imposer comme la plus importante puissance industrielle d'Europe aux dépens du Royaume-Uni. D'autres établissent le lien avec de vieux conflits coloniaux : en Afrique, la question du Maroc a déjà provoqué, trois ans plus tôt, un incident militaire entre la France et l'Allemagne et, au Moyen-Orient, le projet allemand de construire une voie ferrée reliant Berlin à Bagdad avive l'inquiétude des Britanniques.

Et que dire des alliances diplomatiques nouées antérieurement entre les différents pays si ce n'est qu'elles n'ont rien arrangé ? Et sans doute précipité l'engrenage fatal d'un conflit naissant, en exacerbant davantage les sentiments nationaux : en France, avec l'espoir de reconquête de l'Alsace-Moselle, mais surtout dans les Balkans où l'explosive question des nationalités est source de conflit avec l'Empire austro-hongrois. Pourtant, comme l'a écrit l'historien Henry Contamine : « Il n'est pas sûr qu'il y ait d'autres causes aux guerres que des causes immédiates. » Et la cause immédiate de la guerre de 1914 sera l'assassinat, à Sarajevo, de l'archiduc François-Ferdinand.

L'assassinat à Sarajevo, le 28 juin 1914, de l'archiduc François-Ferdinand, héritier du trône d'Autriche, a scellé le destin du monde entier.

Qui était l'héritier au trône d'Autriche-Hongrie ? Comment son assassinat a-t-il pu embraser le monde entier ? Quelle mécanique diplomatique a pu engendrer la Première Guerre mondiale et était-elle inéluctable ?

Il épouse une comtesse de petite noblesse, fille d'un aristocrate tchèque, Sophie Chotek, rencontrée à la cour de Vienne.

Membre de la célèbre famille des Habsbourg, François-Ferdinand est le neveu de François Joseph, empereur d'Autriche-Hongrie. Depuis la naissance de cette double monarchie en 1867, l'Empire austro-hongrois est peuplé de cinquante millions de sujets, représentant une douzaine de nationalités. Entre l'archiduc et son oncle, l'entente est plutôt mauvaise. Le souverain autrichien (âgé en 1914 de 84 ans) n'apprécie guère le caractère renfermé et colérique de son neveu. Cependant, le suicide tragique de son fils, l'archiduc héritier Rodolphe, à Mayerling en 1889, a placé François-Ferdinand en tête dans l'ordre de succession aux couronnes impériale et royale. Loin de réjouir ce dernier, cela contrarie ses plans amoureux, son statut d'héritier lui imposant d'épouser une femme d'ascendance royale : bravant l'étiquette, il choisit pour épouse une comtesse de petite noblesse, la fille d'un aristocrate tchèque, Sophie Chotek, rencontrée à la cour de Vienne et avec laquelle il entretient une liaison secrète depuis plusieurs années. L'empereur désapprouve cette mésalliance. Faute d'autre successeur, il finit pourtant par l'accepter : François-Ferdinand conservera son statut d'héritier, à condition que son épouse ne porte pas le titre d'archiduchesse et que leurs enfants soient écartés de la succession au trône. N'acceptant pas l'ultimatum imposé par son oncle, et souhaitant préserver son épouse et ses enfants, François-Ferdinand décide de vivre à l'écart de la cour, dans son château du Belvédère. Compte tenu de l'âge avancé de l'empereur, il prépare activement son accession au pouvoir. Plutôt conservateur et intolérant, il projette de réorganiser l'empire en adjoignant à la double monarchie (autrichienne et hongroise) une troisième couronne, au profit des Slaves du Sud, c'est-à-dire les Serbes, les Croates et les Slovènes, dont on rapporte qu'il se serait rapproché, par simple détestation des Hongrois. À en croire certains de ses conseillers, il envisagerait – même si ses desseins demeurent encore imprécis – de doter l'empire d'une structure fédérale, privant les Hongrois de leur statut privilégié.

Nommé par l'empereur au haut commandement de l'armée austro-hongroise, François-Ferdinand assiste, à la fin du mois de juin 1914, aux manœuvres d'été des 15e et 16e corps en Bosnie-Herzégovine : dès le mois de mars, on annonce sa visite officielle dans la capitale de la province, Sarajevo, le 28 juin. L'archiduc hésite à entreprendre ce voyage, car la Bosnie-Herzégovine est une région peu sûre. Ancien protectorat austro-hongrois, peuplée en grande partie de Serbes, elle a été annexée par l'empire en 1908, ce qui a attisé le nationalisme de sa population, les Serbes se trouvant ainsi répartis en deux États : le royaume de Serbie, indépendant depuis 1878, et l'empire d'Autriche-Hongrie. Plusieurs organisations secrètes ont vu le jour, ambitionnant la réunion des Serbes au sein d'une grande patrie unifiée. La plus importante, créée en 1911, est « l'Union ou la Mort », plus connue sous le nom de « La Main noire », dirigée par le colonel Dragutin Dimitrijevic, chef du service de renseignements de l'armée.

En juin 1910, le courant nationaliste bosniaque a déjà tenté d'assassiner l'empereur François-Joseph.

En Bosnie, le courant nationaliste est quant à lui animé par le mouvement Jeunes Bosniaques, constitué de groupes peu structurés et d'étudiants. Leur objectif est de libérer le pays du joug austro-hongrois en s'en prenant au pouvoir, à leurs yeux tyrannique, des Habsbourg. En juin 1910, un de ses membres, Bogdan Zerajic, a déjà tenté d'assassiner François-Joseph et a ouvert le feu en vain sur le gouverneur de Bosnie, le général Varesanin. Miné par ces deux échecs, Bogdan s'est suicidé, devenant un véritable héros pour ses frères d'armes qui viennent en masse honorer sa tombe et cherchent à l'imiter. Au cours des années suivantes, l'organisation multiplie les projets d'attentats politiques contre l'Empire austro-hongrois, sans qu'aucun d'eux n'aboutisse. Aussi, lorsqu'en mars 1914, la presse annonce la visite de l'archiduc à Sarajevo, certains y voient aussitôt le moyen de frapper un grand coup. Ils ignorent sans doute les sympathies de l'archiduc pour les Slaves du Sud, et d'ailleurs peu leur importe. Ce qui compte, c'est que François-Ferdinand est un Habsbourg !

*Le 4 juin, Prinzip et ses complices sont en possession
de tout le matériel nécessaire à l'attentat.*

Le complot s'articule autour d'un étudiant de 19 ans, issu d'une famille de paysans, Gavrilo Prinzip. Originaire de Bosnie, il a étudié à Belgrade, la capitale serbe, où il est devenu un ardent militant nationaliste. Deux ans plus tôt, à l'occasion des guerres qui ont opposé la Serbie à l'Empire ottoman puis à la Bulgarie, Prinzip a voulu s'engager parmi les volontaires bosniaques de l'armée serbe, mais il a été réformé à cause de sa petite taille et de sa santé fragile. Le jeune homme se trouve à Belgrade pour passer ses examens quand il apprend la venue de l'archiduc en Bosnie. Avec quelques camarades, il décide de fomenter un attentat. « La Main noire » leur permet d'acquérir des armes (dix grenades et quatre revolvers) dont les réseaux nationalistes facilitent l'acheminement vers la Bosnie, à l'insu des autorités. Le 4 juin, Prinzip et ses complices sont en possession de tout le matériel nécessaire à l'attentat. Ils ont vingt-quatre jours pour mettre au point les détails de l'opération. Le succès de leur entreprise va résulter d'un incroyable concours de circonstances.

Pour les nationalistes serbes, la date du dimanche 28 juin, retenue pour la visite de l'archiduc, est capitale puisqu'elle marque l'anniversaire de la bataille de Kosovo Polje au cours de laquelle, en 1389, les Serbes furent vaincus par les Turcs, amorçant une colonisation longue de plusieurs siècles. À l'issue de la bataille, un soldat serbe avait réussi à pénétrer dans la tente de Mourad Ier, et à assassiner le sultan. Curieusement, les choses vont se révéler tout aussi simples en 1914. Ce jour-là, le temps est radieux, il est prévu que François-Ferdinand parcoure Sarajevo en voiture découverte, de la gare jusqu'à l'hôtel de ville. Toutefois, les mesures de sécurité prises pour le protéger sont sommaires. D'abord parce qu'il n'est qu'archiduc et que, dans un empire aussi hiérarchisé que celui d'Autriche-Hongrie, l'héritier ne saurait bénéficier d'une protection policière similaire à celle de l'empereur. Ensuite, parce que si une partie de la population serbe se montre hostile aux Habsbourg, les minorités croates et musulmanes ne le sont pas : la veille, l'archiduc a été acclamé par une foule chaleureuse. Enfin, parce que François-Ferdinand refuse de se laisser impressionner par les menaces qui pèsent sur sa visite – a fortiori en ce jour d'anniversaire de mariage où il peut enfin offrir à son épouse les égards dus à son rang et dont elle est privée en Autriche-Hongrie.

Comme prévu, le cortège se rend à l'hôtel de ville à faible allure en suivant le quai Appel, le long de la rivière Miljacka. Armés de grenades et de revolvers, les terroristes, répartis en trois groupes de deux, guettent, fébriles, le passage de l'archiduc. Déstabilisés par la ferveur de la foule et la présence inattendue de l'archiduchesse, les cinq premiers assaillants n'osent rien entreprendre. Ce n'est que le sixième, Nedeljko Cabrinovic, pourtant considéré comme le maillon faible du groupe, qui se décide à lancer

L'archiduc François-Ferdinand et son épouse quittent l'hôtel de ville de Sarajevo quelques instants avant l'attentat dans lequel ils seront tués.

une grenade sur la voiture princière. Celle-ci n'atteint pas l'archiduc, mais blesse des officiers se trouvant dans la voiture suivante, l'un d'eux grièvement. Le convoi n'est pas interrompu et François-Ferdinand arrive à l'hôtel de ville. Furieux de l'incident, il laisse éclater sa colère. Alors que le couple princier devait se rendre au musée national avant d'aller déjeuner au palais du gouverneur, l'archiduc opte pour un détour par l'hôpital afin de saluer les officiers blessés. Le cortège avancera cette fois à une allure plus vive pour parer à un nouvel attentat.

Or le chauffeur se trompe de route. Lorsqu'il s'en aperçoit, il s'arrête quelques instants au bord d'un trottoir, à l'angle de la Franz-Josef Strasse et du quai Appel. Par le plus grand des hasards, Prinzip se tient à cet endroit, à quelques mètres seulement de l'archiduc et de son épouse. D'abord surpris, il comprend qu'il ne rencontrera pas de si tôt une si belle occasion. Sortant son revolver, il bondit

Prinzip tire à bout portant sur François-Ferdinand puis sur l'archiduchesse, qui succombent l'un et l'autre.

sur le marchepied de la voiture et tire à bout portant sur François-Ferdinand puis sur l'archiduchesse, qui succombent l'un et l'autre. Stupéfaits, les témoins du drame prennent aussitôt en chasse le meurtrier, qui est appréhendé, ainsi que ses complices. Cabrinovic tente de s'empoisonner avant de se jeter dans la rivière et est soustrait à temps au lynchage public. Jugé quelques mois plus tard, Prinzip échappera à la peine capitale en raison de son jeune âge, mais décédera en prison quatre ans plus tard de la tuberculose. Dans les heures qui suivent le meurtre du couple princier, des violences antiserbes sont perpétrées dans toute la ville par les Croates et les musulmans, contraignant le gouverneur à décréter l'état de siège.

Dès le lendemain, l'événement fait la une de toute la presse européenne, sans toutefois soulever une trop vive inquiétude. On est loin d'imaginer une guerre. Dans l'Empire austro-hongrois, la population est choquée par la nouvelle de l'assassinat de François-Ferdinand et de son épouse : on exige des représailles. Mais contre qui ? Si, pour l'opinion publique, l'attentat a été commandité par la Serbie, ses auteurs sont tous bosniaques, et donc sujets de l'empire.

Aussi le pouvoir autrichien se trouve-t-il divisé sur l'attitude à adopter... Le chef d'état-major de l'armée, le général Conrad von Hötzendorf, ainsi que le ministre des Affaires étrangères Berchtold et le ministre de la Guerre Krobatin comptent se servir de l'attentat de Sarajevo comme prétexte pour mater la Serbie, qu'ils accusent d'être le principal facteur de déstabilisation dans les Balkans. Le Premier ministre hongrois, le comte Tisza, est de son côté résolument opposé à toute intervention militaire. Quant à l'empereur François-Joseph et au Premier ministre autrichien, le comte Stürgkh, ils préfèrent attendre les résultats de l'enquête.

Grâce aux aveux de Prinzip et de ses complices, les autorités autrichiennes ne tardent pas à établir la culpabilité du mouvement Jeunes Bosniaques, soutenu logistiquement par « La Main noire ». Aucun lien avec le pouvoir serbe n'ayant été révélé, Belgrade apparaît donc étrangère à l'attentat. Pressé par l'opinion publique, le gouvernement autrichien entend tout de même frapper la Serbie qui constitue à ses yeux une menace pour la sécurité de l'empire. Si déclarer la guerre au royaume de Serbie, à peine sorti des guerres balkaniques, ne fait aucune difficulté, un tel conflit risque de déclencher une intervention de la Russie, fidèle alliée des Serbes. Avant de s'engager, l'Autriche a

Le ministre de la Guerre Krobatin utilise l'attentat comme prétexte pour mater la Serbie.

L'empereur allemand Guillaume II est bouleversé par l'attentat car l'archiduc était un de ses amis personnels.

besoin d'obtenir l'accord et le soutien de l'Allemagne. Guillaume II n'éprouve aucune hostilité envers les Serbes. Néanmoins, il est bouleversé par l'attentat, car l'archiduc était un de ses amis personnels. Le Kaiser l'avait d'ailleurs reçu quinze jours plus tôt et avait traité sa femme avec grands égards, contrairement à la cour de Vienne. Le 5 juillet, l'Allemagne fait savoir à l'Autriche-Hongrie qu'elle la laisse agir à sa guise. À ce moment-là, le Kaiser ne croit pas à une entrée en guerre de l'Autriche contre la Serbie. Il se trompe. Seul le Premier ministre hongrois semble assez lucide pour prendre la mesure d'un possible embrasement. Dans une lettre adressée à l'empereur le 8 juillet 1914, il écrit : « Une attaque contre la Serbie amènerait vraisemblablement l'intervention de la Russie et une guerre mondiale s'ensuivrait. »

Assurée du soutien des Allemands, Vienne prépare, durant toute la première quinzaine du mois de juillet, un ultimatum à destination de la Serbie. Plusieurs remaniements plus tard, le texte est accepté par le Conseil des ministres, le 19 juillet, puis approuvé par l'empereur. Afin que l'injonction soit rejetée par la Serbie, l'Autriche y insère une

Le président français Poincaré et son président du Conseil Viviani se trouvent en mer après une visite officielle à Saint-Pétersbourg.

clause prévoyant l'envoi en territoire serbe de fonctionnaires austro-hongrois chargés de mener sur place des
investigations concernant l'attentat et de poursuivre les
mouvements terroristes. Totalement incompatible avec
le principe de souveraineté des États, une telle condition
ferait de la Serbie une sorte de protectorat. L'ultimatum,
valable quarante-huit heures, est remis à la Serbie le
23 juillet à 18 heures. Le gouvernement autrichien n'a
pas choisi cette date au hasard. En effet, le président
français Poincaré et son président du Conseil Viviani, qui
viennent de quitter Saint-Pétersbourg à l'issue d'une visite
officielle, se trouvent en mer. Toute concertation est ainsi
rendue impossible entre la France et la Russie, le but étant
évidemment de neutraliser cette dernière.

Le 25 juillet à 18 heures, comme prévu, la Serbie rejette
l'ultimatum – du moins la clause dépêchant des enquêteurs autrichiens –, ce qui conduit à la rupture des relations diplomatiques entre les deux États. Le 28 juillet,
soldant une crise larvée d'un mois, l'Autriche-Hongrie
déclare la guerre à la Serbie. Dans le *Wiener Zeitung* du

Comptant sur l'appui de la France, Nicolas II décrète la mobilisation générale dès le 30 juillet.

29 juillet 1914, l'empereur déclare à ses sujets : « J'ai tout examiné et tout pesé ; c'est la conscience tranquille que je m'engage sur le chemin que m'indique mon devoir. » En privé, le souverain octogénaire aurait signé la déclaration de guerre en confessant : « Une guerre préventive, c'est comme un suicide par peur de la mort. » Pour l'instant, le conflit ne concerne que l'Allemagne et la Serbie. Hélas, tout va s'embraser en quelques jours, en raison du célèbre système des alliances.

La Russie est soumise à la pression de sa population, qui affiche un soutien indéfectible à ses cousins serbes, slaves et orthodoxes. D'autre part, le tsar cherche à redorer son blason, entaché par une guerre désastreuse contre le Japon. Comptant sur l'appui de la France, Nicolas II décrète la mobilisation générale dès le 30 juillet. Un mécanisme inéluctable vient d'être engagé. L'entrée en guerre de la Russie contre l'Autriche-Hongrie, avec laquelle l'Allemagne a conclu une alliance en 1882, oblige cette dernière à sommer la Russie de renoncer à toute mesure d'agression, sans quoi elle se mobilisera à son tour. La Russie n'ayant pas même daigné répondre, l'Allemagne décrète la mobilisation le 1er août. Le même jour, signataire en 1907 d'une Triple Entente avec la Russie et le Royaume-Uni, la France lui emboîte le pas. Prise en étau, l'Allemagne n'a d'autre choix que de déclarer la guerre à la France le 3 août.

Le lendemain, les forces allemandes rompent la neutralité de la Belgique en envahissant son territoire. Cette violation territoriale incite le Royaume-Uni, jusque-là indécis, à réagir. Né d'une contestation étouffée entre minorités et de l'assassinat d'un héritier sans rôle politique, le conflit implique bientôt le monde entier, avec une rapidité extraordinaire sans doute facilitée par l'émergence des nouvelles technologies (automobile, avion, téléphone, etc.). Le soulèvement général est le produit de la corrélation inattendue de plusieurs causes profondes, à la fois culturelles, politiques, économiques et sociales, qui vont faire écho dans chaque État en présence. Exaltée par sa vitesse de propagation, la violence devient inéluctable : la Première Guerre mondiale vient de commencer.

LES CARTES POSTALES DE L'ARCHIDUC

L'archiduc avait pris l'habitude de se retirer dans le château de Konopište, à une cinquantaine de kilomètres au sud de Prague. Si l'on peut aujourd'hui y voir la balle qui l'a tué, on peut aussi admirer un paravent où François-Ferdinand, arrivé en ces lieux à 24 ans, s'amusait à coller des cartes postales venues de l'Europe entière. En 2008, une exposition a révélé l'envers de cette correspondance. Toute une époque y est revisitée : joyeuse, festive, pleine de fastes et de rencontres, bien loin des tumultes à venir.

À cette occasion, on a aussi découvert certaines amitiés secrètes, comme celle qu'entretenait l'archiduc avec Zofia Zamoyska, dame d'honneur de l'archiduchesse Marie-Josèphe de Saxe, dont le fils aîné, Charles, sera le dernier empereur d'Autriche. Une relation jusque-là ignorée.

LA GRANDE-DUCHESSE
CHARLOTTE DE LUXEMBOURG,
L'INDÉPENDANCE À TOUT PRIX

Entre 1912 et 1964, se sont succédé sur le trône du grand-duché de Luxembourg deux sœurs qui connurent des destinées radicalement opposées. L'aînée, Marie-Adélaïde, dut faire face au premier conflit mondial, à peine deux ans après le début de son règne. Son jeune âge et sa naïveté lui firent prendre une série de décisions qui faillit renverser la monarchie et qui la conduisit à l'abdication. Sa sœur puînée, Charlotte, mena une politique inverse et son rôle durant la Seconde Guerre mondiale lui assura la consécration nationale et internationale.

Nul doute que la grande-duchesse sut tirer profit des ratés de son aînée : en temps de paix, elle refusa de s'immiscer dans les affaires de politique intérieure, et pendant la guerre, elle fit le choix audacieux de l'exil, pour éviter toute compromission avec l'occupant, encourager les Alliés et soutenir officiellement les forces de résistance. À la Libération, elle sut s'adapter à l'époque nouvelle et développer la notoriété du Luxembourg dans le monde entier. À l'instar des plus grands monarques, elle fut capable d'épouser la cause de son pays, au point de devenir l'incarnation de son unité populaire.

Le rôle de la grande-duchesse Charlotte de Luxembourg durant la Seconde Guerre mondiale lui assura la consécration nationale et internationale.

Par quelles maladresses, signes de son inexpérience, Marie-Adélaïde menaça-t-elle non seulement la survie de la monarchie au Luxembourg, mais aussi la pérennité d'un État indépendant ? Comment, à l'inverse, sa sœur Charlotte parvint-elle à se préserver de tous les pièges et à guider son grand-duché sur la voie de la modernité ?

C'est son aînée, Marie-Adélaïde, une frêle jeune fille de 18 ans, qui devient la première grande-duchesse de Luxembourg de l'Histoire.

Dernier État à posséder le statut de grand-duché, le Luxembourg gagne son indépendance en 1839. À l'origine, son souverain n'est autre que le roi des Pays-Bas, dessinant la forte ressemblance entre les drapeaux des deux pays, qui ne diffèrent que par leurs bleus. En 1890, décède Guillaume III, roi des Pays-Bas et grand-duc de Luxembourg, sans héritier mâle. Les femmes étant alors exclues de la succession au trône luxembourgeois (à la différence des Pays-Bas), c'est un cousin, issu de la branche des Nassau-Weilburg, qui devient grand-duc sous le nom d'Adolphe Ier.

En dépit de ses origines allemandes, ce dernier respecte la neutralité du grand-duché et se conforme aux institutions nationales. À sa mort en 1905, son fils Guillaume IV hérite du trône. Guillaume est marié à l'infante de Portugal, Marie-Anne de Bragance, avec laquelle il a six filles. Dépourvu d'héritier masculin, il fait modifier les règles de succession en 1907. Ainsi, lorsqu'il meurt en février 1912, son aînée, Marie-Adélaïde, une frêle jeune fille de

18 ans, s'inscrit comme la première grande-duchesse de Luxembourg de l'Histoire. Sans expérience, la nouvelle souveraine va commettre un impair dès le début de son règne. Majoritairement de gauche, l'Assemblée vote une loi instaurant un début de sécularisation de l'enseignement public, au grand dam de l'Église catholique. Or, Marie-Adélaïde met un mois pour ratifier cette mesure. Il n'en faut pas plus pour que les milieux progressistes la soupçonnent de prendre le parti de la droite conservatrice, en freinant les réformes, alors qu'elle est censée faire preuve de neutralité. Achevant sa mauvaise réputation, son attitude durant la Première Guerre mondiale jette le discrédit sur la grande-duchesse et met en péril la couronne luxembourgeoise.

Le 2 août 1914, sitôt la guerre déclarée, le Luxembourg, pourtant impartial, subit l'invasion de l'armée allemande. Les autorités du grand-duché sont prises de cours. Plus petit qu'un département français et peuplé d'à peine 300 000 habitants, le Luxembourg ne dispose que d'une centaine d'hommes pour défendre son territoire. Incapable de s'opposer à cette agression, il ne peut qu'émettre une protestation diplomatique contre cette violation manifeste de sa neutralité et de ses frontières. Marie-Adélaïde s'insurge auprès du Kaiser, Guillaume II, imitée par son Premier ministre, Paul Eyschen, qui adresse un télégramme au chancelier allemand Theobald von Bethmann Hollweg. En vain. Ces démarches n'auront aucun effet. Situé à la frontière de la France et de la Belgique, le grand-duché a été élu par l'Allemagne pour servir de base de regroupement à ses troupes envoyées mener des offensives dans ces deux pays. Guillaume II vient lui-même s'y installer avec son quartier général. Et ce qui est malvenu aux yeux des Luxembourgeois, c'est qu'il est reçu par Marie-Adélaïde au grand palais ducal. Une attitude qui sera vivement reprochée à la grande-duchesse après l'armistice, même si celle-ci, pour se défendre, expliquera que son entretien avec le Kaiser n'avait d'autre but que d'obtenir la grâce des Luxembourgeois, mais aussi des Français et des Belges, condamnés à mort par les Allemands.

Désireux de ménager tous ses voisins, le Luxembourg choisit de maintenir, en dépit de l'invasion, une stricte politique de neutralité, suscitant la colère des Alliés. Pourtant, durant quatre ans, le gouvernement du grand-duché cohabite avec le pouvoir militaire d'occupation sans que ce dernier intervienne dans les affaires intérieures. Hélas, Marie-Adélaïde enchaîne les maladresses. En octobre 1915, le pays est confronté à une grave crise politique après la mort du Premier ministre Paul Eyschen qui a dirigé le grand-duché durant presque trente ans. Bien que les socialistes et les libéraux soient majoritaires à l'Assemblée, la grande-duchesse nomme un gouvernement de droite et, pour lui faciliter la tâche, fait usage de son droit de dissolution. Elle ne fait qu'entériner une situation de fait, puisque les élections législatives donnent la majorité à la droite, mais cette intervention est très mal perçue par l'opposition et par le peuple, qui y décèlent un coup d'État de la monarchie. La voilà à nouveau coupable d'une erreur de jugement qu'ils ne seront pas près de lui pardonner. Comme pour accentuer le malaise, en septembre 1918, une des sœurs de la grande-duchesse, Antonia, se fiance au prince Rupprecht de Bavière, commandant de l'armée allemande en Flandre, ce qui ne fait qu'accroître les suspicions de germanophilie pesant déjà sur la famille princière.

Au lendemain de la guerre, la couronne luxembourgeoise se trouve ainsi fortement discréditée. Aussi, dès le mois de novembre 1918, un comité révolutionnaire se forme-t-il pour exiger l'abdication de Marie-Adélaïde et en appeler à la naissance d'une république populaire. À la Chambre des députés, une motion réclamant la déchéance de la dynastie des Nassau-Weilburg est rejetée d'extrême justesse, à deux voix près. Parallèlement, c'est l'existence même du pays qui est remise en cause : son rattachement à la France ou à la Belgique est déjà envisagé par les Alliés. Les deux pays refusent de rétablir leurs relations diplomatiques avec la grande-duchesse, qu'ils accusent de s'être compromise avec l'Allemagne. La classe politique luxembourgeoise

En septembre 1918, sa sœur Antonia se fiance au prince Rupprecht de Bavière, commandant de l'armée allemande en Flandre.

est divisée en trois courants : les socialistes prônent la transformation du duché en département français, les libéraux penchent pour une union personnelle du grand-duché au royaume de Belgique, tandis que la droite persiste à vouloir conserver la monarchie et la dynastie en place. Ostracisée par la France et la Belgique, abandonnée par les libéraux et les socialistes qui voient en elle une alliée de la droite, Marie-Adélaïde comprend que son impopularité ébranle l'indépendance de son pays. Pour épargner à celui-ci l'humiliation de devenir un petit département français ou une province belge, elle préfère abdiquer, le 9 janvier 1919, laissant à sa sœur Charlotte les rênes de la nation. L'ex-grande-duchesse se retire dès le 28 janvier, pour gagner le couvent des Carmélites de Modène, en Italie. Cet ordre étant trop draconien pour sa faible constitution physique, elle rejoindra la Congré-gation des Petites Sœurs des Pauvres à Rome. De santé fragile, elle finira sa vie dans sa résidence de Hohenburg en Bavière, où elle décède en 1924, sans même avoir atteint son trentième anniversaire.

L. L. A. A. R. R.
La Grande-Duchesse Charlotte et le Prince Félix de Luxembourg
Photo Edouard Kutter, Luxembourg

Le 6 novembre 1919, Charlotte épouse son cousin Félix de Bourbon-Parme à Luxembourg.

Après l'abdication de sa sœur, Charlotte prête ser-ment le 15 janvier 1919 devant une délégation de députés réunis au château de Berg. À la veille de ses 23 ans, elle est réso-lue à ne pas réitérer les erreurs de son aînée. Aussi s'empresse-t-elle de faire paraître, quatre jours plus tard, une procla-mation dans laquelle elle s'engage à ne pas s'ingé-rer dans les affaires poli-tiques du grand-duché. Et pour lever toute suspicion de germanophilie, c'est en luxembourgeois qu'elle s'adresse à ses sujets, ce qu'aucun de ses prédécesseurs n'avait fait jusque-là. L'accession au trône de Charlotte brise toute ambition annexionniste de la France et de la Belgique. Les États européens reconnaissent, les uns après les autres, la nouvelle grande-duchesse de Luxembourg. Ayant échoué dans son projet d'union politique avec le grand-duché, la Belgique se contentera d'une union économique, prélude à la Communauté économique européenne, dont le Luxem-bourg sera l'un des six membres fondateurs. En revanche, dans le pays même, les forces politiques de gauche gardent espoir de voir la fin de la monarchie. Le gouvernement de droite, qui considère la grande-duchesse comme le seul garant de l'unité nationale, propose un référendum populaire. Organisé le 28 septembre 1919, ses résultats sont sans appel : 77,8 % des Luxembourgeois s'expriment pour la sauvegarde du régime monarchique ! Ce plébiscite donne à Charlotte une base démocratique inédite : souveraine par la grâce de Dieu, elle l'est désormais par la volonté du peuple.

Le 6 novembre 1919, Charlotte épouse son cousin Félix de Bourbon-Parme et la cérémonie se déroule à Luxembourg, pour la première fois dans l'histoire du pays. En apparence anodin, le choix du lieu contribue à rapprocher la grande-duchesse de son peuple. De ce mariage naîtra un fils, Jean, en 1921, suivi de cinq autres enfants : Élisabeth, Marie-Adélaïde, Marie-Gabrielle, Charles et Alix. Dans le même temps, Charlotte s'applique à rester en retrait et à s'en tenir à ses charges représentatives telles qu'elles sont définies par la Constitution de 1919. Le fait qu'elle s'acquitte de ses fonctions sans qu'on ne puisse rien lui reprocher désarme ses opposants républicains, encore nombreux dans les villes. Fidèle à son engagement, elle se garde de tout commentaire lors de la crise ministérielle de 1925, ou durant le référendum de 1937, autour de la loi d'ordre qui vise à interdire le parti communiste luxembourgeois. Elle soigne ses rapports avec les différents chefs de gouvernement, toujours cordiaux et amicaux. En 1939, Charlotte se retrouve au centre des festivités célébrant le centenaire de l'indépendance du grand-duché. Cette année-là marque le début d'un second cataclysme mondial. Mais, cette fois, la grande-duchesse va faire preuve d'initiative. Et c'est ainsi qu'elle jouira d'une immense popularité et contribuera à forger sa légende.

Charlotte et Félix de Bourbon-Parme auront six enfants : Jean, Élisabeth, Marie-Adélaïde, Marie-Gabrielle, Charles et Alix.

Le 10 mai 1940, l'Allemagne envahit les Pays-Bas, la Belgique et le Luxembourg, violant pour la seconde fois la neutralité du grand-duché. En toute hâte, Charlotte quitte le pays avec sa famille et plusieurs ministres, échappant de justesse aux avant-gardes allemandes au risque que son choix soit perçu comme une désertion. En fait, il est mûrement réfléchi : cette décision, « difficile mais nécessaire », est motivée par la volonté de la grande-duchesse de ne pas reproduire la bévue de 1914 et d'empêcher de facto toute forme de collaboration avec l'occupant. Après avoir rejoint la France, Charlotte et sa famille élisent domicile dans le château périgourdin de Montastruc. Lorsque l'armistice est signé, le 22 juin 1940, le gouvernement français refusant d'assurer sa sécurité, la grande-duchesse s'éclipse à Londres, en passant par l'Espagne et enfin le Portugal. Aux autorités allemandes qui lui proposent de la rétablir dans ses fonctions à la tête du grand-duché, elle ose faire cette réponse définitive : « Mon cœur dit oui, mais ma raison dit non. » À l'automne 1940, elle embarque pour les États-Unis, puis s'installe à Montréal. Durant ce séjour, Charlotte rencontre Franklin Roosevelt à plusieurs reprises. Tandis qu'elle le convainc d'entrer en guerre, le président américain fait d'elle son agent de propagande anti-nazisme, lui promettant son soutien : «I'll bring you home my child.» («Je vous ramènerai à la maison, mon enfant.») De retour à Londres, en 1943, avec le gouvernement luxembourgeois, à l'instar du général de Gaulle, elle s'adresse à ses compatriotes sur les ondes de la BBC et s'impose comme une des voix de la résistance au nazisme.

Dans le grand-duché, l'occupation par les armées hitlériennes redouble de férocité. Le pays a été incorporé de force dans la « Grande Allemagne ». Pour orchestrer sa germanisation, Hitler y a nommé un Gauleiter, Gustav Simon, qui supprime séance tenante toutes les institutions en place. Sont instaurés le code pénal nazi et des tribunaux d'exception, sans oublier la violente législation anti-juive. Les associations et partis politiques sont dissous, le seul autorisé étant le parti nazi luxembourgeois, le VdB ou *Volksdeutsche Bewegung* (Mouvement pour l'intégration au peuple allemand), dont il faut être membre pour accéder à certaines professions. La princesse Antonia, la sœur de Charlotte, qui avait épousé le prince de Bavière, se retrouve déportée au camp de Dachau, puis de Flossenbürg où elle subit, comme tant d'autres, d'atroces tortures. Par ailleurs, l'usage du français s'avère proscrit, non seulement dans les documents officiels, mais aussi sur les panneaux publicitaires ou dans les magasins. Les autorités germanisent même les noms de famille à consonance

Son fils aîné Jean, héritier au trône, s'engage dans les Irish Guards de l'armée britannique sous le nom de « Lieutenant Luxembourg ».

trop française et bannissent le port du béret, très populaire dans le pays. La grande majorité de la population refuse de se reconnaître allemande et les actes de résistance se multiplient. Ainsi, un tiers des jeunes gens enrôlés de force dans la Wehrmacht choisissent d'entrer dans la clandestinité. Le nombre de Luxembourgeois morts durant la guerre est proportionnellement supérieur à celui des Français et des Belges. Le grand-duché est enfin libéré par les Américains le 9 septembre 1944, dix jours après le départ du Gauleiter Gustav Simon. Le prince Félix et son fils Jean, engagé dans les Irish Guards, arrivent à Luxembourg dès le 10 septembre avec les troupes du général Patton. Et même si, en décembre 1944, une nouvelle offensive du Reich déchu est lancée dans les Ardennes, la menace est désormais écartée.

À son retour, le 14 avril 1945, la grande-duchesse est accueillie par une immense liesse populaire. Le pays entier l'érige en symbole de l'unité et de l'indépendance retrouvées. Deux jours plus tard, Charlotte prononce un vibrant discours à la Chambre des députés, où elle rend hommage à la résistance et au courage de son peuple. Elle visite ensuite les régions dévastées, vient en aide aux sinistrés et participe à la reconstruction. À la différence de sa voisine belge, la monarchie luxembourgeoise sort grandie de la guerre et son prestige s'en trouve renforcé. L'exil de la famille grand-ducale, son refus de collaborer avec l'occupant allemand et ses constants appels à la résistance sont salués par tous. Forte de sa légitimité et de sa popularité, Charlotte ne se contentera plus, au cours des deux décennies suivantes, d'une souveraineté d'apparat. À l'image du Luxembourg qui abandonnera sa légendaire neutralité pour intégrer l'OTAN en 1949.

Si elle continue de rester discrète sur les sujets de politique intérieure, la grande-duchesse se consacre désormais pleinement à promouvoir le Luxembourg aux quatre coins du monde, multipliant les visites officielles : elle est reçue en 1950 par le pape Pie XII, en 1961 par le général de Gaulle, en 1963 par le président John Fitzgerald Kennedy. Elle invite également chez elle une foule de chefs d'État et de personnalités prestigieuses : Eleanor Roosevelt, la reine Juliana des Pays-

Fervent porte-parole du grand-duché, Charlotte multiplie les visites officielles, comme en 1961 avec le général de Gaulle.

Bas, le président français René Coty, le roi Baudouin de Belgique, le roi de Thaïlande Rama IX ou Olav V de Norvège. Là encore, son destin et celui de son pays se confondent : cette fin de règne si cosmopolite correspond aux débuts de la construction européenne. Le

Le 12 novembre 1964, Charlotte abdique en faveur de son fils Jean,
qui laissera à son tour la place à son fils Henri en 2000.

12 novembre 1964, Charlotte abdique en faveur de son fils Jean. Marié à Joséphine-Charlotte – sœur de Baudoin, roi des Belges et fille de Léopold III de Belgique –, le prince demeurera grand-duc de Luxembourg jusqu'en 2000, avant de laisser à son tour la place à son fils Henri, neuvième du nom. En novembre 1981, elle assistera même au baptême de la 4e génération, celui de son arrière-petit-fils, le prince Guillaume.

Les noces d'or avec le prince Félix offrent en 1969 l'occasion d'une grande cérémonie au cours de laquelle le couple se voit remettre la croix de l'ordre de la Résistance. Un an après, le prince meurt au château de Fischbach où ils se sont établis après l'abdication de Charlotte. Elle s'y éteindra, entourée des siens, le 9 juillet 1985, à l'âge de

89 ans. Son corps repose dans la crypte de la cathédrale Notre-Dame de Luxembourg. Aujourd'hui encore, pour son attitude irréprochable durant la Seconde Guerre mondiale et son investissement acharné à donner une légitimité au grand-duché sur la scène internationale, mais aussi en raison de sa personnalité attachante et de son charisme, le souvenir de Charlotte reste chéri dans la mémoire et le cœur de tous les Luxembourgeois.

LA ROSE D'OR

La distinction de la Rose d'Or vise dès le XIe siècle à glorifier des souverains aux comportements exemplaires. La première fut remise en 1096 par le pape Urbain II au comte Foulque IV d'Anjou, au lendemain du concile de Tours. Elle fut ensuite décernée à des reines et princesses catholiques afin d'honorer publiquement leurs vertus. Le pape bénissait ainsi chaque année une Rose. Comme Marie-Thérèse d'Autriche, Marie Leczinska, l'impératrice Eugénie, l'impératrice Élisabeth d'Autriche, Marie-Amélie de Portugal ou encore Élisabeth II d'Angleterre (exceptionnellement à l'occasion de ses noces, en 1925). La grande-duchesse Charlotte de Luxembourg reçut à son tour la Rose d'Or en 1956, des mains du pape Pie XII, pour son attitude héroïque durant la Seconde Guerre mondiale. Une reconnaissance dont la souveraine fut émue autant qu'honorée.

Lors de la visite officielle du pape Jean-Paul II au Luxembourg, en 1985, soit deux mois avant la disparition de la grande-duchesse, la Rose d'Or fut placée en évidence dans le salon où ils s'entretinrent en privé. À sa mort, le 9 juillet 1985, la Rose d'Or figurait auprès de son catafalque, avec ses autres décorations. De ce jour, cet honneur a été exclusivement attribué à des sanctuaires catholiques.

GAYATRI DEVI,
UNE PRINCESSE AU PAYS DES MAHARADJAHS

Elle fut la dernière *maharani* de Jaipur, au Rajasthan, dans le nord-ouest de l'Inde. Née princesse, Gayatri Devi a épousé un prince et vécu, de palais en palais, une vie de conte de fées. Et nul doute que ces dernières furent nombreuses à se pencher sur son berceau. Elle marqua surtout son temps par sa beauté et son incroyable personnalité.

Entière et passionnée, Gayatri devient la troisième épouse du maharadjah de Jaipur – qu'elle aime depuis l'enfance – et parvient à s'imposer discrètement dans une société qui laisse peu de place aux femmes. Elle ne se contentera pas de porter avec grâce le sari. Éduquée en Europe, elle s'attachera toute sa vie à libérer les femmes indiennes du carcan que leur impose la tradition.

Jeune souveraine au moment où l'Inde acquiert son indépendance, elle se lance avec audace dans le combat politique, attisant la jalousie de son éternelle rivale, Indira Gandhi. Condamnée par son adversaire à séjourner quelques mois en prison pour fraude fiscale, Gayatri traversera cette épreuve avec la même dignité qu'elle déploiera plus tard à recevoir les plus grands honneurs.

La dernière maharani de Jaipur s'attachera toute sa vie à libérer les femmes indiennes du carcan que leur impose la tradition.

Comment cette femme au destin exceptionnel affronta-t-elle les dures réalités d'une époque où disparaissaient peu à peu les derniers privilèges des maharadjahs ? Et comment a-t-elle su, elle qui vivait dans un luxe incroyable depuis l'enfance, devenir et demeurer dans le cœur des plus humbles l'une des personnalités les plus populaires d'Inde ?

Gayatri vit une enfance privilégiée, entourée de ses frères et sœurs, partagée entre fêtes et parties de chasse à dos d'éléphant.

La fille du maharadjah de Cooch Behar – un État princier des Indes situé dans l'actuel Bengale occidental – naît à Londres le 23 mai 1919. La mort de son oncle a conduit son père sur le trône. Au moment de sa naissance, les astrologues hindous pressentent que la lettre la plus propice à son destin est le G : on baptise donc la fillette Gayatri. Mais sa mère préfère la prénommer Ayesha, du nom de l'héroïne du roman *She*, de Rider Haggard, qu'elle vient de lire. La reine Ayesha y est décrite comme une femme d'une fascinante beauté, qui s'est rendue immortelle en se baignant dans une colonne de feu. Un prénom romanesque qui lui ira à merveille... Gayatri vit une enfance privilégiée, entourée de ses deux frères et de ses deux sœurs, partagée entre fêtes et parties de chasse à dos d'éléphant. Elle racontera plus tard avec emphase et émotion comment elle a tué sa première panthère à seulement 12 ans ! Toute jeune, la princesse voyage souvent en Europe en compagnie de sa mère, son père étant mort prématurément alors qu'elle n'avait que 3 ans. Après ses premières études à la Glendower Preparatory School de Londres, elle rentre en Inde à l'adolescence pour suivre des cours à Shantiniketan (« Demeure de la paix »), une sorte de ville-école où le poète Rabindranath Tagore développe une pédagogie expérimentale, naturelle et ouverte, bien éloignée des méthodes traditionnelles. Elle poursuit ensuite sa formation à l'étranger, à Lausanne et à Londres, optant pour des études de secrétariat qui lui permettent d'apprendre à écrire et parler plusieurs langues. Une éducation parfaite pour cette adolescente dont le destin ne va pas tarder à basculer.

À 12 ans, Gayatri a déjà rencontré son prince charmant. De sept ans son aîné, Man Singh est riche, séduisant et sportif. L'héritier indien est la coqueluche de la haute société londonienne. La petite princesse, éblouie par son charme, ne l'oubliera jamais. Et lorsqu'elle le retrouve, sept ans plus tard, elle tombe éperdument amoureuse de cet excellent joueur de polo – en 1933, il remporte tous les tournois avec son équipe. L'histoire personnelle de Man Singh est aussi digne d'un véritable conte de fées : adopté à l'âge de 9 ans par Madho Singh II, le maharadjah de Jaipur, il lui succède un an plus tard sur le trône, à la tête du très ancien clan rajput (« fils de prince ») des Kachhwawa. L'ancien souverain ne manquait pourtant pas d'enfants, puisqu'il en avait conçu 65 avec ses nombreuses concubines. Mais il était superstitieux, et des astrologues lui avaient prédit que tout héritier légitime ferait peser sur lui un terrible danger. Aussi le maharadjah prit-il grand soin de ne procréer avec aucune de ses cinq épouses officielles et de choisir lui-même son successeur. Man Singh, que ses proches appellent « Jai », est bien vite séduit par

Le mariage est célébré le 19 mai 1940, dans un faste digne des mille et une nuits.

la princesse devenue une magnifique jeune femme. Aussi sportive que lui, Gayatri pratique l'équitation et le polo – une passion qui les rapproche. Et un jour, à Londres, alors que tous deux sont assis sur le siège arrière de sa Bentley, Jai, donnant l'ordre à son chauffeur de tourner autour de Hyde Park, lui présente sa demande en mariage. L'heureuse élue est au comble du bonheur, mais sa mère est loin de partager son enthousiasme. Car le prince a déjà deux épouses – la sœur et la fille du maharadjah de Jodhpur – et quatre enfants, tous installés en son palais de Rambagh, à Jaipur. Cependant, face à la détermination de Gayatri, elle finit par céder. Le mariage est célébré le 19 mai 1940, dans un faste digne des mille et une nuits.

Lors de la cérémonie, Gayatri est obligée de se soumettre à la tradition du *purdah*, qui impose une stricte séparation entre hommes et femmes. Comment la princesse, élevée en Europe dans un système d'éducation ouvert et cosmopolite, pourrait-elle accepter une telle réclusion ?

Elle refuse sans états d'âme de s'y conformer plus long-temps, bien résolue à conserver sa liberté de mouvement. À peine mariée, la maharani adopte ainsi un comporte-ment très européen, n'hésitant pas à se faire couper les cheveux, à jouer au golf ou au tennis, y compris avec des partenaires masculins, à chasser, à monter à cheval, à porter des pantalons... Des activités qui détonnent dans la bonne société indienne. Cependant, contre toute attente, son époux la soutient. Dès son accession au pouvoir, Man Singh s'est lui-même lancé dans un vaste programme de modernisation, qui conduira quelques années plus tard à désigner Jaipur capitale du Rajasthan. Non contente de s'af-franchir du carcan des traditions ances-trales, Gayatri espère par son exemple inci-ter toutes les femmes du pays à s'émanciper, à tous les niveaux de la société. Elle est cepen-dant déçue de ne pas voir ses efforts abou-tir aussi vite qu'elle l'escompte : constatant que les hauts respon-sables du Rajasthan invités à ses réceptions continuent à cantonner leurs épouses à la mai-son, elle comprend que l'évolution des mœurs ne peut passer que par l'éducation des filles.

À peine mariée, elle adopte un comportement très européen, n'hésitant pas à se faire couper les cheveux, à jouer au golf ou à porter des pantalons.

Dès 1943, elle ouvre une première école qui leur est réservée, la Maharani Gayatri Devi Girls Public School (MGD). Grâce à cette institution novatrice, des jeunes filles qui savent à peine lire et écrire peuvent poursuivre des études. Et ce n'est pas sa seule préoccupation. Prête à soutenir toute cause lui paraissant juste, elle se montre attentive et généreuse, tant envers son personnel qu'envers tous ceux qui viennent lui exposer leurs malheurs. Cette fois, elle ne fait que se conformer à la conception ancienne qui veut que le souverain d'un royaume soit le garant du bien-être de ses sujets. Princesse moderne, elle soutient aussi les artisans de Jaipur, pour les aider à développer la fabrication des poteries bleues qui ont bâti leur réputation. Ces préoccupations altruistes n'empêchent cependant pas Gayatri de jouir tant qu'elle le peut de son statut privilégié : passionnée de voitures, elle importe régulièrement en Inde le dernier modèle disponible. Coquette, elle est capable de dépenser des sommes folles, prenant par caprice l'avion seulement pour aller se faire coiffer à Delhi. Bien que fier d'avoir à son bras une reine de beauté au tempérament de feu – dans les années 1950, le magazine *Vogue* classera Gayatri Devi parmi les dix plus belles femmes de son temps –, Jai interviendra souvent pour modérer le goût du luxe et les dépenses de sa séduisante épouse...

Et l'Histoire lui donnera malheureusement raison. En 1947, le monde change. L'indépendance de l'Inde est proclamée, grâce à l'action du parti du Congrès et de son leader charismatique Gandhi, partisan de la non-violence et de la désobéissance civile. Les accords prévoient de laisser aux États princiers le choix de rester indépendants ou de rejoindre un des deux dominions créés par la division de l'ancien Empire britannique : l'Union indienne ou le Pakistan. Cette « partition » crée de sérieux troubles dans le nord du pays entre hindous et musulmans. À Jaipur cependant, le maharadjah veille à la bonne entente entre les deux communautés. Man Singh décide de rejoindre pacifiquement l'Union indienne, comme la majorité des quelque 600 autres souverains concernés. En mars 1949, sa principauté se fond ainsi dans le nouvel État de Rajasthan, où il se place sous l'autorité du nouveau gouverneur, le Rajpramukh. En compensation, il se voit attribuer une pension, appelée *privy purses*, qui lui permet de conserver un train de vie

L'indépendance de l'Inde est proclamée, grâce à l'action de Gandhi, partisan de la non-violence et de la désobéissance civile.

compatible avec son rang, ainsi que le titre de maharadjah de Jaipur. Ignorant les bouleversements profonds qui s'opèrent, la famille continue ainsi à vivre dans le plus grand confort.

En 1948, le fait que Man Singh ne soit plus le véritable souverain de Jaipur ne l'empêche pas de célébrer avec faste son jubilé d'argent. Un an plus tard, les festivités en l'honneur du mariage de sa fille unique avec le maharadjah de Baria durent deux semaines : elles figurent toujours au *Livre Guinness des records* comme le mariage le plus cher du monde. Et, en 1949, on fête comme il se doit la naissance du fils de Jai et Gayatri, Maharajkumar Jagat Singh. Si les étés se déroulent à Londres, la famille passe de brefs séjours à Paris ou à New York, tandis que les

Dans les palaces du Rajasthan, les réceptions s'enchaînent en l'honneur de visiteurs aussi prestigieux que la reine Élisabeth d'Angleterre.

enfants sont éduqués dans les meilleurs établissements britanniques. Dans les palaces du Rajasthan, les réceptions s'enchaînent en l'honneur de visiteurs aussi prestigieux que la reine Élisabeth d'Angleterre et le prince Philip ou le couple Kennedy. On croise parfois la maharani au casino de Deauville, où son mari remporte la Coupe d'or de polo en 1955, et sa tortue fétiche, dont la carapace est incrustée de diamants.

Parallèlement, la politique mise en place dès la fin 1947 par Nehru, successeur de Gandhi au poste de Premier ministre, entraîne peu à peu une relative stagnation économique de l'Inde. Gayatri Devi décide de ce fait d'entrer en politique : elle s'inscrit au Swatantra Party, fondé en 1959 par un ancien leader du parti du Congrès, Rajagopalachari, qui prône un plus grand libéralisme. Elle présente sa candidature à la Lok Sabha (« Chambre du Peuple »), chambre basse du Parlement de l'Inde dont les membres sont élus au suffrage direct. Les représentants de l'autre chambre, la Rajya Sabha, sont élus au suffrage indirect par les membres des assemblées législatives des États. La maharani l'emporte si largement, avec près de 80 % des voix, qu'elle entre elle aussi dans le *Livre des records*.

La Lok Sabha étant élue pour cinq ans, Gayatri Devi s'y représente avec succès en 1967, ainsi qu'en 1971. Son parti s'oppose à celui du Congrès, son puissant adversaire. Elle se heurte alors à Indira Gandhi, qui a succédé à son père Nehru comme Premier ministre et chef du parti du Congrès. Comme Gayatri, Indira a fréquenté l'école de Shantiniketan, mais elle supporte moins encore que son père les privilèges de classe. Peut-être est-elle aussi envieuse des succès et de la beauté de cette rivale qu'elle surnomme « la poupée de verre ». Madame le Premier ministre a-t-elle décidé de régler quelques comptes

La Lok Sabha étant élue pour cinq ans, Gayatri Devi s'y représente avec succès à deux reprises.

Gayatri confessa qu'elle se serait sentie offensée de n'avoir pas été emprisonnée par Indira Gandhi.

personnels ? Toujours est-il qu'en 1971, elle supprime tous les titres et privilèges royaux, mettant fin aux *privy purses*, en totale violation des engagements de 1947. C'est un coup fatal pour de nombreuses familles dynastiques, qui n'ont pas d'autres sources de revenus et se retrouvent forcées de vendre ou de louer leurs palais pour survivre. Man Singh, quant à lui, a su prendre les devants en transformant le palais de Rambagh en un hôtel de luxe, dont il a habilement conservé la gestion. Mais le charismatique époux de Gayatri Devi n'est plus là pour défendre les siens : mortellement blessé à la tête en 1970 au cours d'un match, il est décédé en Angleterre sur un terrain de polo.

Veuve et privée d'une grande part de ses revenus, la maharani se trouve soumise à un véritable harcèlement fiscal. Moti Doongri est perquisitionné : ce palais construit au-dessus de Jaipur dans le pur style écossais lui avait été offert par Man Singh après leur mariage. Devenu la nouvelle résidence familiale, le palais du Raj Mahal subit à son tour le même sort. L'administration procède même à des recherches au palais de Jaigarh où, selon la légende, serait caché le fabuleux trésor des Kachhwawa, accumulé au fil de leurs conquêtes et dans lequel les maharadjahs de Jaipur sont censés puiser à volonté. Les enquêteurs ne trouveront rien, faisant toutefois main basse sur quelques liquidités en livres sterling. Gayatri Devi se voit à cette occasion accusée de fraude fiscale pour détention de devises étrangères. Décrétée coupable, elle est condamnée à cinq mois d'emprisonnement à la prison de Tihar, de même que son beau-fils, Sawai Bhawani Sing, qui a osé s'interposer pour prendre sa défense. La maharani accueille la nouvelle calmement et supporte sa détention avec dignité, donnant en prison des leçons aux enfants et jouant au football et au cricket avec eux. Elle confessera plus tard qu'elle se serait sentie offensée de n'avoir pas été emprisonnée par Indira Gandhi.

Désormais passée au rang de reine mère, Gayatri Devi, une fois libérée, se retire sans regret de la vie politique, déclarant qu'elle ne veut plus collaborer à un régime prétendument démocratique dirigé par un « dictateur ». Le parti Swatantra, trop lié aux anciens maharadjahs, décline après son départ, remplacé par de nouveaux partis d'opposition. La maharani s'installe alors dans sa résidence de Lily Pool, sur les terres du palais de Rambagh, continuant à passer ses étés en Angleterre. Elle n'en néglige pas pour autant les écoles de filles qu'elle a créées, fière de la réputation acquise par la MGD. Elle a aussi ouvert à Jagga ki Bawri, près de Jaipur, une école secondaire, qu'elle a nommée Lalitya Kumari Bal Niketan en l'honneur de sa grand-mère. Par l'intermédiaire de la fondation créée par son mari, la Maharaja Sawai Jai Singh Benevolent Trust, elle vient en aide à ceux qui la sollicitent, que ce soit pour une bourse d'études, un soutien médical, financier, judiciaire, etc.

À 89 ans, Gayatri déploie toujours la même énergie au profit des défavorisés !

Lorsque le drapeau flotte sur Lily Pool, les habitants de Jaipur savent que la maîtresse des lieux est présente et qu'ils peuvent venir la trouver pour lui exposer leurs maux. Sa porte leur reste ouverte, et les enfants viennent jouer jusque sous ses fenêtres. Un matin de février 2008, une poignée d'habitants parmi les plus pauvres sont néanmoins stupéfaits de se voir rejoints par la maharani, venue les soutenir dans leur manifestation contre les promoteurs sans scrupules qui tentent de les déloger. Il se trouve que le terrain en question appartenait à son mari, qui l'avait remis en toute confiance au gouvernement du Rajasthan, et que la plupart de ces humbles résidents ont autrefois fait partie du personnel du maharadjah. À 89 ans, Gayatri déploie toujours la même énergie au profit des défavorisés !

La dernière des maharanis s'éteint l'année suivante, le 29 juillet 2009. Il faut dire qu'en dépit des heureux présages qui ont entouré sa naissance, les malheurs de la vie ne l'ont pas épargnée : elle a perdu son fils unique et vu les descendants de Man Singh se déchirer autour de son héritage. Et celle qui chérissait tant sa bien-aimée ville de Jaipur, la Ville rose, autrefois pleine de charme, l'a vue défigurée par l'urbanisation anarchique et ses embouteillages désastreux. Elle déplorait plus encore le délabrement de Cooch Behar, tombé dans la misère depuis l'indépendance : le palais qui résonnait autrefois des rires de ses frères et sœurs est désormais vide. Elle n'a pas davantage réussi à sauver ses vieux amis éléphants, impuissante à préserver leur espèce menacée. Rédigées en 1976, ses mémoires, *Une princesse se souvient*, témoignent d'un monde idéal aujourd'hui disparu, dont la magie et les fastes nous font plus que jamais rêver.

LE PALAIS DES VENTS

Le monument le plus célèbre de Jaipur, où se plaisait à résider la maharani, est le spectaculaire palais des Vents ou *Hawa Mahal*, construit à la fin du XVIIIe siècle à la demande du maharadjah Sawai Prapap Singh. Ce bâtiment est remarquable pour son impressionnante façade de cinq étages, agencée en forme pyramidale avec ses alcôves saillantes, soigneusement sculptées dans le grès rose qui fait la fierté de la ville. L'ensemble, de style rajput, offre un savant et audacieux mélange des influences architecturales moghole, hindoue et islamique. Il doit son

nom poétique à la volonté de l'architecte Lal Chand Usta de laisser circuler librement le vent... À défaut des femmes du harem, certainement. Les 953 fenêtres, des plus raffinées, permettaient aux épouses de la maison royale de se rafraîchir avec la brise légère, mais aussi d'observer la vie de la rue sans être vues en retour. Comment ne pas définitivement associer ce palais au charme et à l'audace de Gayatri Devi ?

GLOIRE ET DOULEURS DE
MARIA CALLAS

Le 16 septembre 1977, décède à Paris la plus célèbre cantatrice du XXᵉ siècle : Maria Callas. De son vrai nom Cecilia Sophia Anna Maria Kalogeropoúlos, elle est née en 1923, aux États-Unis, dans une famille d'immigrés grecs. Celle qui s'imposera dans les années 1950 comme une star internationale – surnommée « la Bible de l'opéra » par le compositeur et chef d'orchestre américain Léonard Bernstein – conquiert le succès au lendemain de la Seconde Guerre mondiale et il ne la quittera pas jusqu'à son retrait de la scène, en 1965. Elle est aussi devenue l'incarnation de la diva. Si la cantatrice n'a jamais cessé de nous fasciner, c'est bien sûr pour l'incroyable rareté de sa tessiture vocale et son expressivité digne d'une grande tragédienne, mais aussi pour sa forte personnalité, sa vie personnelle mouvementée et sa fin tragique, qui laisse encore planer le doute...

Rejetée par une mère dépressive, handicapée par une forte myopie et frappée de boulimie, la jeune fille trouvera son salut dans la révélation d'un don rare : une voix puissante, unique, bouleversante. Si sa mère ne pouvait l'aimer, alors le monde entier l'admirerait ! Ce timbre particulier que la Diva possédait et qu'elle qualifiait de « rebelle » a su toucher des millions de mélomanes. Sans doute aussi parce qu'elle incarnait sur scène, avec tant d'aisance et une vraie sincérité, une sorte de rage empreinte de souffrance. Son ami et producteur, Michel Glotz, ne parlait-il pas d'une « voix de bête fauve » ?

Maria Callas va trouver son salut dans la révélation d'un don rare : une voix puissante, unique et bouleversante.

Battista Meneghini, le seul homme qui l'épousera, semblait moins fasciné par la femme que par la Diva.

Une insécurité maladive, un sentiment d'insatisfaction chronique et une recherche insatiable de la perfection l'obligeront toute sa vie à se vouloir unique et incomparable. Cette nécessité de concentrer sur elle tous les projecteurs lui vaudra de fortes inimitiés, même si chacun s'accorde à reconnaître la maîtrise parfaite de ses résonateurs. Dans sa vie privée aussi, Maria connaîtra de cruelles déceptions, que sa soif d'absolu rend peut-être inévitables. Meneghini, le seul homme qui l'épousera, semblera moins fasciné par la femme que par la Diva. Et si elle aimera tant Aristote Onassis, ce sera sans doute parce que cet homme puissant s'est épris de celle qui vibre justement derrière le masque de La Callas. Le milliardaire grec lui en préférera pourtant une autre. Quoi de plus naturel alors que d'accepter d'interpréter, comme seul rôle au cinéma, celui de Médée, dans cet éternel drame antique de la jalousie ?

Après plusieurs années de profond isolement, La Callas s'en est allée à l'âge de 53 ans. Les circonstances exactes de sa disparition demeurent nimbées de mystères. Toutes les hypothèses ont circulé, dont les pistes sont dignes d'un mauvais

Onassis ne lésine pas sur les moyens pour conquérir la Diva, parsemant sa tournée de roses rouges par milliers.

polar : suicide, assassinat, dépression... Et si la Diva était finalement morte naturellement ? Derrière l'artiste d'exception, se cachait une femme tragiquement seule.

Nous sommes le 15 mars 1975. Maria Callas, qui a fait ses adieux au public depuis dix ans et réside désormais seule à Paris, apprend la nouvelle qu'elle redoutait tant : la mort d'Aristote Onassis. C'est un coup terrible pour celle qui lui a rendu visite à plusieurs reprises, durant son agonie, à l'Hôpital américain de Neuilly. Malgré le temps passé et les trahisons, Onassis est demeuré le seul amour de sa vie. Leur histoire n'a pourtant pas été de tout repos. Maria est devenue la maîtresse du milliardaire grec en 1959, au cours d'une croisière sur son yacht, le *Christina*, alors qu'elle est mariée depuis douze ans à l'industriel italien Giovanni Battista Meneghini qui est aussi son agent. En dépit de cela et des vingt années qui les séparent, la passion entre les amants est plus forte. Il faut reconnaître qu'Onassis ne lésine pas sur les moyens pour conquérir la Diva, parsemant sa tournée de roses rouges par milliers.

Maria rêve en secret d'épouser le richissime armateur. Mais c'est avec Jacqueline, la veuve du président Kennedy, qu'Onassis finit par se marier.

Sacrifiant tout à cette passion amoureuse, elle décide de mettre un temps sa carrière de côté, se contentant de mener durant trois ans une vie de mondaine dilettante. La naturalisation grecque en 1966 ayant de facto annulé son mariage avec Meneghini, Maria rêve en secret d'épouser le richissime armateur. En vain. Car, après neuf ans d'amour, c'est avec la veuve du président John F. Kennedy, Jacqueline, qu'Onassis finit par se marier. Cette union ne l'empêche aucunement de continuer à fréquenter sa compatriote qu'il estime et qui, de son côté, l'aime toujours passionnément.

Devant ce printemps 1975 qui ne lui apporte rien de bon, Maria Callas est inconsolable. Veuve non officielle, elle pleure bien plus que son amour perdu. Avec Onassis, elle enterre un fastueux passé. Au cœur de son luxueux appartement de l'avenue Georges-Mandel, dans le XVIe arrondissement de Paris, où elle a élu domicile depuis quelques années, elle s'isole toujours davantage. Ses seuls compagnons sont Bruna, sa femme de chambre, Feruccio, son maître d'hôtel, et ses deux inséparables caniches. L'année précédente, elle a réalisé une tournée de récitals en compagnie du ténor Giuseppe di Stefano, qui s'est achevée en Asie. En dépit de l'immense succès populaire, la critique est mauvaise. Désormais, Maria sait qu'elle ne retrouvera jamais sa voix d'antan. Elle écrit à son parrain, le docteur Lantzoumis, afin de lui annoncer sa terrible décision : elle renonce à poursuivre sa carrière. Alors qu'elle n'a que 51 ans, l'artiste est résignée. Pendant des heures, elle écoute ses meilleurs disques, surtout ses représentations publiques, en particulier celles enregistrées par ses admirateurs du monde entier. Ces témoignages encore vibrants de sa gloire passée la transportent mais la transpercent tout autant. Cette nostalgie la consume.

Huit mois plus tard, le 2 novembre 1975, une nouvelle épreuve frappe la Diva. Le réalisateur italien Pier Paolo Pasolini, celui qui, six ans plus tôt, lui avait offert le rôle principal dans son film *Médée* et à qui elle devait en partie la résurrection de sa carrière, est sauvagement assassiné sur une plage, près de Rome. Terrorisée par les attentats politiques qui ensanglantent l'Italie des années 1970, Maria refuse de remettre les pieds dans la péninsule. Dans ce pays qui a

Maria réalise une tournée avec le ténor Giuseppe di Stefano. Malgré le succès populaire, la critique est mauvaise.

pourtant bâti sa légende, elle craint d'être victime de kidnapping. Peu à peu, elle semble néanmoins se ressaisir. Grâce à l'un de ses amis directeur artistique, dans le plus grand secret, la cantatrice reprend des séances de travail vocal, au Théâtre des Champs-Élysées. Seule, sans aucun public, elle renoue avec le plaisir de chanter, le goût de cette voix particulière qui transcendait son corps.

Maria s'éprend un temps de Visconti, mais cette passion ne pouvait avoir d'autres issues qu'une collaboration artistique.

Mais la terrible série noire se poursuit. Le 17 mars 1976, deux jours après le premier anniversaire de la mort d'Onassis, c'est Luchino Visconti qui décède à son tour. Le réalisateur italien l'avait mise en scène dans plusieurs opéras à La Scala de Milan, dans les années 1950, contribuant ainsi à sa renommée internationale. Maria s'était un temps éprise de Luchino, même si cette passion ne pouvait avoir d'autre issue qu'une collaboration artistique... Or durant ce nouveau deuil, un paparazzi photographie Maria à son insu, lors d'une de ses séances secrètes de répétition au Théâtre des Champs-Élysées. La presse à scandale publie aussitôt les clichés. L'un d'eux la montre l'air grave, accompagné de ce titre : « La Callas effondrée n'a pu atteindre le contre-ut. » À la fois meurtrie et furieuse, elle stoppe les répétitions et renonce définitivement à chanter, pour se réfugier de nouveau dans le cocon sécurisant de son appartement. Au cours de l'été, son amie et compatriote, la pianiste Vasso Devetzi, la convainc de l'accompagner en Grèce sur une petite île isolée pour se détendre. Mais l'arrivée de journalistes, informés de sa présence, oblige la cantatrice à rentrer précipitamment en France. La laissera-t-on jamais en paix ? À bout de nerfs et déprimée, Maria néglige les mondanités qu'elle affectionnait tant autrefois et ne sort plus que pour s'évader dans le noir d'une salle de cinéma ou promener ses chiens. En juillet 1977, l'imprésario Alan Sievewright tente de la persuader de participer à une soirée-débat en son honneur, à Covent Garden, le célèbre opéra londonien. Mais Maria n'en a ni le goût ni l'envie.

Vendredi 16 septembre 1977, peu avant 13 h 30. Maria, qui s'est levée tard et vient d'achever son petit déjeuner, se dirige vers la salle de bains. Cette pièce de l'appartement est sa préférée, avec ses robinets en or et ses plantes vertes ; elle y a même fait installer un fauteuil, un tourne-disque et un téléphone. Soudain la cantatrice, qui souffre depuis quelques jours de l'épaule, est prise de vertige et chute. Bruna, qui a entendu un bruit sourd, se précipite et la trouve par terre, murmurant simplement : « Je ne me sens pas bien. » Maria se plaint d'une vive douleur au côté gauche. Ses domestiques la soulèvent délicatement et l'allongent sur son lit. Les lèvres bleues et le visage blême, Maria respire avec difficulté. Ses mains tremblantes sont glacées. Pendant que Feruccio appelle un médecin, Bruna prépare un café serré, comme l'apprécie l'ancienne diva à qui elle parvient à en faire boire une gorgée. Celle-ci semble se sentir mieux. Quelques secondes plus tard, elle s'endort. À tout jamais. Feruccio n'ayant pas réussi à joindre l'Hôpital américain, c'est un médecin de quartier qui arrive un quart d'heure plus tard. Il ne peut que constater sa mort. L'acte de décès stipule un collapsus cardio-vasculaire, autrement dit une crise cardiaque. En réalité, rien n'est moins sûr.

Comment ne pas envisager le suicide ? Depuis la disparition d'Onassis, Maria Callas est dépressive. Ne parvenant plus à trouver le sommeil, elle s'est mise à absorber quotidiennement une quantité croissante de somnifères, au

Depuis la disparition d'Onassis, Maria, devenue dépressive,
absorbe chaque jour une quantité massive de somnifères.

point de devenir complètement dépendante et de craindre à tout moment de manquer de comprimés. Selon ses proches, cette consommation massive l'assomme même parfois durant vingt heures d'affilée. Pour la réveiller, son amie Vasso a pris l'habitude de lui donner des amphé-tamines, qui ne font qu'aggraver le cercle vicieux de la dépendance.

Certaines nuits, Maria est si angoissée qu'elle demande à Bruna de venir dormir sur le canapé du dressing attenant à sa chambre, en laissant la porte entrouverte. La Diva est effrayée par la solitude : elle supplie ses domestiques de lui tenir compagnie jusque tard le soir et trouve toujours mille et un prétextes pour qu'ils restent avec elle le dimanche, durant leur jour de repos. Il lui arrive même de téléphoner à ses amis en pleine nuit et de tenir des propos interminables et décousus, sans s'excuser pour le dérangement. Quant à son poste de télévision, il reste constamment allumé, y compris lors des rares visites qu'elle reçoit. Preuve de sa neurasthénie, son apparence physique est de plus en plus négligée. Elle ne se pare plus de ses bijoux chatoyants, et ne porte que de grandes tuniques sur des pantalons noirs.

À 53 ans, celle qui avait été l'une des plus flamboyantes chanteuses lyriques au monde apparaît comme une femme prématurément vieillie. Ses cheveux blanchis retombent sans soin sur ses épaules. Myope depuis l'enfance, ayant toujours refusé de porter lunettes ou lentilles sur scène, elle arbore maintenant une monture à verres épais sans le moindre effort de coquetterie. Maria se laisse envahir par son poids. Enfant solitaire, elle avait pris l'habitude de manger plus que de raison et souffert dans son adolescence d'une surcharge pondérale. Cependant, au cours de sa carrière, elle avait perdu en peu de temps une trentaine de kilos (au point de faire naître les rumeurs les plus folles) sans que sa voix en ait été affectée. Désormais, elle se laisse de nouveau aller à ses crises de boulimie. Son métabolisme est déséquilibré et sa santé ne cesse de se dégrader.

Elle affiche une tension dangereusement basse, oscillant entre 8 et 5. Les quelques intimes de passage constatent que sa peau est devenue diaphane, laissant entrevoir ses veines. Son regard, jadis sensuel et plein de vie, apparaît vide, lointain, absent. Maria n'est plus que l'ombre d'elle-même, marchant les épaules voûtées. Tous ont compris qu'elle s'autodétruit. Les amis se font de plus en plus rares, excédés de voir leurs rendez-vous annulés à la dernière minute. Découragés dans leurs efforts pour la soutenir, même les plus fidèles finissent, les uns après les autres, par la délaisser. N'était-ce pas là le but recherché ?

Son éternelle rivale, Renata Tebaldi revendiquera posséder « quelque chose que Callas n'a pas : un cœur ! » Si seulement...

À dire vrai, tout au long de sa carrière, La Callas aura cultivé une farouche indépendance. Elle n'aura eu de cesse de vouloir concentrer sur elle toute la lumière, au risque de se brouiller avec ses partenaires de scène, hommes et femmes. Certes, la presse a souvent exagéré la rivalité qui l'opposait, par exemple, à Renata Tebaldi, mais des propos virulents ont bien été échangés entre elles. La Tebaldi ayant revendiqué la possession de « quelque chose que Callas n'a pas : un cœur ! », l'intéressée avait répondu : « Me comparer à Tebaldi, c'est comme comparer du champagne à du cognac. Non, à du Coca-Cola ! » Concernant ses partenaires masculins, certains critiques ont noté la manière dont elle leur imposait son propre tempo, ne se concentrant que sur son chant et sa gestuelle personnels. Le ténor espagnol Alfredo Kraus conservait un mauvais souvenir d'une *Traviata* chantée à ses côtés, à Lisbonne, en 1958 : « Elle m'impressionnait, oui, mais je n'aurais pas pu chanter avec elle d'autres œuvres, simplement parce qu'elle ne me laissait pas exister. »

Le musicographe Jacques Bourgeois, le plus fidèle de tous ses amis, expliquera plus tard qu'à la fin de sa vie, le désir viscéral de Maria de se couper de tous, y compris de ses proches, était devenu pathologique. Au cours des derniers mois, Maria traversait une véritable crise existentielle, et était obsédée par la question de son salut. Elle était en outre fascinée par la figure biblique de Marie-Madeleine, à laquelle le Christ a pardonné tous ses péchés. Se préparait-elle à la mort ? Ses domestiques reconnaîtront qu'ils ont toujours craint qu'elle n'attente à ses jours. Selon son ami le critique musical Renzo Allegri, la Diva tenait un journal intime, où elle notait de terribles messages de désespoir : « Je pense que ce sera pour moi une joie d'en finir avec cette vie : je n'ai ni bonheur ni amis, je n'ai que mes médicaments. »

Maria Callas n'a en effet ni mari, ni amant, ni enfant. Un de ses biographes parlera d'un bébé mort en couches au printemps 1960, dont l'armateur grec aurait été le père. Un deuil sans doute impossible à faire. Car la petite fille qu'elle était restera toute sa vie profondément meurtrie par le rejet d'une mère dépressive. « Enlevez-la, je ne veux pas la voir ! » s'était écriée Evangelia Kalogeropoúlos en mettant sa fille au monde le 4 décembre 1923. Elle voulait un garçon, pour remplacer son petit Vassilios, mort prématurément à l'âge de trois ans. Maria attendra même quatre jours avant d'être enfin prénommée ! En vérité, sa naissance ne fait qu'aggraver l'état d'Evangelia qui a déjà subi la mort d'un père adoré, suivie d'un mariage qui ne répondait pas à ses aspirations sociales. Elle a dû ensuite supporter la disparition prématurée de son second enfant et, pour finir, un exil aux États-Unis décidé par son époux, qui l'a obligée à abandonner derrière elle la Grèce, sa famille, sa langue maternelle... Autant dire qu'entre la mère et la fille, le lien ne cessera d'être houleux et douloureux. La découverte de la musique a sauvé Maria, sans pourtant jamais combler ce manque d'amour originel et primordial.

Entre Maria et sa mère, le lien ne cessera d'être houleux et douloureux.

Son ex-mari, Battista Meneghini, reste quant à lui convaincu du suicide de celle dont il a partagé le quotidien. Son intuition se fonde notamment sur un livre de prières que la cantatrice conservait auprès d'elle. Sur l'une des premières pages, on peut lire deux notes énigmatiques : « Été 77 » et « À T. » Si la première inscription renvoie à une date proche de sa mort, la lettre T le désignerait explicitement, La Callas ayant l'habitude de le surnommer affectueusement « Titta ». Beaucoup plus troublante est cette phrase portée sur la même page : « Dans ces moments cruels, tu es ma seule issue, et tu tentes mon cœur. Le dernier appel de mon destin. La dernière croix sur mon chemin. » Ces vers, emplis de désespoir, sont tirés de l'opéra *La Gioconda* d'Amilcare Ponchielli, qu'a interprété la Diva. Il manque cependant à cette tirade un mot. Le premier. La cantatrice a délibérément omis de l'écrire. Il s'agit du mot « suicide ». Faut-il y voir un message posthume laissé à son ancien époux ?

Le suicide de la Diva au moyen d'une surdose de médicaments est donc concevable. Depuis la mort d'Onassis, Maria Callas se laissait déjà mourir à petit feu – un lent suicide qui aura duré un peu plus de deux ans. Néanmoins, une autre hypothèse, tout aussi terrible, ne doit pas être écartée : celle d'un possible assassinat. Cette allégation, plusieurs fois avancée, implique une proche collaboratrice dont le comportement a été des plus troubles après la mort de la Diva : son amie Vasso Devetzi. On sait fort peu de

Celle qui avait été l'une des plus belles chanteuses lyriques au monde apparaît désormais comme une femme prématurément vieillie.

chose sur cette pianiste grecque, devenue une intime de la cantatrice et qui, au cours des dernières années, a su se rendre indispensable. Autoritaire et manipulatrice, elle est avec les domestiques la seule personne à fréquenter La Callas au quotidien. C'est elle qui lui fournit ses précieux comprimés. Le jour du décès de Maria, Vasso arrive en même temps que le médecin et se présente à lui comme son exécutrice testamentaire, ce qui non seulement est faux, mais étrangement prématuré. Devant le docteur qui rédige à la hâte l'acte de décès, elle omet fort à propos de mentionner les doses massives de médicaments absorbées par la Diva.

D'ailleurs, de quoi est véritablement morte la cantatrice ? Selon les experts, les symptômes décrits par les domestiques et le récit du décès laissent moins penser à une crise

*Un an après son inhumation,
on découvre que l'urne renfermant les
cendres de la cantatrice est vide !*

cardiaque qu'à une embolie pulmonaire provoquée par une overdose médicamenteuse alliée au manque d'exercice. La dépouille de l'artiste ayant été incinérée juste après les funérailles, aucune autopsie n'a pu être effectuée. Là encore, on ne peut que s'interroger sur les motifs d'une telle précipitation. A-t-on cherché à faire disparaître les traces d'un éventuel empoisonnement ? Vasso Devetzi a prétendu qu'il s'agissait là des dernières volontés mentionnées dans le testament de La Callas. Or, ce testament n'a jamais été retrouvé ! Par ailleurs, non seulement Maria avait la hantise du feu, mais la crémation est proscrite dans la religion orthodoxe. Ajoutons que toute demande d'incinération ne peut être engagée que par un membre de la famille. Or, celle concernant La Callas a été signée par un certain Jean Rouen, qui n'est autre que le mari de Vasso !

Dernier élément troublant : on a découvert, après plus d'un an, que l'urne renfermant les cendres de la cantatrice – exposée dans la niche 16258, située dans les souterrains du cimetière du Père-Lachaise, et devant laquelle venaient se recueillir en nombre ses admirateurs – était vide. Les cendres auraient été cachées dans une banque, avant d'être dispersées, au printemps 1979, dans les flots de la mer Égée. Cette décision mystérieuse aurait été prise par Vasso, alors même que La Callas n'en avait jamais émis le souhait. Cet empressement à vouloir faire disparaître jusqu'aux cendres de Maria fait peser de lourdes présomptions sur le rôle que la pianiste a joué dans la mort de la Diva.

Mais Pourquoi Vasso aurait-elle voulu porter atteinte à celle dont elle revendiquait être l'amie ? Sans doute pour le plus vieux mobile du monde : l'argent. On sait par les domestiques qu'entre le décès de Maria et ses funérailles, Vasso est venue à plusieurs reprises dans l'appartement, pour en repartir chargée d'un grand nombre d'objets de valeur ou de collection : horloges, vaisselle en porcelaine de Limoges, émaux orientaux, cadres sertis de pierreries... Mais c'est bien sûr la fortune de La Callas, estimée à plus de 15 millions de dollars, qui serait la clé de l'énigme. En l'absence de testament, l'héritage de la Diva doit être partagé entre sa famille (sa mère Evangelia et sa sœur Jackie) et son mari Battista Meneghini, dont le divorce avec la cantatrice n'a jamais été reconnu par la justice italienne. Mais Maria est morte en France et ses héritiers ne parlent pas un mot de la langue de Molière. Se présentant à eux comme la meilleure amie de la défunte et la gestionnaire de sa fortune, Vasso leur propose opportunément d'éviter une procédure lente et complexe en procédant elle-même à un partage à l'amiable. Elle parvient également à les convaincre que Maria avait expressément souhaité consacrer une partie de son héritage à la création d'une fondation destinée à financer de jeunes chanteurs.

À la tête de cette fondation fantôme, la pianiste s'approprie ainsi en toute légalité une partie de la fortune de La Callas, versée de bonne foi par ses héritiers légitimes. Entre 1978 et 1980, plus d'un million et demi de dollars sont transférés à Vasso Devetzi à travers la Fondation Maria Callas. Sa sœur Jackie mettra cinq ans à découvrir la supercherie. En 1987,

À la tête d'une fondation fantôme, Vasso Devetzi s'approprie en toute légalité une partie de l'héritage versée de bonne foi par ses héritiers légitimes.

peu avant d'être inculpée pour escroquerie, Vasso meurt d'un cancer, emportant avec elle les ultimes secrets sur la mort de Maria. Témoins clés de cette affaire, les domestiques Bruna et Feruccio ont disparu depuis longtemps sans laisser de traces.

En 2010, deux chercheurs italiens en orthophonie de l'université de Bologne ont affirmé que Maria Callas souffrait en réalité d'une maladie rare de la peau (la dermatomyosite), contractée lors de son régime draconien. Cette pathologie provoque une défaillance des muscles du larynx et nécessite un lourd traitement à base de corticoïdes et d'immunodépresseurs, ce qui expliquerait ses problèmes de voix, sa prise de poids et son insuffisance cardiaque. Faute de dépouille, nous ne saurons jamais ce qui a emporté la Diva. On n'a donc pas fini de s'interroger sur les circonstances et les causes réelles de sa disparition. Mais n'est-ce pas là le lot des gloires immortelles ?

LA SCALA, LA MÉMOIRE DES VOIX

Dans ce somptueux théâtre néoclassique, installé dans le quartier du Duomo de Milan, les plus grands ténors et cantatrices ont fait résonner leurs voix. Inaugurée en 1778, cette célèbre salle de concert a vu défiler aussi bien Rossini et Verdi au XIXe siècle, qu'Arturo Toscanini au XXe, qui dirigera La Callas dans *Macbeth*. « Vous êtes la femme que j'espérais trouver depuis longtemps, je veux utiliser votre voix ! » lui dira-t-il. Il est vrai que dans cette pièce en forme de fer à cheval, la voix de La Callas résonne un peu plus encore que celle de ses collègues. Elle parvient à faire entendre la pureté de ses notes à tout le public, du parterre jusqu'aux galeries, en passant par les baignoires. Quel est donc le secret de Maria Callas ? La célèbre cantatrice a découvert au gré de ses répétitions sur cette scène qu'il existait un endroit très précis où sa voix retentissait avec plus de majesté que nulle part ailleurs. Désormais, lors des représentations, les sopranos et autres ténors se placent précisément sur cette partie de la scène, surnommée « l'endroit de La Callas ». Quel meilleur hommage ? Lors de la réouverture des lieux en 2004, après trois ans de travaux de rénovation, on rejoua la même pièce que pour l'inauguration, en 1778 : *Europa riconosciuta*, de Salieri. La magie du lieu opère toujours. Et « l'endroit de La Callas » aussi, à jamais préservé.

Un endroit très précis de la Scala permet à la voix de retentir avec plus de majesté que nulle part ailleurs.

REMERCIEMENTS

Je tiens d'abord à remercier les lecteurs et le public qui me suivent avec tant de passion depuis cinq saisons déjà, ainsi que les nombreux historiens qui m'ont inspiré, et bien sûr mes producteurs Jean-Louis Remilleux et Laurent Menec, et tous les spécialistes ou témoins qui ont accepté de participer à nos émissions de « Secrets d'Histoire ».

J'adresse ensuite toute ma gratitude à ma chère éditrice Lise Boëll, si admirable de compétence et de sollicitude. Outre ces talents, elle possède celui de savoir s'entourer : mes plus chaleureuses félicitations vont donc à Estelle Cerutti, Virginie Caminade, Julien Colliat, Olivier Lebleu, Gavin's Clemente-Ruiz, Marie-Paule Rochelois, Cécile Meissonnier, Céline Schmitt et Estelle Capelier pour leur généreuse efficacité.

Enfin, je suis chaleureusement reconnaissant au groupe France Télévisions et aux éditions Albin Michel pour leur fidèle collaboration.

DU MÊME AUTEUR

L'Europe des rois, Lieu Commun, 1988.

Les Couronnes de l'exil, Balland, 1990.

La Monarchie dans tous ses états, Balland, 1992.

Moi, Amélie, dernière reine de Portugal, Denoël, 1997.

Diana, princesse des cœurs, Michel Lafon, 1997.

God Save the Queen, Michel Lafon, 1998.

Rainier de Monaco et les Grimaldi, L'Archipel, 1999.

Mon royaume à moi, Albin Michel, 2000.

Diane de France, la princesse rebelle, Flammarion, 2003.

Un si joli monde, Flammarion, 2006.

Plus belle sera la vie, Plon, 2007.

Grace Kelly, Albin Michel, 2007.

Une vie de chien, Albin Michel, 2009.

Oubliez-moi, Flammarion, 2009.

Au cœur de l'Écosse, avec Franck Ferrand, Flammarion, 2009.

Le Livre Fou du Roi, Flammarion/Radio-France, 2010.

Secrets d'Histoire, Albin Michel, 2010.

Secrets d'Histoire 2, Albin Michel, 2011.

L'Histoire du mariage princier, catalogue de l'exposition au Musée océanographique de Monaco, Éditions du Rocher, 2011.

Le Destin d'une Reine, Albin Michel, 2012.

Secrets d'Histoire 3, Albin Michel, 2012.

Le Bel Esprit de l'Histoire, Albin Michel, 2013.

Secrets d'Histoire 4, Albin Michel, 2013.

Châteaux royaux de France, Albin Michel, 2013.

Les pourquoi de l'Histoire, Albin Michel, 2014.

CRÉDITS ICONOGRAPHIQUES

AKG Images 142, 239
Archives CDA / St-Genès 174
Album / Prisma 32
Laurent Lecat 215

Corbis 263
Hulton-Deutsch Collection
323, 335
Oscar White 264

Gamma Rapho
David Lefranc 332
Keystone 320, 352

Getty Images 261, 277, 296
De Agostini 274
India Today Group 334

Jacques Fadat 182

Leemage
Afc 346
Aisa 47, 191
Aldo Liverani 339
Angelo 24
Archivio Arici 258
Artedia 107
Bianchetti 19, 61, 79, 87, 89, 90,
139, 146, 242, 254, 302
Collection Sirot-Angel 284, 289
Costa 121, 253, 271
De Agostini 37, 155, 156, 161,
167, 303
Electa 282, 353
FineArtImages 77, 162
Fototeca 115

Gusman 186, 189, 202, 285
Heritage Images 56, 60, 64, 105,
234, 245, 259
Isadora 129, 233
Josse 14, 48, 53, 55, 67, 68, 69, 71,
75, 82, 83, 86, 92, 95, 96, 99, 101,
103, 111, 132, 141, 148, 153, 169,
178, 181, 183, 185, 197, 199, 201,
208, 211, 218, 238, 288, 291
Lee 137, 210, 230
Luisa Ricciarini 76, 280
MP 81, 138
National Maritime Museum /
Greenwich 72
Photo-Re-Pubblic 295, 307, 348
Prisma Archivo 23, 29, 250
Selva 17, 38, 62, 109, 110, 127, 139,
145, 153, 204, 207, 221
Superstock 268
Whiteimages 216

**Réunion des Musées Nationaux -
RMN-Grand Palais**
Château de Versailles 27, 39
Gérard Blot 13, 25, 30, 41, 53, 122

Roger-Viollet 124, 173, 301, 305
CAP 118
PA Archive 306
TopFoto 273, 276, 340, 344

Rue des Archives
AGIP 319, 330, 341, 342
Collection Grégoire 235
Farabola / AGIP 338
FIA 329

FORUM 85, 97
Imago 299
Mary Evans 69, 158, 164, 290
MEPL 256, 286
Picture Alliance 298, 304
PVDE 246, 247, 248, 279, 292, 310, 313
RDA 134, 229, 243
Suddeutsche Zeitung 309, 321
Tallandier 20, 171, 193, 217, 226, 231, 237, 241, 318
The Granger Collection NYC 59, 130, 166, 179, 269
UA 337, 353

Sipa Press
AP 349

The Bridgeman Art Library 116, 175, 213, 227, 266, 293
Arkivi UG 314, 316

Bernard Cox 335
Bildarchiv Steffens 125
De Agostini Picture Library / G. Dagli Orti 36, 43
De Agostini Picture Library / A. Dagli Orti 45, 157
De Agostini Picture Library / M. Seemuller 151
Dinodia 331
Giraudon 52, 106, 123, 176, 223, 224
Ken Welsh 50
Look and Learn 188, 195, 196
Look and Learn / Elgar Collection 114
The Stapleton Collection 34

© **Collection privée / tous droits réservés** 324, 326, 327

© **DR** 113, 125, 259, 350

Conception graphique : ipokamp
Achevé d'imprimer en France par Pollina Luçon
N° d'édition : 21405
ISBN : 978-2-226-25703-1
Dépôt légal : septembre 2014
N° d'impression : L69635